U0906757

珍藏本
纪念版

汉译世界学术名著丛书

过渡礼仪

门与门坎、待客、收养、怀孕与分娩、诞生、
童年、青春期、成人、圣职受任、加冕、
订婚与结婚、丧葬、岁时等礼仪之系统研究

〔法〕阿诺尔德·范热内普 著

张举文 译

2017 年·北京

Arnold van Gennep

LES RITES DE PASSAGE

Étude systématique des rites de la porte et du seuil, de l'hospitalité, de l'adoption, de la grossesse et de l'accouchement, de la naissance, de l'enfance, de la puberté, de l'initiation, de l'ordination, du couronnement, des fiançailles et du mariage, des funérailles, de saisons, etc.

根据巴黎 Librairie Critique. Émile Nourry 1909 年版译出

汉译世界学术名著丛书
（120年纪念版·珍藏本）
出 版 说 明

2017年2月11日，商务印书馆迎来120岁的生日。120年前，商务印书馆前贤怀揣文化救国的理想，抱持“昌明教育，开启民智”的使命，立足本土，放眼寰宇，以出版为津梁，沟通中西，为中国、为世界提供最富智慧的思想文化成果。无论世事白云苍狗，潮流左右激荡，甚至战火硝烟弥漫，始终践行学术报国之志，无改初心。

迻译世界各国学术名著，即其一端。早在20世纪初年便出版《原富》《天演论》等影响至今的代表性著作，1950年代后更致力于外国哲学和社会科学经典的译介，及至1980年代，辑为“汉译世界学术名著丛书”，汇涓为流，蔚为大观。丛书自1981年开始出版，历时三十余年，迄今已推出七百种，是我国现代出版史上规模最大、最为重要的学术翻译工程。

丛书所选之书，立场观点不囿于一派，学科领域不限于一门，皆为文明开启以来，各时代、各国家、各民族的思想与文化精粹，代表着人类已经到达过的精神境界。丛书系统译介世界学术经典，引领时代思想，为本土原创学术的发展提供丰富的文化滋养，为推动中国现代学术和现代化进程做出了突出的贡献。

为纪念商务印书馆成立120周年，我们整体推出“汉译世界学术名著丛书”120年纪念版的珍藏本，寄望既利于文化积累，又便于研读查考，同时向长期支持丛书出版的译者、编者和读者致以敬意。

两甲子后的今天，商务印书馆又站在了一个新的历史时间节点上。我们不仅要铭记先辈的身影和足迹，更须让我们的步伐充满新的时代精神。这是商务人代代相传的事业，更是与国家和民族的命运始终紧密相连的事业。我们责无旁贷，必须做好我们这代人的传承与创造，让我们的努力和成果不仅凝聚成民族文化的记忆，还能成为后来人可以接续的事业。唯此，才能不负前贤，无愧来者。

商务印书馆编辑部

2017年10月

对过渡礼仪模式的世纪反思(代译序)

张 举 文

倘若一本小书在沉默了五十年后被译成世界上使用范围最广的语言,百年之后又被译成世界上使用人数最多的语言,这会是本什么样的书呢?阿诺尔德·范热内普的《过渡礼仪》便是这样一本每个关注人类行为的学者必读的书。书中所概述的“过渡礼仪”模式已成为许多学科的基础,也已被视为民俗学的一个根本理论,[①]而且在许多语言中“过渡礼仪”已变成日常用语。然而,无论在国际上还是在国内,人们对范热内普其人与其著作的了解相当有限,[②]对“过渡礼仪”理论模式的理解也存在一些误解和误导。[③] 在应用和发展上,由于特纳的“阈限性”概念,人们很少去追溯它所基于的“过渡礼仪”的原始论述。而“过渡礼仪”思想流传以及对其某些误解都同样归因于英文译本的出版;尽管英文版在关键词上的译法局限了对整个理论模式的理解。这些局限明显地体现在中国人类学和民俗学等学科对此理论的理解与应用中。更正、反思和

① 参见邓迪斯的文章(Dundes. 2000)。

② 如在中国,最早介绍到范热内普的民俗学思想和方法的是杨堃编译的文章(1922—1933)。此后,几乎没有有关其人与其著作的出版物。

③ 详见张举文的相关论述(2006)。

应用这个理论模式，使其有助于相关学科对人类行为的研究，关键在于要有完整准确的中译本。这也是此译本的初衷。藉此译序，对范热内普其人及其著作作些介绍，再就其理论模式以及有关的方面作些说明。

范热内普其人

阿诺尔德·范热内普（Arnold van Gennep，全名 Charles-Arnold Kurr van Gennep，1873—1957），1873 年 4 月 23 日生于德国的维敦堡王国的路德维斯堡（Ludwigsburg，Württemberg）。他的母亲是荷兰人后裔，有很多法国亲属，父亲是法国人后裔。因父母没结婚，范热内普随母姓，但在母亲与继父结婚后也没改姓。6 岁时随母亲迁居法国里昂。在里昂的小学，他因是个“坏小孩”而被迫转学，后又上了尼斯的寄读学校。小学和中学时代，范热内普是在尼斯、尚贝丽和格雷诺布度过的。范热内普自己回忆说那时他的成绩不佳，旷课也是常有的事。放假回到家时，他的父母给他很大自由，让他一个人爬山、到农场住、寻找古币、学当地方言等。那时，他还不知道民俗是什么，但是他与农民在一起的日子埋下了他对乡村生活的科学激情的种子。

范热内普的语言天赋在童年便表现出来。他在晚年曾称可用 18 种语言工作，还不算方言。8 岁时，他可以说和阅读法文、德文和荷兰文。在尼斯，他学了英文，又让父母教他西班牙文和意大利文。利用西班牙文，他学会了葡萄牙文。成年后，他学会了俄文、波兰文和有关的斯拉夫语。范热内普认为，世界将逐渐多语言化，

100 年后,也就是到了 2000 年,每个孩子都可以学会一种罗马语、一种日耳曼语、一种斯拉夫语、一种蒙古语、一种不丹语。无疑,范热内普对语言的兴趣为他对民俗的研究打下了良好基础。

1892 年,19 岁的范热内普中学毕业,得到的学位是有学科限制的,因为他的数学较差,而除此之外,他是个很出色的学生。在选择大学时,他的继父想让他在里昂读外科医学,而范热内普想去巴黎读。最后,范热内普只好另择职业,发挥他的语言优势去学外交。大学时代,他先后在巴黎大学文学院和东方语言学院学习民族志学、社会学、比较宗教和东方语言。他一开始对宗教科学感兴趣,后来爱好上了民俗。

在巴黎,范热内普爱上了一位失去父亲的姑娘。姑娘家无力操办嫁妆。范热内普的父母认为门不当户不对,极力反对这门亲事。为此,范热内普与家庭断绝了关系。1897 年,范热内普结婚,在俄属波兰的一所学校找到一份工作。他用了八个月学会了俄文,通过了考试——将一希腊文和拉丁文段落译成俄文,随后当了四年法文老师。后因政治气氛、夫人的健康情况,加上她怀了他们第一个孩子,范热内普一家便搬回巴黎。

从 1901 至 1908 年,范热内普一直在农业部的翻译部门工作。为了维持四口之家的生计,范热内普经常作些演讲和其他翻译。大约从 1908 年起,他几乎完全靠著述和翻译为生。由于他的投稿兴趣,他接管了一份民族志与民俗刊物,撰写了大量的书评和文章,特别关注每个作者的方法论。期间,范热内普于 1904 年出版了《马达加斯加的禁忌与图腾》,作为他的博士论文的第一部分,第二部分是《澳大利亚的神话与传说》,于 1906 年出版,从而完成了他的学位。1909 年出版的《过渡礼仪》更进一步坚定了范热内普以科学方法论来研究民俗的道路。从中，读者可以明确看出范热内普对诸多民族志资料的熟悉、对不同作者的方法论的掌握，以及以科学方法的归纳和应用。范热内普对实地调查及其方法论非常感兴趣，即使是日常生活中，他也常常向人询问各种细节。他希望能摸索出一套适于各种文化和社会的实地调查方法论。为此，他于 1911 至 1912 年到阿尔及利亚作实地调查。但是，现实比他预想的复杂得多。他没能达到预想的目的。

范热内普唯一的一次在大学教书的机会是 1912 到 1915 年，在瑞士的纽沙特尔大学（University of Neuchâtel）任民族学系主任，期间，他改建了博物馆，为民族志与博物馆研究开了先河。第一次世界大战爆发后，范热内普表现出对法国的热爱，尽管他不是在法国出生的，这导致了他被瑞士驱逐出境。回到法国，范热内普加入军团，被派到尼斯的一所学校教书，后被召到外交情报部工作，直至 1922 年。

那年，作为法国的美国和加拿大联盟会的官方演讲员，范热内普到美国和加拿大许多名校作有关法国民歌和民间手工艺的巡回演讲，创下了 86 场演讲的纪录。然而，回国后，即他的经典的《过渡礼仪》出版 12 年、另有 14 本专著和 160 多篇论文发表之后，范热内普仍找不到一份自己想做的工作。加之经过一年的奔波，范热内普的健康也受到很大影响。于是，他决定放弃一切工作，与妻子一起到法国南部靠养鸡度生。此后的几十年里，范热内普一边养鸡一边写作和翻译，但更重要的是从事个人喜爱的研究，宣传和倡导建设一个可敬的民俗学学科领域。直到范热内普的晚年，他的著作才愈发为人所知，特别是他的多卷本《当代法国民俗手册》。1945 年，法国国家科学研究中心才对 72 岁的范热内普支付津贴，认可他的民俗学研究对法国的贡献。1957 年 5 月 7 日，范热内普辞别人世，终年 84 岁。范热内普在国际学术界的声誉是在他逝后才日渐提高的，主要因为 1960 年出版的《过渡礼仪》英译本。[①] (1977 年日文译本出版，2002 年俄文译本出版。)

我们对范热内普的个人生活、家庭生活、友人交往等所知不多。至今，有两本主要的有关范热内普的学术传记，都侧重他的理论思想。一部是法国人尼克尔·贝尔蒙于 1974 年出版的《范热内普：法国民族志的创始人》[②]，另一部是美国民俗学家祖梅利于 1988 年所著的《范热内普之谜：法国民俗学大师和布尔拉莱恩的隐士》[③]。另外，贝尔蒙和范热内普的女儿凯瑟琳·范热内普有些有关范热内普的记述。

凯瑟琳·范热内普在回忆父亲时写道：范热内普具有归纳综合的天才；他能从一堆资料中总结出理论。他的工作方式更是特别：常常在安静的夜里写作。他常记录大量笔记，可又从不再看。需要写作时，便坐下来打字，不看笔记，出手成章，如果打错，就撕掉那页纸，重新打。每次搬家，他就烧掉大量笔记。因此，范热内普留下的个人通讯和笔记并不多。范热内普总是一个人工作，但每写完一个章节，他都读给妻子听。他认为，写得好的东西朗读起来也一定得好听。完全凭记忆，他对书目的引

---

① Vizedom and Caffee. 1960.

② Belmont. 1974. 英文版见：Belmont. 1979。

③ Zumwalt. 1988a.

用相当广泛而准确，对引语更是反复核对。这种学风体现在他诸多著作之中。

范热内普其著作

范热内普一生著述颇丰。他的女儿于1964年整理出版的《范热内普著作目录》记录了437篇出版物。[①] 2001年，法国国家教育科研与技术部的历史与科学著作委员会编辑出版了《阿诺尔德·范热内普民俗学著作年谱》，极其详细地列出范热内普1905至1949年的著述。[②] 在此，也许通过极少数著作书目，读者便可管窥范热内普所涉猎的学术课题的广度与深度：有关法国民俗，范热内普的主要著作有五卷本的《宗教、习俗与传说》(1908—1914)、《传说的形成》(1912)、《民俗》(1924)以及九卷本《当代法国民俗手册》(1936—1958)等。这些都对此后的民俗学研究起过重大作用。除有关法国民俗以外，范热内普发表过：《马达加斯加的禁忌与图腾：表述与理论研究》(1904)、《澳大利亚的神话与传说：民族志与社会学研究》(1906)、《宗教、习俗与传说：民族志与语言学论文》(1909—1911)、《阿尔及利亚民族志研究》(1911—1914)、《古代埃及的板上编织及其装饰应用》(1916)、《图腾的实际情况与问题》(1920)、《海豚的民俗：大众心理学的表述与比较研究》(1932—1933)、《阿尔卑斯山高地的民俗：大众心理学的表述与比较研究》(1946—1948)等

① Van Gennep, K. 1964.

② Privat. 2001.

著作。

但是,《过渡礼仪》(1909)无疑是范热内普著作中最重要的。[①]范热内普在晚年回顾自己的著作时写道:“坦白地说,虽然我并不太看重我的其他著作,但《过渡礼仪》就像我身上的一块肉。它是我彷徨了近十年,犹如内心里突然出现一束光明将黑暗驱散后所带来的结果。”[②]的确,范热内普发表《过渡礼仪》之后,“过渡礼仪”的模式和思想一直主导着他的其他著作,特别是仍为研究法国民俗的主要参考书的《当代法国民俗手册》。对《过渡礼仪》,邓迪斯评价道,倘若建立民俗学家名誉榜,范热内普无疑居首,因为“也许可以公平地说,民俗学分析性著作对学术界所产生的影响没有一部可超过这部经典研究”。[③]

在《过渡礼仪》中,尽管对“过渡礼仪模式”的具体概述和分析是主体,但是,范热内普从中还提出了一些有意义的理论思想。相信读者对这些会有积极的和批评性的借鉴。例如,他提出“社会成熟期”与“生理成熟期”两个概念,否定以“青春期”或“成熟期”这样单一的概念来模糊地涵盖不同视角的发展阶段。这对心理学、民俗学和民族志研究尤为重要。他对弗雷泽的巫术礼仪的分类提出了批评并提出了不同的理论框架,并归纳出自己的图腾和禁忌理论。他的关于巫术与宗教关系的理论思想引出了“巫术-宗教性”这个概念,批评了涂尔干的理论的不足。他的“阈限”概念对心理

① 范热内普出版该书时是《民族志学与社会学研究评论》(*Review of the Ethnographic and Sociological Studies*)的主编。

② 转引自:Belmont. 1979, p. 58;另见:Zumwalt. 1988a, p. 85。

③ Dundes. ed. 1999. pp. 99 - 101.

学与仪式研究具有极大贡献。他的民俗学研究方法论、比较法以及实地调查方法对现今的探索仍有意义。范热内普对民俗的界定特别强调对活人的习俗和实践活动的研究，在方法上寻求民俗实践的整体规律。他反对以历史学的方法将研究对象视为死的东西，或是以植物学的方法将事物机械分类，而坚持以“生物学”方法将研究对象视为活的有机体。他将“过渡礼仪”与宇宙观和哲学联系起来，将过渡礼仪行为置于人类行为之中来研究。这些都值得回顾和反思。

尽管范热内普后来被称为“人类学家”、“社会学家”、“民族志学家”等，但他始终自认为是位“民俗学家”。范热内普坚持使用“民俗”(folklore)一词，特别是从1924年他全心研究法国民俗起。[①] 现在，范热内普被视为结构主义的先锋[②]、法国民族志学的创始人[③]、法国民俗学大师[④]，其“著作构筑了19世纪末的民俗学著作与当代民族志学著作之间的枢纽”[⑤]。范热内普不但对法国，也对欧美后来“民俗”与“民俗学研究”在学术界的地位的确立都起了很大的作用，是“欧洲民俗学研究最具代表性人物之一”[⑥]。

然而，范热内普学术思想和著作在他有生之年，即整个20世纪上半叶，在法国，乃至欧美学界始终处于“边缘期”。例如，《过渡

---

① Belmont. 1979, p. 20; Zumwalt. 1988a, pp. 17 - 20.

② Senn. 1974. 另见：Dundes. 1999, p. 101。从理论本身看，也许他作为结构主义的开拓者当之无愧。

③ Belmont. 1979.

④ Zumwalt. 1988a.

⑤ Belmont. 1980, p. 151. 转引自：Privat. 2001, p. 7。

⑥ Cocchiara. 1981, p. 495.

礼仪》在1909年出版时,出版人是以山狄夫[Pierre Saintyves,真名为Émile Nourry(1870—1935)]而著名的民俗学家,但只能以“诺瑞先生”出面帮助。而在出版后,直至1960年英文译本发表,该书几乎处于默默无闻的状态,尽管《过渡礼仪》的法文版和英文版出版后的几个书评代表了民俗学、人类学及社会学等学科的反应,并对该书给予了积极的肯定。[①] 那时的法国社会学派,即以涂尔干为首的年鉴学派,在学界起着主导作用。派内的人士几乎把持了法国大学的要职;只要不是派内的人都被列为“外人”。[②] 范热内普的漫长的学术“边缘期”——一辈子也没能在法国大学任教——表明了学术思想的个人权威与社会现状对学术研究的创造性与思想自由的局限,因为这主要缘于他对涂尔干的一些理论的反对。20世纪后半叶,学界对涂尔干理论开始反思和批判,特别是对其巫术与宗教的二元对立论。因此,回顾不为人所熟悉的范热内普的有关理论分析是有意义的。诚如范热内普的传记作者、美国民俗学家祖梅利所说,“很显然,范热内普对法国民俗学的无懈工作没有得到完全认可。他的贡献无疑被忽视了。但这种忽视与他作为伟大的民俗学家和学者的贡献极不相称。范热内普的工作是彻底和完善的。摆在我们面前的任务是全面认识那些在我们之前的学者。”[③]而对范热内普的民俗学理论,特别是“过渡礼仪模

① 参见:Hartland. 1909; F. Starr. 1910;《皇家非洲学会杂志》(*Journal of the Royal African Society* 9(33):108—110,Oct., 1909)中的一篇未署名书评;以及Hodson. 1911;Geertz. 1960;Leach. 1960; Spencer. 1961。

② Belmont. 1979, p. 2.

③ Zumwalt. 1988a, p. 121.

式”的认识的最好办法是仔细解读《过渡礼仪》。

“过渡礼仪模式”及其理论含义与应用

范热内普对民俗学及整个学术界的贡献是多方面和意义深远的，而最为人知的贡献是“过渡礼仪模式”。百年后，“过渡礼仪”已成为民俗学的重要理论之一①，“被学者普遍地接受为一种地位变化的社会机制”②，也是人类学和其他学科研究仪式行为的一个经典性概念。《过渡礼仪》的发表要比人类学和语言学中的结构主义应用早几十年。道格拉斯和特纳等人类学家对仪式、象征及其相关的社会分类与文化秩序的研究，都直接受这个理论模式的影响，并从中对其有所发展。格尔兹对《过渡礼仪》的书评也表明了他本人对此思想的兴趣。③ 当然，也有对范热内普的批评，但几乎都是抱怨他没能将其思想更进一步地展开，或是从自己的理论角度的看法。④ 格卢克曼在英文译本出版两年后所编的文集中以《过渡礼仪》为标题分析了这一思想，代表了英文世界较早的集体反应。⑤ 格卢克曼批评道，“范热内普、弗雷泽以及泰勒都没能很好地理解社会，…… [他们]所看到的仪式是心理活动和思想的结果，而实际上应理解为围绕仪式的社会关系。”⑥

① Dundes. 2005，p. 388.

② Santino. 2004，p. 368.

③ Douglas. 1966，1996[1970]；Turner. 1969.

④ Geertz. 1960.

⑤ Gluckman. 1962；Cocchiara. 1981[1952].

⑥ Gluckman. 1962，p. 1415.

然而,由于英文译本的深刻影响,人们对“过渡礼仪模式”的理解和应用在过去的半个世纪里一直存在着一些偏差。具体而言,就是将这个模式理解为“分隔—过渡—聚合”还是“分隔—边缘—聚合”三个阶段,即“边缘”与“过渡”在语义学与符号学等层次的关系。此前提到的有关“过渡礼仪”理论可以说都是基于对英文翻译的理解,即将法文的“边缘”(marge)翻译和理解为英文的“过渡”(transition)。英文译者在多年后也承认该译法不当,[①]但没能修正。特纳的“阈限”理论似乎表达了“边缘”之意,但是在不同的问题和语境下的意义。有关“边缘礼仪”的讨论,因本人在别处已有议论,[②]故不赘述。在此,仅就对整个理论模式的理解作些说明,以供参考。

1.“边缘礼仪”是“过渡礼仪模式”中的最重要的一个进程阶段,“边缘”的含义尤为重要。范热内普在本书第二章如此定义:“凡是通过此地域去另一地域者都会感到从身体上与巫术-宗教意义上在相当长时间里处于一种特别境地:他游移于两个世界之间。正是这种境地我将其称为‘边缘’。而且,本书目的之一就是证明,这种精神上和地域上的边缘会以不同程度和形式出现于所有伴随从一个向另一个巫术-宗教性和社会性地位过渡之仪式中。”可见,英文的翻译和中文的“过渡”都没能正确表达“边缘”的本意。语义上的分析可以使我们在新的社会环境下对新问题有新的认识。

2.“过渡礼仪模式”的界定前提是“礼仪”和“仪式”,即具有巫

① Vizedom. 1976, p. 8, 56n.

② 张举文,2006。

术-宗教性、象征性、过渡性的人类的行为，并非所有仪式行为都可以“过渡礼仪”来看待。同时，对“落后”、“原始”或“野蛮”等基于政治经济立场的界定不同于上述基于人类共性的阐释，不可将过去与现在、普遍与特殊、个体与整体隔离开来并对立而言。

3.“过渡礼仪模式”是一种仪式进程模式，与“人生礼仪”与“防御礼仪”等不是同等概念。按照范热内普的界定，“过渡礼仪模式”本身不但包含人生过渡中的礼仪，而且也概括了岁时节庆、“首次礼”等所有适合该模式的礼仪。“过渡礼仪”不等同于“人生礼仪”（这在国内和国外都有误解）。“过渡礼仪”有助于对“过节”等行为的心理和巫术-宗教性层面的理解。

4.“过渡礼仪模式”虽然主要是线性的进程模式，但它含有多层次，即每个阶段还可以划分出较小的过渡进程模式，从中发现最核心的过渡礼仪行为及其时空环境。这样，有助于对整个仪式行为在社会、心理和宇宙观背景下的分析。

5.“过渡礼仪模式”在关注礼仪行为的同时，也强调对心理、语言、信仰、经济和社会政治等层面的分析，以解释其行为的意义。如果简单套用此模式也许可以回答某族群或个体的行为的“是什么”和“怎么做”等问题，但不能回答最关键的“为何如此”这一关键问题。在对中国民俗的分析中，结合文化特色的具体分析尤为重要。

6.“过渡礼仪模式”中的“边缘”不同于我们现在谈论大文化时所指的对应于“主流（中心）”的“边缘”。前者是一种（仪式性）过渡的行为方式，是每个文化群体及其每一个体都要经历的。后者是一种相对静态的社会存在状态，是政治经济发展的产物。尽管个别群体和个体会跨越两个范畴,但多数群体和个体依其社会阶层而处于相对稳定的"中心"或"边缘"状态。因此,不能静态地看待过渡礼仪中的"边缘",但可以将此概念应用于对非仪式性的社会现象的分析,如"移民"、"散居民"或"族群互动"等,这一点在当下具有特别意义。

中译本以及几个关键概念的翻译

此中译本依据1909年出版的《过渡礼仪》一书。该书的副标题极大程度地表明了全书的内容与"过渡礼仪"的含义。在翻译过程中,译本的段落安排完全依法文本的格式(除个别几处引语外),以体现作者的思路。索引也依原文译出。在这方面,英文译本基于译者的理解和阐释,有较大的格体上的调整,而在一些关键术语和概念上,如"边缘"和"边缘期"等,做了阐释性翻译,脱离了原文的语境。这也是中译本力图避免和更正的。但英译本在不少地方对法文本的失误有更正和补充,特别是在注释方面,因此,本译本在多处参照了英译本。由于日译本多依据英译本,故不作参考。[①]有关"边缘"概念的翻译,也参考了俄文译本。[②] 对专有名词的处理,除约定俗成的译法外,主要依据现有规范。[③]

① 绫部恒雄等译,《通过仪礼》,东京:弘文堂,1977。

② Arnold van Gennep. *Obriady perekhoda: sistematicheskoe izuchenie obriadov*. Tr. Nauchnoe Izdanie. Moskva: Izdatelskaia Firma "Vostochnaia Litra" RAN, 2002.

③ 例如,商务印书馆出版的《法语姓名译名手册》、《英语姓名译名手册》以及中国对外翻译出版公司出版的《世界人名翻译大辞典》。

中译本对几个关键词的翻译做了特别处理。例如,“礼仪”、“仪礼”、“仪式”、“感应”、“感染”,以及“过渡礼仪”的翻译考虑到了先前不统一的各种译法。过去,对“过渡礼仪”的翻译有“通过礼仪”、“通过仪式”、“通过仪礼”、“生命仪礼”、“人生仪礼”以及“生命转变礼仪”等不同译法;对“感应”巫术或礼仪的翻译有“模仿”、“互感”、“交感”、“类感”等不同译法;对“泛灵论”有“万物有灵论”、“精灵崇拜”和“物活论”等译法。藉此译本,希望寻找“共同语言”,故将部分术语译名对照表附书后。

总之,通过精读《过渡礼仪》、重认“过渡礼仪模式”和反思民俗学理论历程,希望对当下的民俗研究和民俗学理论建设有新的领悟。是代译序。

参考书目

陈勤建,1988,《当代中国民俗学》,上海文艺出版社。

高丙中,1998,《民间风俗志》,上海人民出版社。

郭于华主编,2000,《仪式与社会变迁》,社会科学文献出版社。

黄平、罗红光、许宝强主编,2003,《当代西方社会学人类学新词典》,吉林人民出版社。

陶立璠,2003,《民俗学》,学苑出版社。

吴泽霖,1991,《人类学词典》,上海辞书出版社。

杨堃,1932—1933,“介绍汪继乃波的民俗学”,《鞭策周刊》一卷十三期,二卷二五期,十六期,十九期。[重印于《社会学与民俗学》,四川民族出版社1997年版,第452—472页,更名为“民俗学的沿革、领域与方法”(汪继乃波)。]

余光弘,1986,“A. van Gennep 生命仪礼理论的重新评价”,《中央研究院民族学研究所集刊》第60期,第229—257页。

张举文,2006,“重认‘过渡礼仪’式中的‘边缘礼仪’”,《民间文化论坛》2006

年第 3 期,第 25—37 页。
张紫晨,1985,《中国民俗与民俗学》,浙江人民出版社。
郑传寅、张健主编,1985,《中国民俗辞典》,湖北辞书出版社。
Belier, Wouter W. 1994. Arnold van Gennep and the Rise of French Sociology of Religion. *Numen* 41(2):141—162.
Belmont, Nicole. 1974. *Arnold Van Gennep: le créateur de l'ethnographie française*. Paris, Petite Bibliothèque Payot, 1974. 英文版见:Belmont. 1979.
——. 1975. *Ethnologie et histoire dans l'œuvre d'Arnold van Gennep*. Ethnologie Française 5(1), 184—188.
——. 1979. *Arnold Van Gennep: The Creator of French Ethnography*. Translated by Derek Coltman. Chicago: The University of Chicago Press.
——. 1980. "Arnold Van Gennep". In *Hier pour demain: Arts, traditions, patrimoine*, Paris, Ed. de la R. M. N. , sous la direction de J. Cuisenier.
Cocchiara, Guiseppe. 1981. *The History of Folklore in Europe*. Translated from the Italian by John N. McDaniel. Philadelphia: Institute for the Study of Human Issues. (Originally published in Italian in 1952.)
Douglas, Mary. 1966. *Purity and Danger: An Analysis of the Concepts of Pollution and Taboo*. Routledge and Kegan Paul Ltd.
——. 1996[1970]. *Natural Symbols*. London; New York: Routledge.
Dundes, Alan. ed. 1965. *The Study of Folklore*. Englewood Cliffs, N. J. , Prentice-Hall.
——. ed. 1999. *International Folkloristics: Classic Contributions by the Founders of Folklore*. Rowman & Littlefield Publishers, Inc.
——. 2005. Folkloristics in the Twenty-First Century (AFS Invited Presidential Plenary Address, 2004), *Journal of American Folklore* 118(470): 385—408.
Geertz, Clifford. 1960. The Rites of Passage. Book Review. *Science*, New Series, 131(3416):1801—1802.
Gluckman, Max. ed. 1962. *Essays on the Ritual of Social Relations*. Man-

chester: Manchester University Press; New York: Distributed in the USA by Humanities Press.

Hartland, E. Sidney. 1909. Les Rites de Passage. Book Review. *Folklore* 20(4):509—511.

Hodson, T. C. 1911. "Sociology." *Man* 11:29—30.

Kimball, Solon. 1960. Introduction. In *The Rites of Passage*. Translation from the French by M. A. Vizedom and G. I. Caffee. Chicago: University of Chicago Press.

Leach, E. R. 1960. Book Review. *Man* 60:173—174

Myerhoff, B. 1982. "Rites of Passage: Process and Paradox". In *Celebration*. Ed. V. Turner. Washington DC: Smithsonian Institution Press, pp. 109—135.

Moore, S. F. and B. G. Myerhoff. eds. 1977. *Secular Ritual*. Van Gorcum & Comp. B. V.

Privat, Jean-Marie. 2001. Réunis et préfaces. *Chroniques de Folklore D'Arnold van Gennep: Recueil de textes parus dans le Mercure de France, 1905—1949*. Paris: Éditions du C. T. H. S.

Richards, Audrey I. 1964. Book review of *Essays on the Ritual of Social Relations*, ed. by Gluckman. *American Sociological Review* 29(5):774—775.

Santino, Jack. 2004. Performative Commemoratives, the Personal, and the Public: Spontaneous Shrines, Emergent Ritual, and the Field of Folklore (AFS Presidential Plenary Address, 2003). *Journal of American Folklore* 117(466):363—372.

Senn, H. A. 1974. "Arnold van Gennep: Structuralist and Apologist for the Study of Folklore in France". *Folklore* 85:229—243.

Spencer, Robert F. 1961. The Rites of Passage. Book Review. *American Anthropologist*, New Series. 63(3):598—599.

Starr, Frederick. 1910. Book Review. *The American Jouranl of Sociology* 15(5):707—709.

Turner, Victor. 1967. *The Forest of Symbols*. Ithaca, N. Y. , Cornell University Press.

——. 1969. *The Ritual Process: Structure and Anti-Structure*. Aldine Publishing Company.

——. 1974. *Dramas, Fields, and Metaphors: Symbolic Action in Human Society*. Ithaca, N. Y. , Cornell University Press.

——. 1977. "Variations on a Theme of Liminality". In *Secular Ritual*. eds. Sally Moore and B. Myerhoff. Amsterdam, 1997. pp. 36—52.

——. 1979. *The Ritual Process*. Chicago, Aldine Pub. Co.

——. 1982. ed. *Celebration: Studies in Festivity and Ritual*. Smithsonian Institute Press.

Van Gennep, Arnold. 1909. *Les Rites de Passage: Étude systématique des rites de la porte et du seuil, de l'hospitalité, de l'adoption, de la grossesse et de l'accouchement, de la naissance, de l'enfance, de la puberté, de l'initiation, de l'ordination, du couronnement, des fiançailles et du mariage, des funérailles, de saisons, etc.* Paris: Librairie Critique. Émile Nourry.

——. 1913. Ethnographie, folklore; Review of E. Durkheim's *Les Formes élémentaires de la vie religieuse*. Mercure de France 101(374), 389—393.

——. 1924. *Le Folklore*. Libertaire Stock. Paris.

——. 1934. Contributions à la méthodologie du folklore. *Lares* 5(1), 20—34.

——. 1960. *The Rites of Passage*. Translation from the French by M. A. Vizedom and G. I. Caffee. Chicago: University of Chicago Press.

——. 1967. *The Semi-Scholars*. Translated from the French and edited with an Introduction by Rodney Needham. London: Routledge & Kegan Paul.

——. 2002. *Obriady perekhoda: sistematicheskoe izuchenie obriadov*. Tr. Nauchnoe Izdanie. Moskva: Izdatelskaia Firma "Vostochnaia Litra" RAN.

Van Gennep, Ketty. 1964. *Bibliographie de Œuvres d'Arnold van Gennep*. Paris: A. & J. Pricard.

Vizedom, M. A. and G. I. Caffee. 1960. *The Rites of Passage*. Chicago: University of Chicago Press.

Vizedom, Monika. 1976. *Rites and Relationships: Rites of Passage and Contemporary Anthropology*. Beverly Hills; London: SAGE Publications.

Zumwalt, Rosemary Lévy. 1988a. *The Enigma of Arnold van Gennep (1873—1957): Master of French Folklore and Hermit of Bourg-la-Reine*. FF Communication No. 241.

——. 1988b. *American Folklore Scholarship: A Dialogue of Dissent*. Bloomington: Indiana University Press.

目　　录

作 者 的 话

近年，详细描述巫术-宗教行为之著作数量之巨，足以使人对此行为或礼仪作出分类，以保持与科学同步进展。有些礼仪类型已为人熟知。然而，本人认为尚有诸多礼仪类型可通过将其划分为一种特殊类型来研究。如本书所示，此类礼仪出现于诸多仪式。可惜我们对其礼仪间之密切关系及其起因尚无认知，亦不解其为何彼此多有相似，甚至更无人说明为何此类礼仪多以某种特定程序进行。

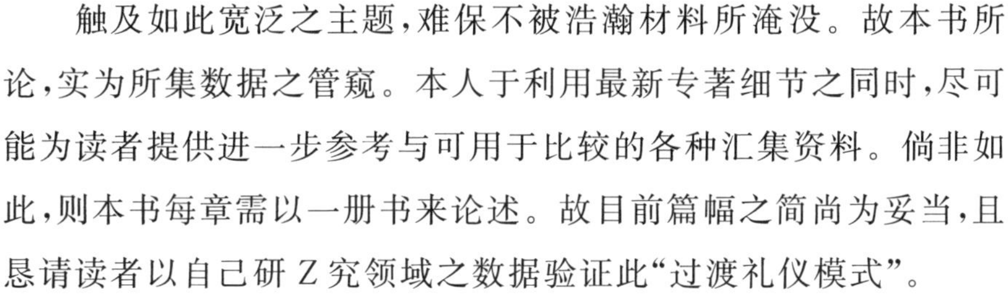

触及如此宽泛之主题，难保不被浩瀚材料所淹没。故本书所论，实为所集数据之管窥。本人于利用最新专著细节之同时，尽可能为读者提供进一步参考与可用于比较的各种汇集资料。倘非如此，则本书每章需以一册书来论述。故目前篇幅之简尚为妥当，且恳请读者以自己研 Z 究领域之数据验证此“过渡礼仪模式”。

在去年九月召开于牛津之宗教史大会期间，本人就此书部分内容以简洁至表格之方式与哈特兰（S. Hartland）、弗雷泽（J. G. Frazer），以及阿尔方德里（P. Alphandéry）等先生作过交流。

对本书出版人，一位民俗学界颇有名气但于此只能藉假名之挚友诺瑞先生，本人深表谢意。他极其关注此书之完成，提供了大量材料容本人随时随意阅览，以致他自己做了学术与友情之牺牲品。但愿他至少不成为读者之牺牲品。

阿诺尔德·范热内普

1908年12月于科拉玛特

第一章　礼仪分类 1

世俗世界与神圣世界；个体人生阶段；礼仪研究；泛灵论学派与感染论学派；动力论学派；礼仪之分类：泛灵性与动力性，感应性与感染性，主动性与被动性，直接性与间接性；过渡礼仪模式；神圣之概念；宗教与巫术

每一普通社会均含有若干各具自主性的特殊社会群体。倘若从文明的高级阶段回溯到低级阶段，各群体间差异则愈发细微，其群体自主性亦愈高。在我们现代社会中，唯一用来对此社会划分的分水岭便是对世俗世界与宗教世界，亦即世俗（le profane）与神圣（le sacré）之区分。① 文艺复兴以来，此二范畴间的关系在各民族与国家内已发生千变万化。然而，由于两范畴间存在根本差异，世俗与宗教群体在欧洲各国总体上始终保持着相互分离。至少在理论上，贵族、富裕阶层以及劳动阶层不分国界地维持着各自身份。此外，一切群体都含有更小的社会或亚群体。上层贵族与绅士、巨富与小财主，以及各种职业与行业之间，无不具 2

---

① 本译本将部分术语和专有名词附以法文原文。另见书后的部分术语译名对照表。——译者

有鲜明差异。某个体从一群体过渡到另一群体，例如从农民过渡到城市工人，或从瓦匠学徒过渡到瓦匠，必须具备某些条件。所有条件之共性则纯粹是经济或智力基础。另一方面，一俗人成为神父，或神父脱下圣服，都需举行仪式（cérémonies），需要借助产生于特别感情与心智之特殊行为：世俗世界与神圣世界之间不存在兼容，以致一个体从一世界过渡（passage）到另一世界时，非经过一中间阶段不可。

当我们将最广义之文明尺度向下移动，无疑会注意到神圣世界对世俗世界的控制愈发强大。在最不发达之文化中，可以看到神灵意志贯穿于每一个体之每一生命阶段。诞生、养育、狩猎等行为的主要方面无一不属于神圣范畴。即使在较小社会群体中亦存在着巫术-宗教性（magico-religieuses）组织基础。具备如此特质之群体，其相互间过渡之决定性礼仪（rites）可见于浸礼和神职授任礼等。即便在特殊社会群体中，同样有普通社会所存在之界线。

3 例如，澳大利亚各部落均视氏族图腾为唯一跨部落标志；同样，罗马天主教神父，无论住在何国，彼此皆为兄弟。与之对应，等级制度的约束引出更棘手的问题，因为在此，职业特性因外加之亲缘关系而愈加复杂。如我们当今现代社会，在理论上简化到最基本之男女性别之分，而在半文明社会，这种关系极其重要——男性与女性之角色从经济和政治上被机械分开，尤其在巫术-宗教范畴。同理，无论依据较我们文化更窄或更宽之概念，家庭在半文明社会里有着鲜明界定，形成团结之基础。而且，无论某部落是否成为某较大政治单元之一部分，其个体性都得到认可，与古希腊城市国之狭隘地方观念相类似。总之，鉴于上述群体特征，半文明社会亦另具我们现今社会无法譬比之特征,即依辈分或年龄划分之群体。

在任何社会中,个体生活都是从一年龄到另一年龄、从一种职
业到另一种职业之过渡。凡对年龄或职业群体有明确分隔的社
会,群体间过渡都伴有特别行为,犹如现今各行业之学徒制。在半
文明社会,此类行为皆辅以仪式,因为没有完全不神圣之行为。此 4
类社会中,人生每一变化都是神圣与世俗间之作用与反作用——
其作用与反作用需要被统一和监护,以便整个社会不受挫折或伤
害。从一群体到另一群体、从一社会地位到另一地位的过渡被视
为现实存在之必然内涵,因此每一个体的一生均由具有相似开头
与结尾之一系列阶段所组成:诞生、社会成熟期*、结婚、为人之
父、上升到一个更高的社会阶层、职业专业化,以及死亡。其中每
一事件都伴有仪式,其根本目标相同:使个体能够从一确定的境地
过渡到另一同样确定的境地。由于目标相同,其方法遵循即使不
完全相同但也相似之进程,且因所涉个体必然在经过若干阶段、
跨越若干界限时已经过相同或相似仪式之改造。由此可见,在
诞生、童年、社会成熟、订婚、结婚、怀孕、为人之父、皈依宗教社
会以及死亡等仪式中,其相似程度极大。基于此理,无论个体或
社会均无法独立存在于大自然和宇宙之外。宇宙本身受一种周
期性控制,而这种周期性体现于人类生活。宇宙同样包括诸多 5
过渡时刻、进程以及相对安暇之阶段。因此,在人类过渡仪式
中,我们应该包括因天象过渡所举行之礼仪,如月令过渡(如望

* 范热内普将社会成熟期与生理成熟期分开对待,详见第六章。这是范热内普的一大贡献。——译者

日仪式)、季令过渡(如冬至、夏至、春分和秋分),以及年令过渡(新年或元旦等)礼仪。

我认为,这些礼仪应该归为一类来研究,尽管我所提出的模式(schéma)之诸多细节尚未得到完善。有关礼仪研究近年已取得极大进展,然而,对每一礼仪之功能、目的与方式,我们几乎一无所知,并对界定礼仪分类也缺少必要知识。迈向对礼仪分类之第一步需将礼仪分为两类:感应性礼仪(rites sympathiques)[1]与感染性礼仪(rites contagionnistes)。[*]

感应性礼仪基于此信仰:同类互惠、异类互惠、包容与被包
6 容互惠、局部与整体互惠、图像与实物或真人互惠,或者言语与行动互惠。最早由泰勒[2]提出,之后,很多人对感应性礼仪之诸

① 我有意保留使用"感应性"一词,尽管弗雷泽、休伯特、哈登等人都接受将感应性巫术进一步分为感染(contagionnistes)性巫术和类感性(homééopathique)巫术两种。他们为此只好为动力巫术作出特别定义,为类感巫术再附加对抗性(alleopathique)或感受性(énanthéropathique)巫术等等。(见我对弗雷泽的《关于王权的早期历史的演讲》(*Lectures on the early history of the Kingship*)的评论,弗氏文章见《宗教历史评论》(*Revue de l'histoire des religions*),1906,第 53 期,第 396—401 页。)休伯特和莫斯所作的分类也同样过于牵强[见《巫术理论概述》(*Esquisse d'une théorie générale de la magie*),《社会学年鉴》(*Année sociologique*),1902—1903,第 62 页及以下诸页]:"基于相似性、连续性与对立性的抽象和非人格化构成同一思想的三个方面",即有关神圣性的思想,马纳(*mana*)亦如此,而且,马纳也依次成为"一个类种(genre),而神圣性只是其中一类属(espèce)"。

* 先前译法多基于弗雷泽的定义,即各种巫术都叫"交感巫术"(sympathetic magic),下分有"类感(交感)巫术"(homoeopathic or imitative magic)和"接触巫术"(contagious magic)。而范热内普在此对巫术的分类与弗雷泽不同,所做定义亦不同。故本译文使用"感应"与"感染",以期文化内涵、语义及语音的对应。——译者

② 爱德华·泰勒(Edward Tylor, 1832—1917),《原始文化:神话、哲学、宗教、艺术和习俗之发展研究》(*Primitive Culture*)[二卷本,第一版(London,1871);第二版法文译本,1876;第四版(London,1903)]。

多变异形式进行研究。在英国，有兰[①]、克洛德[②]、哈特兰[③]及另外几人；在法国，有雷维利[④]和马利耶[⑤]等人；在德国，有列布施特[⑥]、昂德利[⑦]、科克[⑧]和舒尔兹[⑨]等人；在荷兰，有狄耶利[⑩]、威尔

① 安德鲁·兰(Andrew Lang，1844—1913)，《神话、仪礼与宗教》(*Myth, Ritual, and Religion*)[第一版，二卷本(London，1891)；法文译本，一卷(Paris，1898)]；《宗教的形成》(*The Making of Religion*)[第一版(London: Longmans, Green, 1899)；第二版，1900]；《巫术与宗教》(*Magic and Religion*)(London: Longmans, Green, 1901)；等等。

② 克洛德(Edward Clodd)，《汤姆、狄特、朵德：民间故事中原始哲学研究》(*Tom, Tit, Tot: An Essay on Savage Philosophy in Folk-tale*)(London, Duckworth, 1898)。

③ 哈特兰(Edwin S. Hartland)，《仙话之科学》(*The Science of Fairy Tales*)(London: W. Scott, 1891)；《波索斯传说》(*The Legend of Perseus*)三卷本(London: D. Nutt, 1894—1896)，其中若干章节。

④ 雷维利(Albert Reville)，《宗教历史宣言》(*Prolegomenes de l'histoire des religions*)(Paris: G. Fischbacher, 1881)；《宗教历史：第一部》："初民之宗教"(二卷，Paris: G. Fischbacher, 1883)。就同一点，参见雷旺(Michael Revon)的《神道教》(*Le shinntoïsme*)[Paris: E. Leroux, 1904—；另有系列文章发表于《宗教历史评论》，XLIX-LII卷(1904—1905)]。

⑤ 马利耶(Léon Marilier)，《初民中公正的精灵与思想之遗留》(*La survivance de l'âme et l'idée de justice chez les peoples non-civilisés*)(Paris: Imprimerie nationale, 1894)；以及《宗教历史评论》中的若干分析，至1906年。

⑥ 列布施特(Felix Liebrecht)，《论民俗》(*Zur Volkskunde: Alte und neue Aufsätze*)(Heilbronn: Henninger, 1879)。

⑦ 昂德利(Richard Andree)，《民族志比较》(*Ethnographische Parallelen und Vergleiche*)(Leipzig: Veit & Co., 1878—1889)。

⑧ 科克(Theodor Koch)，《南美印第安人的泛灵信仰》(*Zum Animismus der Südamerikanischen Indianer*)(Leiden: Brill, 1900)。

⑨ 舒尔兹(Fritz Schultze)，《拜物教信仰》(*Der Fetischismus*)(Leipzig, 1871)；《初民心理》(*Psychologie de Naturvolker*)(Leipzig: Veit & Co., 1900)。

⑩ 狄耶利(C. P. Tiele)，《宗教历史手册》(*Histoire des Religions*)(Paris: E. Leroux, 1885)，法文本译自维尔尼斯(Maurice Vernes)的荷兰文(Amiens: Rousseau-Leroy)。

金[1]、科鲁基特[2];在比利时,有蒙素尔、[3]德库克;在美国,有布林
7 顿[4]等人。然而,这些泛灵论(animiste)专家们无一就所概括之信仰与礼仪作出积极分类,实在令人费解。其著作都是对已脱离背景和已割裂仪礼进程(séquences rituelles)的类似现象之搜集,并没试图将其系统化。其思路无疑都受到巴斯蒂安(Adolf Bastian)的影响。巴斯蒂安年轻时发现了"民间思想"(Völkergedanken)这一概念,此后僵硬地守此一生。泰勒的《原始文化》便立论于此思想,且该书于出版后近三十年内成为各种相关研究之理论框架,特别是在俄国。

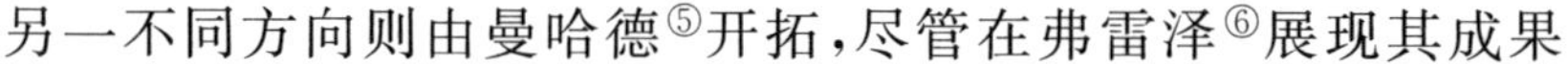

另一不同方向则由曼哈德[5]开拓,尽管在弗雷泽[6]展现其成果

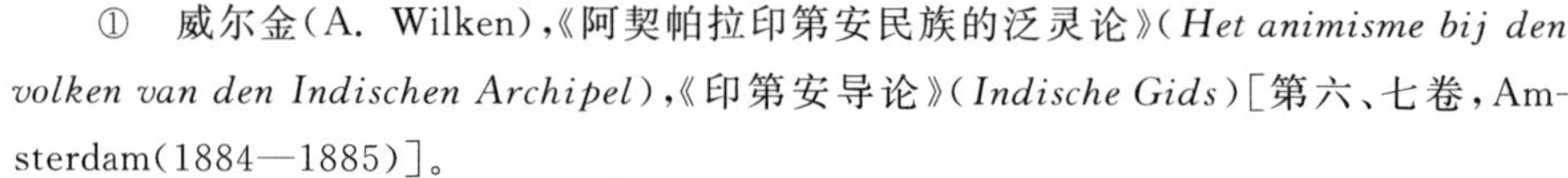

① 威尔金(A. Wilken),《阿契帕拉印第安民族的泛灵论》(*Het animisme bij den volken van den Indischen Archipel*),《印第安导论》(*Indische Gids*)[第六、七卷,Amsterdam(1884—1885)]。

② 科鲁基特(Albertus C. Kruijt),《阿契帕拉印第安人的泛灵论》(*Het animisme in den Indischen Archipel*)(The Hague: M. Nijhoff,1906)。

③ 蒙素尔(Eugène Monseur),《眼球的精灵》(*L'âme pupilline*)《宗教历史评论》,第61期(1905),第1—23页;《小拇指的精灵》(*L'âme poucet*),同上,第364—375页。

④ 布林顿(Daniel G. Brinton),《原始人之宗教》(*The Religion of Primitive Peoples*)(New York, G. P. Putnam's Sons, 1897),等等。

⑤ 曼哈德(Wilhelm Mannhardt),《古代森林与田野崇拜》(*Antike Wald-und Feldkulte*)[第一版(1877);第二版(Berlin,1904)];《遗留神话研究》(*Mythologische Forschungen aus dem Nachlasse*),1887。

⑥ 弗雷泽(J. G. Frazer),《金枝》(*The Golden Bough*)[第一版,二卷(London: Macmillan, 1890);第二版,三卷(1900)]。第三版的十二卷从1906年开始出版。以下是本书写作时已出版的:《关于王权的早期历史的演讲》(*Lectures onf the Early History of the Kingship*)(London: Macmillan, 1905);《阿多尼斯、阿蒂斯、奥西利斯:东方宗教史之研究》(*Adonis, Attis, Osiris: Studies in the History of Oriental Religion*)(London: Macmillan, 1906; 第二版,1907)。

前无人知晓。曼哈德与弗雷泽共创一新学派，即对圣灵、神圣、圣洁和非圣洁之研究，并为史密斯[1]所发展。认同此学术传统者在 8
英国有哈特兰[2]、克劳利[3]、库克[4]、哈里森[5]和杰文斯[6]，德国有迪特里希[7]和普鲁伊斯[8]，法国有雷纳克[9]、休伯特和莫斯[10]，瑞士有霍夫曼-克莱耶[11]。事实上，巴斯蒂安-泰勒学派与曼哈德、弗雷泽和史密斯学派有着密切联系。

与此同时，另有一学派——动力论(dynamiste)得以诞生。英

---

① 史密斯(W. Robertson Smith)，《闪米特人宗教研究讲座》(*Lectures on the Religion of the Semites*)(London：A. & C. Black，1889；新版，1907)。

② 哈特兰，《波索斯传说》部分章节，以及《民俗》中的诸多分析。

③ 克劳利(E. Crawley)，《神秘玫瑰》(*The Mystic Rose*)(London：Macmillan，1902)。

④ 库克(A. B. Cook)，《欧洲之天神》(The European Sky-god)系列文章，载于《民俗》1905—1907年各期；《古典评论》(*Classical Review*)所载文章。

⑤ 哈里森(E. Harrison)，《希腊宗教研究之宣言》(*Prolegomena to the Study of Greek Religion*)(Cambridge：Cambridge University Press，1903)。

⑥ 杰文斯(B. Jevons)，《宗教史概论》(*Introduction to the History of Religion*)(London：Methuen，1896)。

⑦ 迪特里希(A. Dieterich)，《密特拉斯神秘礼仪》(*Eine Mithras-Liturgie*)(Leipzig：Teubner，1903)；《大地母亲》(*Mutter Erde*)(Leipzig：Teubner，1903)；等等。

⑧ 普鲁伊斯(K. Theodor Preuss)，《早期墨西哥戏剧中的男性生殖神》(Phallische Fruchtbarkeitsdamonen als Trager des altmexikanischen Dramas)，《人类学档案》(*Archiv für Anthropologie*)，XXIX(1903)，第129—188页。

⑨ 雷纳克(Salomon Reinach)，《崇拜、神话与宗教》(*Cultes，Mythes et Religions*)，三卷(Paris：Leroux，1905—1908)。

⑩ 休伯特和莫斯(Hubert et Mauss)，《论祭祀的本质与功用》(*Essai sur la nature et la fonction du sacrifice*)，《社会学年鉴》II(1897—1898)，第29—138页。

⑪ 霍夫曼-克莱耶(Hoffmann-Krayer)，《瑞士的生殖礼仪》(*Die Fruchtbarkeitsriten in der Schweiz*)，《瑞士大众传统档案》(*Schweizerisches Archiv Für Volkskunde*)，第XI卷(1908)。

国人马雷特[1]和美国人休伊特[2]与泛灵论坚决对立。两人均指出狄耶利先前所论述之泛灵论（即 polyzoïsm 或 polyzoolâtrisme，polyzoölatry[3]）观点之弱处，并提出动力论理论。此理论得到德国
9 人普鲁伊斯[4]、英国人法内尔[5]、哈登[6]和哈特兰[7]，以及法国人休伯特、莫斯[8]与范热内普[9]等人之进一步论述，至今愈发具有吸引力。

此理论之两流派使我们能够肯定，除建立于感应性礼仪与泛灵论基础上之礼仪外，还存在着一种基于感染性礼仪与动力论（即

① 马雷特（Robert Marett，1866—1943），《泛灵论前的宗教》（Preanimistic Religion），《民俗》，第 XI 期（1900），第 162—168 页；《从咒语到祷词》（From Spell to Prayer），《民俗》，第 XV 期（1904），第 132—165 页。

② 休伊特（J. N. B. Hewitt），《奥兰达与宗教定义》（Orenda and a Definition of Religion），《美国人类学家》（*American Anthropologist*），第 IV 期（1902），第 33—46 页。

③ 狄耶利，《不列颠百科全书》"宗教"及其他条目。（另见英译注：牛津英语辞典定义 polyzoism 为"一复合有机体中的特性，由次要和准独立的有机体构成"。）

④ 普鲁伊斯，《宗教与手工艺的起源》（*Der Ursprung der Religion und Kunst*），《地球仪》（*Globus*），第 LXXXVI 卷（1904）和第 LXXXVII 卷（1905）。

⑤ 法内尔（L. R. Farnell），《宗教的进化：人类学研究》（*The Evolution of Religion: An Anthropological Study*）（London: Williams & Norgate，1905）。

⑥ 哈登（A. C. Haddon），《巫术与拜物论：古今宗教》（*Magic and Fetishism: Religions, Ancient and Modern*）（London: A. Constable，1906）。

⑦ 哈特兰，在第七十六届英国高级科学联合会上的人类学会主席发言（York，1906），发表于《会议报告》（*Reports of Meetings*）（London: John Murray，1907），第 LXXVI 期，第 675—688 页。

⑧ 休伯特和莫斯，《巫术理论概述》。

⑨ 范热内普（Arnold van Gennep），《马达加斯加之禁忌与图腾》（*Tabou et Totémisme à Madagascar*）（Paris: E. Leroux，1904）；《澳大利亚之神话与传说》（*Mythes et Légendes d'Australie*）（Paris: Guilmoto，1906）；《泛灵论至动力论》（*Animisme en dynamisme*），《民众运动》（*De Beweging*）（Amsterdam，1907），第 2 期，第 394—396 页。

非人性力量)之礼仪。这后一组礼仪之共性基于此信仰:先天或后天获得之特征为物质性,并通过直接接触或一段距离可传递。感应性礼仪不一定是泛灵性的;感染性礼仪也不一定是动力性的;这四类各自独立,但它们被那些从不同角度研究巫术-宗教现象的两派学者划分为两组。

其次,可对直接行动和间接行动之礼仪进行区分。直接礼仪 10
(rite direct),是为了立即产生结果,不受任何外部介体干扰,如一条咒语或咒物。与此对应,间接礼仪(rite indirect),不论是誓言、祷语还是宗教行礼,是一种初始行为,以期带动某种自然或人性化力量,如一个魔鬼、一群神灵,或一个神祇,令他们为礼仪表演者效力。直接礼仪之效果体现在直接反应;间接礼仪之效果则犹如回音。间接礼仪不一定是泛灵性的。例如,澳大利亚中部土著人在某块石头上磨箭,是为了赋予箭一种巫术力量,称作阿卢基塔(*arungquiltha*)。之后,他向敌人所在方向射出此箭。阿卢基塔随箭落下,击垮敌人:[①]其力量借助箭被传递过去,因此,这个礼仪也是动力性、感染性以及间接性的。

最后,还可对主动礼仪(rite positif,即将意志转化为行动)与被动礼仪(rite négatif)作出区分。后者被称为禁忌(tabous)。禁忌即为禁止,是"不许做"或"不许行动"之命令。从心理学看,此类行动是对被动意志之回应,正如主动礼仪是对主动意志之呼应一
样。换言之,禁忌也转化一种意志,为主观行动,而不是主观行动 11
之否定。然而,正如生命本身并非始终静止不动,禁忌自身不构成

① 参见范热内普,《澳大利亚之神话与传说》,第 86 页。

一个仪礼(rituel),更不必说巫术(magie)。[①] 在此意义上,一个禁忌不能自成体系;它必须与某主动礼仪相辅相生。换言之,每一被动礼仪,如单独考虑,皆有其个体性,但总体而言,禁忌只有与“主动”礼仪相互对立地共存于一个仪礼中才可被理解:杰文斯、克劳利和雷纳克等人因未能看出这种相互依存之关系而做出错误结论。

故此,一独立礼仪可同时属于上述四类。若排除四种对应礼仪,任何一礼仪都存在十六种分类可能,如下表所示:

泛灵性礼仪

感应礼仪　　感染礼仪

主动礼仪　　被动礼仪

直接礼仪　　间接礼仪

动力性礼仪

12 例如,一位孕妇被禁止吃桑葚,以免孩子会畸形。此时她所遵行之礼仪是动力性、感染性、直接性,同时也是被动性的。处于沉船危险中的水手发誓,向守护女神(Notre-Dame de la Garde)献上一只小船,他则在执行一种泛灵性、感应性、间接性,同时也是主动

---

① 有关视禁忌为被动礼仪,参见范热内普著《马达加斯加之禁忌与图腾》,第26—27、298、319页;休伯特和莫斯著《巫术理论概述》,第129页;关于禁忌为被动巫术,参见弗雷泽《关于王权的早期历史的演讲》,第52、54、56、59页;本人对该书之评论,发表于《宗教历史评论》上,第LIII期(1906),第396—401页;马瑞特著《禁忌是被动巫术吗?》(Is Taboo a Negative Magic?),载于《献给泰勒的人类学论文》(*Anthropological Essays Presented to E. B. Tylor*)(Oxford: Clarendon Press, 1907),第219—234页。因为对一个人来说,回避做某事比必须做某事容易得多,所以,理论家们在各民族中找到极多的禁忌和禁令等行为,并过分强调其重要性。

性礼仪。也许将来会发现更多种礼仪，但现有数量已甚大。我们所面临的困难是如何准确决定每个礼仪分类，并作出恰当阐释。通常，一个礼仪可以用若干方法阐释，或者一种阐释适于几种形式极不相同之礼仪。决定一个礼仪在根本上属泛灵性还是动力性则为最难之举。例如，某种力图转移病症的仪式是将改变病症之程度，还是将驱除使病症个人化之病魔或精灵视为目标？在此细节之内，通过或越过某物之过渡礼仪（本书后面将详述）可有几种阐释：一种可视其为泛灵性和间接性的，另一种为动力性和直接性的。在试图建立礼仪体系模式时，总体概括毫无帮助：先前那些作者们无一例外地只将对其目的有用之礼仪成分包括在宏篇大作内。不仅如此，其分类也常基于礼仪之表面相似（参见民俗学家之著作），而忽视其内在之动力性。

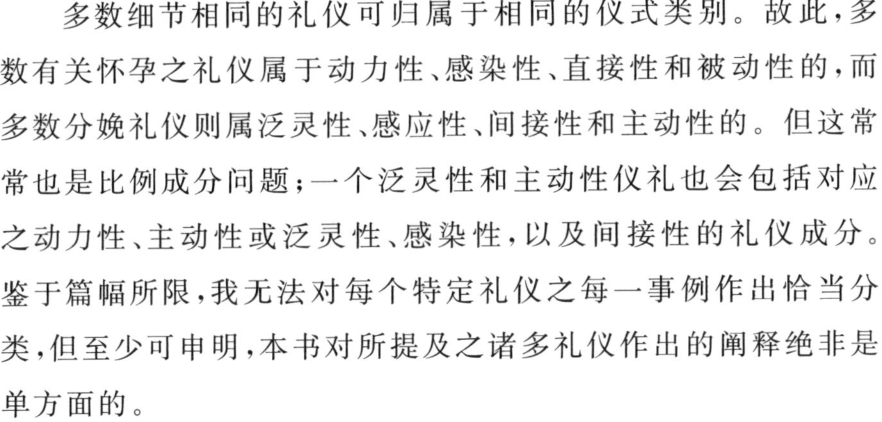

多数细节相同的礼仪可归属于相同的仪式类别。故此，多
数有关怀孕之礼仪属于动力性、感染性、直接性和被动性的，而 13
多数分娩礼仪则属泛灵性、感应性、间接性和主动性的。但这常常也是比例成分问题；一个泛灵性和主动性仪礼也会包括对应之动力性、主动性或泛灵性、感染性，以及间接性的礼仪成分。鉴于篇幅所限，我无法对每个特定礼仪之每一事例作出恰当分类，但至少可申明，本书对所提及之诸多礼仪作出的阐释绝非是单方面的。

一旦对仪礼之动态性作出分类，便相对容易理解仪式进程特征之基础。对其特征某方面的研究已有诸多精彩著作，但对仪式进行由始至终的完整分析的论著则寥寥无几，而基于其相互关系对仪式进程之研究则更如九牛一毛（参见本书第十章）。

本书目的便正在于此：试图归纳全部伴随着从一境地到另一境地，从一个到另一个（宇宙或社会）世界之过渡仪式进程。此过
14 渡极其重要，我相信理当以一特殊类型单独归纳出“过渡礼仪”（Rites de Passage），并从中进一步分析出分隔礼仪（rites de séparation）、边缘礼仪（rites de marge）以及聚合礼仪（rites d'agrégation）。这三个亚类别并非在每一社会和每一仪式中具有同步发展。分隔礼仪在丧葬仪式中占主要成分；聚合礼仪在结婚仪式中占主要部分；边缘礼仪则在怀孕、订婚和成人礼仪中占重要角色，而在收养、第二个孩子分娩、再婚或从第二个年龄段到第三个年龄段过渡之礼仪中扮演极小角色。因而，尽管过渡礼仪的完整模式在理论上包括阈限前礼仪（rites préliminaries，即分隔礼仪）、阈限礼仪（rites liminaires，即边缘礼仪）和阈限后礼仪（rites postiliminaires，即聚合礼仪），但在实践中，这三组礼仪并非始终同样重要或同样地被强调细节。

诚然，在此双重模式中，某些边缘礼仪漫长而繁复，可进一步划分，以致形成独立阶段。订婚进程构成成熟期与结婚期之间的一个边缘期；从成熟期到订婚期之过渡本身的边缘进程构成又一特别系列的分隔礼仪、边缘礼仪和聚合礼仪；从订婚到结婚之边缘过渡本身则另形成一系列从分隔、进入边缘到聚合的礼仪，以致最
15 后进入结婚的状态。由怀孕、生产和诞生组成之仪式模式也同样涉及此进程。我尽力将这些礼仪作出清楚分类，但因所触及为人类活动，所以我不期望像植物学家那样作出僵硬分类。

无论如何，我绝不主张将所有诞生礼仪、成人礼仪、结婚礼仪等类似礼仪只视为过渡礼仪。因为，尽管这些礼仪有着共同目

标——确保变化条件，或者确保从一巫术-宗教或世俗群体到另一对立群体之过渡，但每个仪式都有其各自目的。结婚仪式包括生育礼仪；诞生仪式包括保护和占卜礼仪；丧葬仪式包括防卫礼仪；成年仪式包括赎罪礼仪；神职授任仪式包括依附神灵礼仪等。所有这些礼仪都有其特定的预期目标，并同时对应着和包含着过渡礼仪，而且有时交叉密切，以致无法区分某一礼仪是保护性礼仪还是分隔性礼仪。这个问题随各种所谓净化仪式而出现：这种仪式可能只是解除一个禁忌以便消除其感染特质，也可能明显是主动礼仪，赋予净化特质。

与此相关，尚需简单提及神圣礼仪之中枢性作用。观其特征， 16
神圣礼仪的存在（以及相应礼仪之表演）并非一成不变。神圣性之
特质亦非绝对；其出现是因为特定场景之性质。某家或部落内的
个体是生活在世俗界域；当开始一次征程并发现身处陌生地域时，
他便进入神圣界域。一个婆罗门生来就属于神圣世界；但在那个
世界里，存在着婆罗门家族之等级制度，有些家族相对比其他家族
更加神圣。每个妇女，尽管生来不纯净，但对所有成年男人而言是
神圣的；如果她正在怀孕，对部落其他女人而言，她便成为神圣的，
只有近亲除外。于是，其他女人，也包括儿童和成年男人，与她形
成对立之世俗世界。通过举行所谓净化礼仪，刚刚分娩的女人重
新回到其社会中，但只在适当方面获得自己的地位，如在性别和家
庭方面。可对刚经过成年礼仪之男人和对巫术-宗教仪式而言，她
仍然是神圣的。所以，“巫术圈”（cercles magiques）是个中枢轴，
随着一个人从社会之一境地到另一境地而转动。其中之类别与概
念如此运作：经过人生不同阶段的个体会将过去曾视为世俗者现 17

在视为神圣，反之亦然。[①] 如此条件变化必然干扰社会和个人生活，于是，过渡礼仪的功能便是减弱其害处。礼仪之重复表明此变化之真实与重要；在诸多差异极大的民族群体的重要仪式中，有时模仿表演死亡，有时模仿表演再生。这些礼仪是最戏剧化的过渡礼仪，将于本书第九章讨论。

最后，有必要简单界定本书中所用术语。动力论指有关马纳(*mana*)之非人格化理论；泛灵论指人格化理论，无论此人格化力量是以单一还是多重形象出现，是动物还是植物(如图腾)，具有凡人还是神人(如上帝)之形态。其理论之综合成为宗教，其方法(仪式、礼仪、神祇供奉)我则称之为巫术。因为理论与实践不可分，所以，没有实践之理论乃为玄学，基于不同理论之实践则为科学。我所始终使用的术语为一个形容词：巫术-宗教性的。

18 结论即为下表：

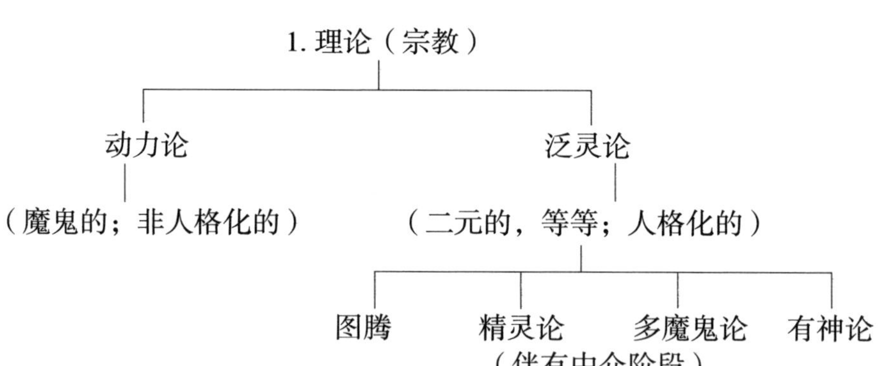

① 对此中枢作用，史密斯已有详论，见其《闪米特宗教》(*Die Religion de Semiten*)，第327—328页、索引以及有关禁忌之讨论。另见，兰姆霍兹(Karl Sofus Lumholtz)有关墨西哥的塔拉乌马雷人(Tarahumare)与惠乔拉人(Huichol)从神圣到世俗之过渡，或相反之过程：《不为人知的墨西哥》(*Unknown Mexico: A Record of Five Year's Exploration among the Tribes of Western Sierra Nadre*)(London，1903)，各处。

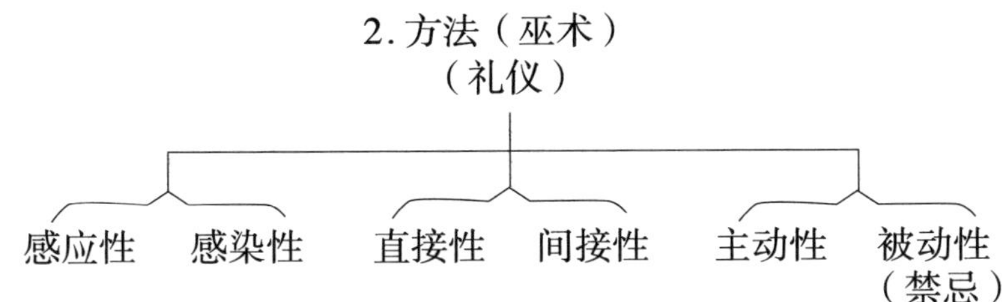
2. 方法（巫术）
（礼仪）
感应性
感染性
直接性
间接性
主动性
被动性
（禁忌）

第二章　地域过渡

前线与边界线；过渡之禁忌；神圣区域；门、门坎、门梁；过渡之神灵；进入礼仪；奠基祭祀；启程礼仪

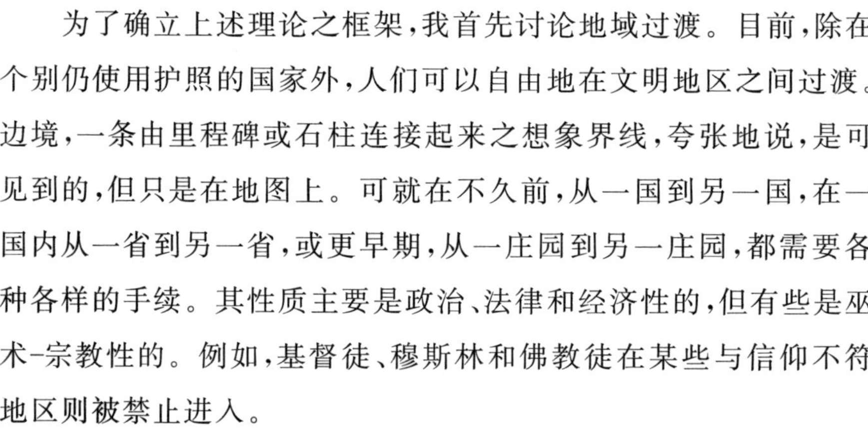

19 为了确立上述理论之框架，我首先讨论地域过渡。目前，除在个别仍使用护照的国家外，人们可以自由地在文明地区之间过渡。边境，一条由里程碑或石柱连接起来之想象界线，夸张地说，是可见到的，但只是在地图上。可就在不久前，从一国到另一国，在一国内从一省到另一省，或更早期，从一庄园到另一庄园，都需要各种各样的手续。其性质主要是政治、法律和经济性的，但有些是巫术-宗教性的。例如，基督徒、穆斯林和佛教徒在某些与信仰不符地区则被禁止进入。

20 正是跨越边境这层巫术-宗教意义才对我们格外有吸引力。为了看到其完整实践，我们必须找出这样一种文明社会：其巫术-宗教性礼仪包含现今属于世俗范畴之活动。

半文明部落所占据地域通常由自然特征来界定，但其居民和相邻部落成员非常清楚其利益与权力在此地域内可扩延到何种地步。自然界线可能是神圣石头、树、河或湖，如果不经特别礼仪越过或通过就有受到超自然力制裁之危险。当然，这种自

然界线相对少见。更常见的是实物标定界线，如一桩子、门或立起之石头(里程碑或地界碑等)，并在确定此物时伴有献祭礼仪。禁令可能当场即被强制实施[或通过与边境有关之神灵，如赫耳墨斯(Hermes)、匹亚珀斯(Priapus，男性生殖神)[①]等，或有代表巴比伦库督仑(Kudurru)神的神灵来协调认可]。当地界碑或边界标志(如犁出之垄沟、割成条之动物皮、水沟等)通过仪式被某一特定群体在特定地域确立后，该群体便拥有了此地域，以致当一陌 21 生人踏上这片地域时就等于犯下渎圣罪，犹如一俗人进入神圣之树林或殿堂等。人们对某特定地域之圣洁观念有时与对“大地母亲”之整个大地之圣洁的信仰相混淆。[②] 在中国，根据古典文献，土地神不是整个大地的神祇；每一片土地都被其居住者和拥有者视为神圣的。[③] 我认为洛安戈人(Loango)的例子[④]、希腊城市地域

① 对地界与阴茎象征物之普遍联系，我的尚未完全展开的阐释如下：1. 立桩或立起的石柱与勃起的阴茎有联想；2. 与性交行为有联系的相关想法具有某种巫术意义；3. 尖状物(动物的角、人的手指等)被信为有保护力量，“刺入”邪恶物、妖怪等；4. 几乎没有关于地域及其居民的生育力的联想。地界的阴茎象征意义几乎没有真正的性交含义。

② 迪特里希在《大地母亲》的有关阐释，我认为是错误的。我将在讨论诞生和童年礼仪时再提及。

③ “在古代中国的宗教里，每个地区(哪怕只有二十五户人家)都有个土地神；国王有为其臣民供奉的土地神，还有一个为自己供奉的土地神；每个郡侯大臣、每个村落以及每个王朝都如此。这些土地神掌管为了惩罚而发动的战争；他们存在的方式是一块木头，并与丰收之神联系在一起。我觉得土地女神(土地娘娘)是在几次文化整合后出现的。”沙畹(Édouard Chavannes)，《古代中国宗教里的社神》(Le dieu du sol dans l'ancienne religion chinoise)，《宗教历史评论》，XLIII [1901]，第 124—127、140—144 页。

④ 参见德奈特(E. Dennett)，《黑人心智的背后》(*At the Back of the Black Man's Mind*)(London：Macmillan，1906)，及伯楚尔-娄什(Eduard Pechüel-Loesche)，《洛安戈人的民俗》(*Volkskunde von Loango*)(Stuttgart：Strecher & Schroeder，1907)。

例子，以及罗马的例子[1]均属此类。

因此，对某地域实施禁入令，其本质是巫术-宗教性的。在
22 古代，其表现借助于里程碑、城墙、塑像，而在半文明世界则已明显简化。很自然，这些标志并不是设置在整个边界线上。就像我们现在的边境站所，它们只在过道和交叉口处。一束草药、一片木头，或一栓捆稻草之木桩等可能被立在路中间或对面。[2] 筑立一个大门，或有时伴有自然物[3]或粗略加工之塑像，[4]则属于标

---

① 参见弗勒(W. Warde Fowler)有关驱邪的有趣讨论，见于马雷特编《人类学与经典》(*Anthropology and the Classics*)(Oxford, 1908)，第173—178页。我希望本书的读者会接受此观点：驱邪完全只是一个地域分隔礼仪，如在宇宙间或人间(如从战争返回)。

② 参见格里尔森(H. Grierson)，《沉默的交易》(*The Silent Trade*)(Edinburgh, 1903)，第12—14页，注释4(其中遗憾的是身份认定礼仪与过渡之禁忌被混淆)。另见德奈特，《黑人心智的背后》，第90、153页、注释192；伯楚尔-娄什，《洛安戈人的民俗》，第223—224、456、472页等；布蒂克弗(J. Büttikofer)，《利比利亚游记》(*Reisebilder aus Liberia*)(Leiden, 1890)，II，第304页；范热内普《马达加斯加的禁忌与图腾》，第183—186页(过渡之禁忌)；德伯特(J. M. M. Van der Burgh)，《法属基隆迪事典》(*Dictionnaire français Kirundi*)(Bar-le-Due: Société d'Illustration Catholique, 1904)等。在欧洲，在入口处或田间地头立桩系束稻草作为禁入标志的习俗流传甚广。

③ 萨伊路(Paul B. du Chaillu)，《野蛮非洲：阿山戈兰国新游记》(*L'Afrique sauvage: Nouvelles excursions au pays des Ashongos*)(Paris: Michel Levy Freres, 1868)，第38页，出自英文《阿山戈兰之旅》(*Journey to Ashango Land*)(New York: D. Appleton Co, 1867)，提到在门框有神圣物，如植物、猩猩头骨等(如在刚果)。在地上埋两根木桩，上面横一门梁，并在上面挂头骨、鸡蛋等，这在象牙海岸常见，作为过渡之禁忌，防御某些精灵[依据德拉弗斯(Maurice Delafosse)口头报告]；伯楚尔-娄什，《洛安戈人的民俗》图例，第224、472页等。

④ 有关苏里南礼仪，参见马丁(K. Martin)，《苏里南的杰拜特旅行报告》(Bericht uber eine Reise ins Gebeit des oberen Surinam)、《对荷兰属印度地区的语言土地及人口知识的报告》(*Bijdragen tot de Taal-Land en Volkkunde von Nederlands Indie*)(海牙, 1886)，第28—29页。图例2所展示的是有两张面孔的雕像，我在同名的一篇文章中与比弗隆(*Janus Bifrons*)作过比较[见《大众传统评论》(*Revue des traditions populaires*)，XXII(1907)，No. 4，第97—98页]。这印证了弗雷泽在《有关王权的早期历史的讲座》，第289页中所述的理论。

示边界之较复杂方法。其不同做法之细节当为另题，不在此讨论。①

事实上，在我们当今所处世界，国与国相邻；而在基督国家只 23
限于欧洲之一部分的时代，其情景相当不同。国与国之间设有中立地带。这地带实际上被分成若干区段或边界带。这种地带已逐渐消失，尽管“过境信”(letter de marche 或 marque)一词还保留着原意，即从一地区经过中立区到达另一地区之许可。这种中立区在古代极重要，特别是在希腊，此地带被用作市场或战场。② 在半文明社会，也有同样模式的中立区，尽管其界线不那么精确，因为被占用地域不那么多，而且较分散。中立区常是沙漠、沼泽，最常见的是无人拥有全部通行和狩猎权力之原始森林。由于神圣性之中枢作用，中立区两边地域对其居住者是神圣的。因此，这个地区
对毗邻地域之居民也是神圣的。凡是通过此地域去另一地域者都 24

① 洛安戈有时在路边立起横门为了防止疾病进入村庄(萨伊路，《野蛮非洲》，第 133 页)；布蒂克弗，《利比利亚游记》(第 304 页)中提到草编障碍物用来防止疾病进入举行成人礼仪的神圣树林；也许类似的在澳大利亚和新几内亚所发现的障碍物具有同样作用，而不是通常所认为的是为了回避路过的世俗之人。

② 有关神圣区域与中立地区的问题，参见格里尔森，《沉默的交易》，第 29、56—59 页；有关巴勒斯坦与雅利安-巴比伦边界与神圣边界之标志，参见格立斯曼(H. Gressmann)，《仍在流传的有关天堂的神话故事》(Mythische Reste in der Paradieserzählung)，《宗教研究档案》(*Archiv für Religionswissenschaft*)，X(1907)，第 361—363 页。有关罗马的特米那利亚(Terminalia)酒宴，见弗勒《罗马共和国期间的节日》(*The Roman Festivals of the Period of the Republic*)(London: Macmillan, 1899)，第 325—327 页。很可能国府山(Capitoline Hill)最初是我所谈到的中立区之一(弗勒，第 317 页)，同时也是巴拉丁(Palatine)与魁利纳(Quirinal)两城之间的边界；另见《罗氏词汇》(*Roscher's Lexikon*)中的“丘比特”词条，以及弗勒，《人类学与古典学》(*Anthropology and the Classics*)，第 181 页，有关罗马城地界线(pomerium)的问题。

会感到从身体上与巫术-宗教意义上在相当长时间里处于一种特别境地：他游动于两个世界之间。正是这种境地我将其称为“边缘”(marge)。而且，本书目的之一就是证明，这种精神上和地域上的边缘会以不同程度和形式出现于所有伴随从一个向另一个巫术-宗教性和社会性地位过渡之仪式中。*

基于上述，以下是对地域过渡仪式的一些描写。当斯巴达国王宣战时，他向宙斯主神祭献；如果预示吉祥，一位持火把者便将火从祭台一直带到前线军队。在那儿，国王再次祭献，如果预示依然吉祥，他便与持火把者一同穿过军队，来到最前沿。[①] 在此进程
25 中，从自己领地向中立地带过渡之分隔礼仪得到充分体现。特郎布尔研究过若干跨越前线之礼仪[②]，并引用过此例：当格兰特将军来到埃及北部边界站阿苏特后，下马，随后一头公牛被祭献上来。牛头置于过道一边，牛身置于另一边。这样，格兰特将军必须踏着溅在地上的血从牛头与牛身之间走过。[③] 经过一个被分成两半之物体中间，如从树枝之间，或在某物下面通过之礼仪，其实践相当广泛，必须阐释为直接过渡礼仪，藉此一个人离开原来的世界进入

* 此处的法文为 marge，意指“边缘”。英文译本用了 transition，意指“过渡”。目前对“过渡礼仪”模式的一些误用与误解明显源于对英文“过渡”的理解。有关论述，参见译序。——译者

① 参见弗雷泽《金枝》，1900，卷 I，第 305 页。

② 特郎布尔(H. Clay Trumbull)，《门坎之约：宗教礼仪导论》(*The Threshold Covenant: Or the Beginning of Religious Rites*)(New York: Charles Scribner's Sons, 1896)，第 184—196 页。雷纳克为我提供了这本很难找到的书，在此感谢。

③ 同上书，第 186 页。特郎布尔的观点是，洒出的血如果不是结合的媒体，就是一种象征。

新世界。[①]

上述进程不只适于进入一个国家或地域，同样也适于讨论进入一个村庄、一个城镇、城镇某部分、一座寺庙或一栋房子。中立区不断缩小，以致消失，或只是还作为一块普通石头、一条木柱或一个门坎存在（例外则是过廊、门厅、入口过道等）。[②] 象征禁止入 26
内之门演变成城堡后门、城墙大门以及房子出入口。神圣性之特质不仅体现于门坎，而且也包括整个门框，变得愈加具体和地方化。[③] 与门有关之仪礼形成一个单元。特定仪式间之差异存在于其表现方式：门坎被掸上血或洁净的水；门框用血或香料水洗浴；神圣物件被挂或钉在门框上。特郎布尔在其有关“阈限”的专著中回避了对此之自然观阐释，尽管他写到希腊铜门坎“是精神范畴或外部极限之忍耐界限之古老同义词”。准确地说，对于普通住宅，门是外部世界与家内世界间之界线；对于寺庙，它是平凡与神圣世

① 有关这些礼仪的文集为《水神美鲁西尼：神话、大众文学、传统与实用报告》（*Mélusine: Recueil de mythologie, litérature populaire, tradition, et usages*）（Paris: Gaidoz & Rolland, 1878—1912）。有几篇是有关疾病的传递，通常所称的净化礼仪表明了从不洁净到洁净的过渡。所有这些观念，以及对应的礼仪通常形成一个仪式群。

② 有关跨越门坎的过渡礼仪的细节，请参阅特郎布尔的《门坎之约》。有人在门坎前蹲下，有人亲吻，有人用手触摸，有人踩上或先脱鞋再踩，有人跨过，有人被抬过，等等。另见柯鲁克（William Crooke），《桥梁的吊起》（The Lifting of the Bridge），《民俗》，XIII（1902），第238—242页。所有有关礼仪因民族而异，如果门坎被认为是房屋、家族或门坎之神灵之居住地，相关礼仪则更为复杂。

③ 有关中国人对门的信仰活动，参见杜利特尔（J. Doolittle），《中国人的社会生活》（*The Social Life of the Chinese with Some Account of the Religious, Governmental, Educational, and Business Customs and Opinions with Speical but Not Exclusive Reference to Fuhchau*）（New York: Harper, 1865），I，121—122；II，310—312；格鲁伯（Wilhelm Grube），《北京民俗》（*Zur pekinger Volkskunde*）（Berlin, 1902），第93—97页。有关门上的巫术装饰，参见特郎布尔，《门坎之约》，第69—74、323页。

27 界间之界线。[①] 所以,“跨越这个门界(seuil)”就是将自己与新世界结合在一起。因此,这也是结婚、收养、神职授任和丧葬仪式中的一项重要行为。

入门礼仪在此不必重申,因为后面章节将会论及。此处需要指出,过门坎礼仪本身即为边缘礼仪。如同与先前环境之分隔礼仪,之后有“净化”(洗、漂等)礼仪,随后为聚合礼仪(展示盐、共餐等)。所以,有关门坎的礼仪不是“融合”礼仪,恰当地说,应该是为融合准备之礼仪,其本身是在为边缘礼仪作准备。

因此,我提出将与先前世界分隔之礼仪称为“阈限前礼仪”,将在边缘阶段中举行之礼仪称为“阈限礼仪”,将融入新世界之礼仪称为“阈限后礼仪”。

非洲最简单之门很可能是远东极发达的独立门之原始形式。在远东,门不但是具有建筑价值之独立象征物(如神灵、帝王以及寡妇的门廊),而且,至少在神道教和道教中,被用做仪式之法器(参见第五章有关童年仪式的描述)。[②] 这种从巫术门到象

28 征物之进化似乎也表现在罗马凯旋门中。胜利者被要求通过一系

---

① 特郎布尔有关阈限为原始祭台,该祭台是转化了的阈限之观点我无法赞同。对于礼仪中血的出现,我也不认为在有关阈限礼仪中血的重要性大于水或直接接触。这些礼仪都是聚合礼仪或结合礼仪。

② 有关中国,参见孔巴兹(Gisbert Combaz),《中国皇族丧葬》(*Sépultures impérials de la Chine*)(Brussels: Vromant & Co., 1908),第27—33页;杜利特尔,《中国人的社会生活》,II,第299—300页。有关日本,参见格利费斯(W. E. Griffis),见特郎布尔,《门坎之约》,附录,第320—324页;钱柏林(B. H. Chamberlain),《日本之物》(*Things Japanese: Notes on Various Subjects Connected with Japan for the use of Travellers and Others*)(London: Paul),1891,第356页;曼罗(N. Gordon Munro),《日本的原始文化》(Primitive Culture in Japan),《日本的亚洲社会之事务》(*Transactions of the Asiatic Society of Japan*),XXXIV(1906),第144页。

列礼仪将自己从敌方世界分隔开，以便能经过凯旋门回到罗马世界。在此例中，聚合礼仪是向古罗马丘比特神殿与城市保护神之祭献。[①]

由上例可见，仪礼门之效用是直接的。但门亦可为某神灵之栖身处。当“门之保护神”占据一定象征比例时，如在埃及、雅利安-巴比伦（Assyro-Babylonia，有翅龙、人首狮以及各类灵怪）[②]和中国，“门之保护神”便以门与门坎作为背景，并占据一定象征比例，祷语和祭品只献给保护神：空间过渡礼仪变成了精神过渡礼仪。跨越行为不再保证完成过渡；而其人格化力量则以精神方式确保其过渡完成。[③]

上述的两种情况很偶然会是相互孤立的；在绝大多数情况 29
下，它们是结合在一起的。人们可以清楚地看出，在各种各样的仪式中，间接礼仪与直接礼仪融合在一起，动力性礼仪与泛灵性礼仪结合在一起，或是为了排除过渡障碍，或是为了其本身的有

① 有关凯旋礼仪之进程，参见蒙特法康（Bernard de Montfaucon），《图案中展现与再现的古俗》（*Antiquités expliquées et représentées en figures*）（Paris：F. Delaulne，1719），第二版；IV，第 152—161 页。

② 有关的神祇与礼仪，参见莱弗布尔（Eugène Lefebure），《埃及礼仪》（*Rites égyptiens*）（Paris：E. Leroux，1890）；有关雅利安的长翼牛，见第 62 页。

③ 有关门坎的神祇，参见（除了特郎布尔的《门坎之约》第 94 页外）：法内尔，《希腊多神教中特别神的地位》（The Place of the Sonder-götter in Greek Polytheism），《献给泰勒的人类学论文》，第 82 页；弗雷泽，《金枝》。在中国被称为“神树”[见古鲁特（Jan M. de Groot）与沙畹著，《厦门的岁时节日》（*Les fêtes annuellement célébrées à Emouy*）（Paris，1886），第 597 页]，在北京有门神秦琼与尉迟恭（见格鲁伯，《北京民俗》）。有关日本的，参见波德（Isabella L. Bird），《在日本无人走过的路》（*Unbeaten Tracks in Japan：Travels in the Interior，Including Visits to the Aborigines of Yozzo and the Shrine of Nikko*）（London：J. Murray，1905），I，117，273；雷旺，《神道教》，第 389、390 页；曼罗，《日本的原始文化》，第 144 页等。

效过渡。

相关的地域过渡仪式，还应包含类似穿越山口之仪式。寄放各种实物（石头、布块、头发等）、供品，敬献当地神灵等均属此类。例如，在摩洛哥（*kerkour*）、蒙古、西藏（*obo*）、印度阿萨姆、安第斯山区以及阿尔卑斯山区（以小教堂方式）都有此仪式。过河也常伴有仪式，[①]而且，当国王或神父被禁止越过某河或任何流动之水时，会举行相应的被动礼仪。同样，上船和下船、上车或轿，以及上马起程等行为常在出发时伴有分隔礼仪，归来时伴有聚合礼仪。

① 参见盖道兹（H. Gaidoz），《高卢神话研究》（*Étude de la mythologie gauloise*），第一卷，《高卢太阳神与小丑的象征意义》（*Le dieu gaulois du soleil et le symbolisme de la roué*）（Paris：E. Leroux，1886），第65页。我仍记得有关造桥与开通的仪式。有关在某物之间或之下通过的礼仪，大多搜集在《水神美鲁西尼》中，且几乎每个民俗学学者都有搜集。这些礼仪应该再讨论，但此处无法进行。所以，我只引用如下著述，转自克拉塞明尼科夫（Stepan P. Kraševminnikov）著，《堪莎喀的历史与描述》（*Histoire et description du Kamtchatka*），圣普雷（M. de Saint Pré）译自俄文（Amsterdam：M. M. Rey，1760），I，第130—131页。其中第136页写道："旋即，他们把桦树枝拿进帐篷，其数量代表着家庭数。每人为自己的家拿一个树枝，在弯成圈后，让自己的妻子和孩子从里面过两次，每次从圈里出来时，他们转圈。他们自己的说法是净化自己的错误。"从克拉塞明尼科夫的详细描述中可以明显看出桦树是堪莎喀人的神圣树，并在多数礼仪中使用。其中，可能有两种阐释：一是在桦树本身的意义下的直接净化作用；二是一种将人的不洁向桦树的转移，这层意思似乎体现在整个仪式中："待所有人被净化后，堪莎喀人走出帐篷，手持小树枝，跟随父母，经过最初通过的小门，或是较底处的口，身后跟着家里的男女亲戚。他们一出帐篷，就第二次通过桦树枝圈，然后将小树枝插在雪地上，将枝头弯向东。待将所有的东西，包括 *tonšič*，都扔到这个地方，掸过他们的衣服以后，他们再次回到帐篷里，但是从正常的门，不是先前用的小门"。或者说，他们将积存在自己衣服里的具有神性的不洁物掸掉，也将脱离开最重要的仪式器物（tonšič，还有"甜草"等物共称为圣器类物品）。曾被赋予神圣性的桦树枝也被扔掉。仪式结束时从神圣的凯旋门通过便自动地从行为者身上解脱开举行此仪式所具有的神圣性。这些圆圈形成了分隔神圣世界与平凡世界的门，所以，一旦进入到平凡世界，仪式参与者便又可以使用帐篷的大门。

最后，有些与筑基建房相关之祭献活动也属于过渡礼仪。此 30
前有关研究都将其视为独立事件，这着实令人不解，因为它只是同
源、完整之仪式之一部分，该仪式之目的就是为了改变居住地。[1] 31
每栋新房子在通过适当礼仪使其成为诺阿(*noa*，世俗或平凡)之
前都是禁忌。[2] 在形式和动力意义上，此类解除禁忌礼仪与对神
圣地域或女人解除禁忌之行为极相似：包含清洗、驱邪或一次共
餐。其他实用行为都是为了保证房子不受损害、坚固不塌等。此
前学者都错误地将诸多此类实用行为释意为古代殉人习俗之遗留
或变形。解除禁忌、决定谁为保护神、超度第一次死亡、确保未来
万事平安，这些仪式之后都伴有聚合礼仪：祭酒、仪式性拜访、对
房子各处之祭献、共享面包和盐或饮品，以及共餐(在法国乔迁
之喜的说法是“该挂锅了”)。这些仪式实质上是使未来居住者
对其新房子建立认同感。比如，当居住者——已订婚的小伙子 32
或新婚丈夫与其家庭或妻子——自己建房子时，这种仪式举行

① 有关营造祭祀，参见萨托利(Paul Satori)，《关于堡欧伯》(Über das Bauopfer)，《民族学刊》(*Zeitschrift für Ethnologie*)，XXX [1898]，第1—54页，他并没看出其中有几个是依附礼仪。有关法国礼仪，参见塞比罗特(Paul Sébillot)，《法国门约民俗》(*Le folk-lore de la France Threshold Covenant*)，第45—57页，以及韦斯特马克(E. Westermarck)的《伦理观点的起源与发展》(*The Origin and Development of Moral Ideas*)(London: Macmillan，1906—1908)，I，第461页。这些礼仪类型较多，我称之为“第一次礼仪”(见第九章)。符咒不仅与营造与入口有关，也在人与动物改变住处时有所使用，见卡兰德(W. Calland)，《古人扎勃雷：古代受虐者代表》(*Altindisches Zauberrei: Darstellung der altindischen Wunschopfer*)(Amsterdam: J. Muller，1900)，第147—148页。

② 有关典型仪式，参见希尔德伯格(W. L. Hildburgh)，《僧伽罗巫术札记》(Notes on Sinhalese Magic)，《皇家人类学院学刊》(*Journal of the Royal Anthropological Institute*)XXXVIII(1908)，第190页。

于破土动工时。

进入一座房子、寺庙等地之礼仪与分别礼仪相对应，其形式或相同或相反。穆罕默德时代之阿拉伯人在进入和离开住房时抚摸房宅神，[①]所以，同样姿势根据情况可为聚合礼仪或分隔礼仪。同理，每当正统犹太教徒经过房子正门时，他用右手一个手指触摸一下门柱圣卷——一个挂在门柱上的小匣，装有写着或绣着上帝神圣名字(Shaddai)的纸或缎带，随后亲吻这个手指，并说，“从此，上帝将保佑你出行和归来”。[②] 在此，口头礼仪与手上礼仪合二为一。需要注意，只有正门才是聚合及分隔礼仪之地点，也许因为正门已经过某特别礼仪被神圣化，也许因为其朝向吉利。其他出入口则没有在熟悉世界与外部世界之间通过之同样特质。所以，盗
33 贼(在与我们不同的文化中)更愿意不走正门；尸体被从后门或窗户运出；孕妇或经期妇女只许出入侧门；神圣动物之尸体只可从窗户或墙洞运进或运出房子，等等。这些实践是为了防止通道被污染，因为一旦这通道被特别仪式净化后必须保证其不受玷污，例如，向门上吐唾沫或踩在上面是被禁止的。

但有时，主门坎之神圣价值也体现于所有门坎上。在俄国，我见到有些房子每个门坎上都钉有那种小马蹄形的用来保护靴跟的

---

① 史密斯，《闪米特人宗教研究讲座》，第461—462页。

② 特郎布尔的《门坎之约》第69—70页提到叙利亚。[范热内普明显依据的是特郎布尔的记述。据《犹太百科全书》(*The Jewish Encyclopedia*)(London: Funk & Wagnalls, 1916)，在门口的祷告语被翻译成“愿上帝从此保佑我出去与进来”。里面的文字来自《旧约圣经》中《申命记》6:4—9和11:13—21，敦促犹太人热爱和服从上帝，并要求他们将上帝的名字写在门和门框上。Shaddai一词写在外面，在过门时被触摸和亲吻。——译者]

鞋钉，而且这些房子里每间屋内都有各自的神像。

为了理解与门坎有关之礼仪，在任何情况下，我们要想到门坎只是门之一部分，并将多数此类礼仪理解为进入、等待以及离开的直接的和地域性礼仪，即过渡礼仪。

第三章　个体与群体

陌生人境况与特性；陌生人之聚合礼仪；共餐；作为聚合礼仪之交换；兄弟结盟；问候礼仪；性交聚合礼仪；陌生人之安宿；旅行：分别礼仪与回归礼仪；收养；主人之改变；争吵、血仇、和平

35 一个社会类似于一幢分成若干房间和走廊的房子。某社会文明形式与我们所处社会越接近，其内部结构划分就越精细，而互通之门则越宽敞。反之，在半文明社会，每个区段都被精心隔离开，相互过渡必须经过一定形式和仪式，其方式与上一章所论述之地域过渡礼仪极其相似。

每一个体或群体，在没有通过出生或特别获得的手段而具有进
36 入某房屋的权力，并立即成为该区段之常规成员前，是处于一种隔离状态。这种隔离有两层意义，或分开或合并在一起：该个体很脆弱，因为他处于特定群体或社会之外部；但他也很强大，因为相关群体之成员构成世俗世界，而他处于神圣范畴。因此，处于此状态之群体成员便可杀戮、抢掠和虐待一个陌生人而不经仪式，[①]同时其

① 在有组织抢劫的情况下，如洗劫驿站或沉没船只，其性质更主要是经济与法律方面的，较少巫术-宗教性；但是，某些情况下，如在斐济群岛，沉船事件似乎具有巫术性，是为了阻止危险的陌生人进入部落领地。

他成员惧怕他、恭敬他，视他为具有超强力的生灵，或施用巫术-宗教之法以防御他。

陌生人对绝大多数人而言是神圣的，具备巫术-宗教性力量，并拥有超自然之仁慈或邪恶力。这一事实已被反复提及过，特别是在弗雷泽[①]和克劳利[②]的著述中。他们都认为这种礼仪的起因是陌生人因其出现而受制于巫术-宗教性之恐惧。他们还坚持认为这些礼仪之目的是为了使该个体中性化或变得仁慈，消除他后天获得的某些特质。格里尔森接受此观点，但他亦对陌生人之经 37
济与法律地位感兴趣，且举出许多例证。[③] 韦斯特马克提供了更加丰富的事例，并提出可能影响对陌生人的反应行为之深层动机(如个人感情、实用利益或超自然利益)。[④] 他反驳了克劳利基于感染观之理论——针对陌生人所举行之礼仪只是一种解除每个人都受约束的“个体隔离之禁忌”的方式，并提出更狭义的理论。他认为，此礼仪之目的有二：消除陌生人事先获得之恶眼(mauvais œil)；消除因陌生人出现而置于接待人之“潜在诅咒”。[⑤] 杰文斯从另一方面认为这些礼仪的意义只限于对陌生人衣物和拥有物之净化，不包括陌生人本人。[⑥]

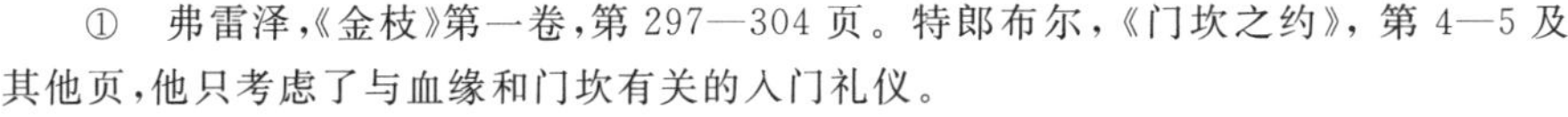

① 弗雷泽，《金枝》第一卷，第 297—304 页。特郎布尔，《门坎之约》，第 4—5 及其他页，他只考虑了与血缘和门坎有关的入门礼仪。

② 克劳利，《神秘玫瑰》，第 414、239、250 页。

③ 格里尔森，《沉默的交易》，第 30—36、70—83 页。

④ 韦斯特马克，《伦理观点的起源与发展》，I，1906，第 570—596 页。

⑤ 同上书，特别见第 586—592 页，及第 390 页实属无知的结论。

⑥ 杰文斯，《宗教历史导论》(*An Introduction to the History of Religion*)，1896，第 71 页。让人无法理解的是如何在衣物或所属物品不洁、危险且为禁忌时，使用者竟不受影响。

以上每个观点都有助于分析一系列特定事实，但无一能帮助我们理解有关陌生人之礼仪的动力性及其模式，以及这些仪式模式与童年、青春期、订婚和结婚等礼仪进程间的平行关系。

38 然而，如果我们仔细研究描述有关隔离个体或群体（如商队或
科学考察队）仪式之文献，便会发现，在诸多形式差异背后，有些模
式类同得惊人。因一大批陌生人到来而引起的行为，其目的是强
化当地的社会团结：居民都离开村庄躲进山谷或森林等有较好保
护之地；或者关门，武装自己，并发出集合信号（如点火、吹喇叭、击
鼓）；或者由头人独自或带着几个战士代表该社会走到陌生人面前，
因为他比普通居民在这类接触中具有更强的免疫力。在其他场合
会派出特定中介人或特选代表。此外（尽管有些政治性例外），外来
人不能直接进入某个部落或村庄之地界；他们必须在一定距离外证
明自己到来之目的，并经过一番繁琐过程，其方式犹如著名的非洲
式谈判。在这进程长短不定之阈限前阶段，相应地出现一个过渡
39 期；期间会进行诸如交换礼物、居民以食物招待或提供住宿[①]等事
件。该仪式以聚合礼仪结束——正式进入、共餐及相互握手。

外来人与当地人之间互相移近的每一阶段之时间长度与复杂程度因不同民族或群体而有差异。[②] 然而，无论是对一群体或个

---

① 这可能是年轻人或战士的“公用房”，是属于酋长或某贵族的一个特殊地方，也可能是某家的一个房间。如是后者，陌生人则是被聚合到这个家庭，且因此被聚合入该社会。

② 部分比较叙述可见我的《马达加斯加禁忌与图腾》，第40—47页。在此类别中，可加入对使团的接待礼节等，标志两个群体的接触。特别要注意的是澳大利亚中部的“欢迎”礼仪，参见斯宾塞与吉伦（B. Spencer and F. J. Gillen），《澳大利亚中部北方部落》（*The Northern Tribes of Central Australia*）（London：Macmillan，1904），第568—579页。

体，其基本进程是同样的：他们必须停止、等待、通过、进入，最后被聚合。特定礼仪可能包括身体接触（如拍打、握手）、交换食物或珍贵礼物、进食、饮酒、轮抽烟袋、祭献动物、洒水或血、涂油、被捆系在一起、被盖在一起，或共坐一个座位。间接接触可能这样出现：通过代言人或通过同时或先后触摸某一神圣物、当地神灵雕像或“拜物柱”。此类事例难以穷尽，因篇幅所限，仅讨论如下几个。

同饮共餐礼仪，本书将多次列举，显然是聚合礼仪，是身体（地
域）结合礼仪，[①]一直被称为圣餐礼。[②] 以此方式之结合可能是永 40
久的，但常常是只持续到消化完食物这段时间。莱昂船长记录到爱斯基摩人只在二十四小时内视一个外人为客人。[③] 通常，共餐是互惠的，因此有一种食物交换，以构成对此种约束关系之肯定。当食物不是在共餐时交换时，这种行为属于较宽泛的礼物交换类礼仪。[④]

交换有一种直接约束效果：接受礼物就是接受与赠予者之结合。克劳利只看到一部分[⑤]，而希茨威斯基在其有关巴尔干与俄罗斯的斯拉夫人中兄弟会关系之专著中则对此根本没有理解。[⑥]

---

① 参见克劳利，《神秘玫瑰》，第 157、214、456 页。

② 史密斯，《闪米特人宗教研究讲座》，第 206—210 页；哈特兰，《波索斯传说》，第 III 卷。

③ 《里昂船长私人手记》（*The Private Journal of Captain G. F. Lyon*）（London：J. Murray，1824），第 350 页。

④ 有关参考书目，见格里尔森《沉默的交易》，第 20—22、71 页；韦斯特马克，《伦理观点的起源与发展》，I，第 593—594 页。

⑤ 克劳利，《神秘玫瑰》，第 237 页；他错误地从完全个人的角度阐释了解除禁忌礼仪和结合礼仪。

⑥ 希茨威斯基（S. Ciszewski），《南斯拉夫的表面的亲缘关系》（*Künstliche Verwandschaft bei den Südslaven*）（Leipzig：T. Krakau，1897）。

他认为聚合礼仪只是“象征性的”，并识别出四大类：同饮共餐、相
互捆系在一起、相互亲吻，以及“模仿自然的象征物”。我在此补充
41 说明他忽略了的最后一类（模仿生育等），其本质上为感应性之礼
仪，他将这些礼仪如此分类：个体或集体共餐、自发性基督圣餐；被
一根绳子或带子捆绑、拉手、拥抱、将脚一起放在炉边；交换布、衣
物、武器、金或银币、花束、花环、烟袋、戒指、亲吻、血、基督圣物（十
42 字架、蜡烛，或圣像）等礼物；亲吻这些圣物（圣像、十字架、福音）；或
发誓。[①] 不仅如此，希茨威斯基的专著也表明，每个当地仪式中都含
有几种结合行为，且每种都有一个或多个交换礼仪。正是这种礼仪
通常占据中心地位，如在稍后将讨论之结婚仪式。在实践中，此类
礼仪涉及相互个性转换，其操作简单到如机械地将一方系于另一
方、将双方盖在同一件衣服或头巾下，等等。进而言之，尽管交换血
可能比交换衣物、戒指或亲吻要更粗野或残酷，但这并非是原始
的。[②]

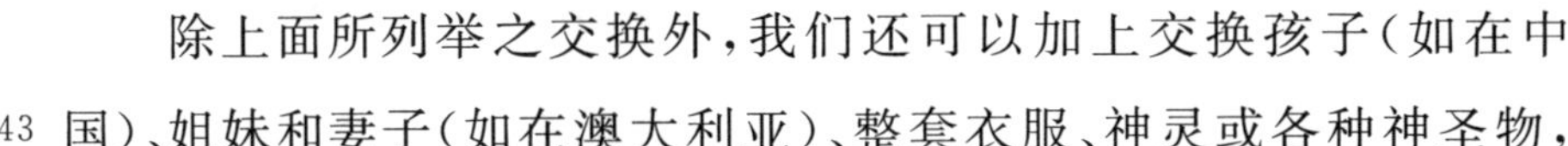

除上面所列举之交换外，我们还可以加上交换孩子（如在中
43 国）、姐妹和妻子（如在澳大利亚）、整套衣服、神灵或各种神圣物，

① 同上，分别参见第141、2、33、35、38、43—45、54、57、34、63、3、38、40、35、46、54、45、47、27、33、34、45、46、55、32、57、69、43—45、43—46、41、57、42、27、33、37、38、41—43、45、27、45、60—69、37、56—57、34、37、39、55、56页。在第41脚注与33页，希茨威斯基引用了一个有趣的例子，其中的兄弟会约束体现在三个阶段（小、中、大）——这使人想到成人礼仪和向年龄群体的聚合礼仪。

② 关于兄弟会约束，参见《大众传统评论》和《水神美鲁西尼》；塔玛希亚（G. Tamassia），《结盟兄弟会》（*L'affratellamento*）（Turin，1886）；史密斯，《闪米特人宗教研究讲座》，第239—248页；鲁宾逊（J. Robinson），《原始人心理》（*Psychologie der Naturvölker*）（Leipzig，1896），第20—26页。依据希茨威斯基的记述（第94页），社会性兄弟约束所形成的关系比自然血缘关系更牢固。

如脐带。[①] 在一些北美印第安部落[如撒利希(Salish)]之间，交换已成制度，称作“夸富会”(potlatch)，定期由每家做东。[②] 在半文明社会，王室责任之一是将所应得之“礼物”在臣民中再分配。总之，实物在人际间的流动界定出特定群体，并在其内部创造出维系社会延续之纽带，与“圣餐”起着同样作用。

与创造兄弟会式纽带相似之结合礼仪还可包括共同表演某个仪式行为，如认教父教母或朝觐。这种结合除非经过特别分隔礼仪，否则无法打破。

在汤普森所描述的他即将进入马塞(Massaï)地区前所进行的聚合陌生人的礼仪中，可以非常清楚地看出其直接和简单的礼仪行动。[③]

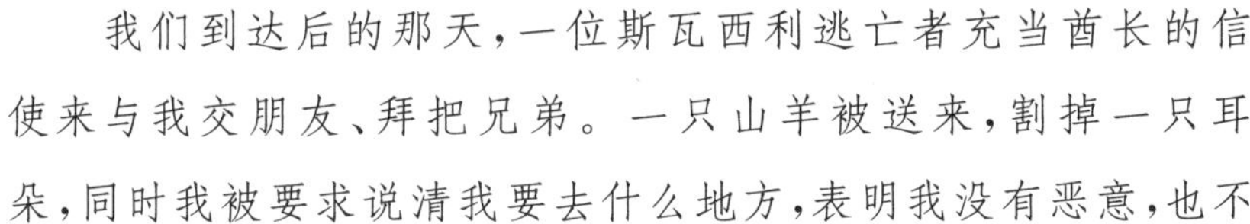

> 我们到达后的那天，一位斯瓦西利逃亡者充当酋长的信使来与我交朋友、拜把兄弟。一只山羊被送来，割掉一只耳朵，同时我被要求说清我要去什么地方，表明我没有恶意，也不

---

① 塔普林(Taplin)，《纳林耶利人》(*The Narrinyeri*)(第二版；Adelaide：T. Shawyer，1878)，第32—34页。这种交换形成的关系叫做*ngiangiampe*，由此，克劳利(《神秘玫瑰》)建立了他的“个体间相互免疫”理论，但他没看出所有的交换形式都具有同样的目的。有关兄弟会的社会意义，参见希茨威斯基，《南斯拉夫的表面的亲缘关系》，第29页等多处。兄弟会约束关系可能是永久的，也可能是暂时的，如是暂时的，则可能延续(见希茨威斯基书，第7、45、49页等)。

② 在诸多参考中，可见杜德(C. Hill Tout)，《有关不列颠哥伦比亚的温哥华岛东南部落的民族志报告》(Report on the Ethnology of the Southeastern Tribes of Vancouver Island, British Columbia)，《皇家人类学院学刊》，XXXVII(1907)，第311—312页。

③ 所描述仪式在马塞领地附近的一个露营地举行。——英译注

> 会乌伽韦(黑巫术),最后保证我不会做有害于他们的事。然后
> 山羊的另一只耳朵被苏丹信使割掉,保证他们不会伤害我,给
> 44 我食物,归还偷窃走的东西。然后,羊被杀掉,从羊额头割下一
> 条皮,划两条缝。信使拿着它,将下面的缝在我的手指上来回
> 套了五次,最后推过手指关节。之后,我戴着皮条,将上面的缝
> 同样在他的手指上套五次。然后这条皮子被切开成两块,分别
> 留在各自的手指上。这个苏丹人与我便发誓结成兄弟。①

在扎拉莫人(Wazaromo),瓦兹古拉人(Wazegura)和瓦撒卡拉人(Wasagara)等族群之间,有交换血的礼仪。两个人面对面,双腿互相交叉,另外一人则在他们头上挥舞一把剑,并对打破兄弟纽带之任何一方发出咒语。在此,其纽带关系是通过同时接触和交换血,以及此后之礼物交换来建立的。② 列举最后这例主要是要说明,将那些涉及公断性的用血礼仪从聚合礼仪中划分出来是错误的。事实上,这些特别礼仪极少形成完整仪式。绝大多数情况下,完整仪式包括接触、分享食物、交换、联合(系捆等)以及"驱邪"等礼仪。

45 通过直接接触而结合之各种聚合礼仪在以下事例描述中可以非常清楚地看出。莱亚德如此记录过一个阿拉伯的桑马尔(Shammar)部落的习俗:在桑马尔人中,如果一个人抓到了由敌方

① 汤普森(Joseph Thomson),《通过马塞领地》(*Through Massaï Land*)(London: Law, 1885)(法文翻译: *Au Pays des Massai*, Paris, 1886, 第101—102页)。

② 博顿(R. Burton),《非洲中部湖泊地区》(*The Lake Regions of Central Africa*)(London: Longmans, Green, 1860), I, 第114—115页。

握着的绳索的另一头，他立即就成为敌方的达克黑尔(*dakhî lî*)，即服从者。如果他触摸别人的帐篷，或将箭头掷向帐篷，他便成为帐篷主人的达克黑尔。如果他能向某人吐唾沫，或用牙咬到该人的物品，他便是达克哈尔(*dakhal*)，即征服者。当然，偷盗案除外。在那种情况下，抓获盗贼的人则成为达克哈尔。桑马尔人从不在别的帐篷的视线范围内搭帐篷，因为如果被陌生人见到，他们便视该陌生人为其达克黑尔。[1] 在此，即使视觉也是接触。此类礼仪在庇护权仪式中占有重要地位。[2] 说出一个词或一句套语这样简单的事实，如穆斯林额手礼，也具有创造至少是暂时的约束关系之作用。因此，穆斯林们想尽办法避免给一个基督徒额手礼。[3]

各种问候方式均属聚合礼仪类型。其变化依熟悉或陌生程度 46
而定：新到之人是某房子全部居住者的陌生人，或只是对于他被介绍给的人而言的陌生人。在斯拉夫语国家仍可见到某些基督徒之间以古代方式问候，其功能便是每次都延续其因同一宗教而形成之秘密约束关系，正如穆斯林们通过额手礼而强化彼此关系一样。

---

① 莱亚德(Layard)，《尼聂维与巴比伦：第二次远征雅利安》(*Nineveh and Babylon: Second Expedition to Assyria*, 1848—1851)；有关此礼，另见史密斯，《早期阿拉伯的亲缘与婚姻》(*Kinship and Marriage in Early Arabia*)(London: Stack, 1907)，第 48—49 页。[法文中都用了*dakhîl*，但英译说明了该词因不同情况而有相反的意思，参见英译注。——译者]

② 关于庇护权，参见特郎布尔，《门坎之约》，第 58—59 页。海尔维格(Albas Hellwig)，《初民的庇护法》(*Das Asylrecht der Naturvölker*)(Stuttgart, 1903)，没能看出在半文明群体中的庇护权与巫术-宗教的层面，以及禁忌与聚合礼仪之间的联系。而史密斯(《闪米特人宗教研究讲座》，第 53—57、206—208 页)与希茨威斯基(《南斯拉夫的表面的亲缘关系》，第 71—86 页等)已就此观点作出了部分研究。

③ 杜特(Edmond Doutté)，《(摩洛哥)马拉喀什》(*Merrâkech*)(Paris: Comité de Maroc, 1805)，I，第 35—38 页。

阅读几个详细案例描述便可看出在半文明民族中此类礼仪有以下作用：1)在亲戚、邻居、同部落成员之间，问候是延续和强化同一特定群体内之成员身份；2)在与陌生人之间，陌生人首先被介绍给某一特定群体，尔后，如果他愿意，会被引见给其他特定群体，同时也是引介给整个该社会。在此，人们通过握手或碰鼻子、脱鞋、脱衣服或帽子将自己与外部世界分隔开，并通过同饮共餐或在该房子保护神前共行特定礼仪等行为而相互结合起来。简言之，一个人会以某种方式与所认识之人建立认同感，即使是暂时的。例如，在(日本)阿依努人之间，问候在本质上是一种宗教行为。[1] 同样仪
47 礼进程也表现在互访中。互访实质上具有建立约束关系的价值。例如，在澳大利亚，互访是部落间相处的习俗。

基于感染观之直接聚合礼仪包括诸多性行为，如换妻。如果该礼仪是单方面的，则一个女人被借用(该女人或是某人之妻、女儿、姐或妹、亲戚、主人之妻，或是同一阶层或部落的女人)。[2] 尽

① 有关这些礼仪之细节，参见巴切勒(J. Batchelor)，《阿依努人：日本的长毛土著人》(*The Ainu: the Hairy Aborigines of Japan*)(London: Religious Tract Society, 1891)，第 188—197 页；关于茶道，见钱柏林《日本之物》，第 333—339 页；哈特(F. Hutter)，《喀麦隆北部盆地的游记与研究》(*Wanderungen und Forschungen in Nord Hinterland von Kamerun*)(Brundswick, 1902)，第 135—136、417—418 页；以及有关一般礼节的民族志。

② 有关理论与参考书目，参见韦斯特马克，《人类婚姻史》(*The History of Human Marriage*)(London: Macmillan, 1891)，第 73—75 页；克劳利，《神秘玫瑰》，第 248、280、285、479 页；《威尼斯人马可波罗记》(*The Book of Ser Marco Polo, the Venetian*)(London: J. Murray)，I，第 214 页；II，第 4，53—54 页；波特(Murray A. Potter)，《索禾拉比与拉斯塔姆》(*Sohrab and Rustum*)(London: P. Nutt, 1902)，第 145—152 页。在摩洛哥，犹如在阿尔及利亚的 Kabyles，借出女儿给“帐篷里的客人”是个习俗，但不是给“社区的客人”。

管在某些情况下，这种借用目的是为了获得更有才赋和能力的后
代(因为每个陌生人都具有马纳)，[①]但更通常是要明确地将陌生
人聚合到一特定群体，而被借之女人则是该群体成员。事实上，这
种借用与共餐是等同的。在澳大利亚中部部落，当一男一女，或两
男两女被派为信使时，其使命标志是他们佩戴的美冠鹦鹉羽毛和 48
鼻骨(放在带孔的鼻中隔上)。当信使与该部落男人商议完后，信
使将两个女人带到离部落不远之地，然后留下女人离开。如果被
访部落的男人们接受这次交易，他们就都与这两个女人进行性交，
否则，他们就止步不前。在一队复仇斗士抱着杀死敌人的目的攻
击敌营之前，女人也同样被献给他们。如果他们与这些女人性交，
则争议终止，因为接受这些女人便是示意友好。接受女人却继续
世仇则严重违背部落间之习俗。[②]这两种情况下之性交都清楚地
表现出结合与认同行为。其意义印证了我先前提及之案例，[③]即
在澳大利亚中部，性交行为在于辅助巫术礼仪，而不是生殖礼仪。
聚合入某宗教群体也可能通过神娼来协调。在此，神娼公开地保
留给陌生人。她们之出现便表明其角色之作用。此处之“陌生人” 49
一词可有较广含义，等同于“未成年人”或“非信徒，即非神娼们所
归属之神灵之信徒”。[④]

① 这个例子属于生育礼仪类别；如《马可波罗游记》(II，53)所记述的借女人，其目的是保证大丰收和“物质的极大增加”。

② 斯宾塞与吉仑，《澳大利亚中部北方部落》，第98页。

③ 范热内普，《澳大利亚之神话与传说》，第lvi—lvii页；有关澳大利亚的借妻问题，参见斯宾塞与吉仑，《澳大利亚中部土著部落》(*Native Tribes of Central Australia*)，第74、106—108、267页，以及《澳大利亚中部北方部落》，第133—139页。

④ 见哈特兰，《有关米利达神庙的礼仪》(*Concerning the Rite at the Temple of Mylitta*)，第189—202页，以及杜劳雷(J. A. Dulaure)与弗雷泽等人的书籍。

倘若单独分析那种决定接待陌生人的礼节规矩，便可看到有趣现象。例如，在不同群体中，陌生人常被安置于“公房”，如马达加斯加的“拉帕”(*lapa*)，这可能是“年轻人住房”、“成年男人住房”或者是“战士住房”。[①] 由此，陌生人被聚合入最具有主动性和力量性特征的群体，而不是直接进入整个社会。因此，好客习俗赋予陌生人若干实施战事、性交和政治行为之权力。这习俗在印度尼西亚、波利尼西亚以及非洲某些地方尤为流行。在非洲另外一些地方，陌生人住处是由有神圣权力之人授予，如酋长或国王。随着东方意识与古代聚合礼仪被各种进贡所取代，有关礼仪进入到了纯经济交易阶段。

50 至此，所讨论的陌生人仪是从接触外来人的个体或群体角度来考虑。可是依常理，陌生人也有家，而且他离开家时，几乎无一例外地要举行与上述聚合礼仪相反之仪式。不仅如此，当外出之人被所处之某群体聚合时，他依理需在出发时通过分隔礼仪。事实上，已有记述表明，在到达礼仪和出发礼仪之间存在极佳平衡，包括造访、交换告别礼物、共餐、告别酒、祝愿、送行，有时还有祭献礼仪。探险者们的记录通常提到以下见闻：特别是穆斯林之间，其宗教包括无数与旅行有关之戒规。有关哈迪希(*Ahadiths*)和阿达伯(*adab*)的经书[②]竟以整个一章节谈论旅行者……。在北非，

---

① 见舒尔茨(H. Schurtz)，《年龄段与兄弟会》(*Altersklassen und Münnerbünder*)(Berlin：A. Reiner，1902)，第203—213页，特别是有关公用房及其演变的各种形式。

② *Ahadith* 是伊斯兰的圣文。而 *Adab al-kātib*，*adab al-wuzarâ'* 等严格区别于宗教文字，属于世俗性的，是为了更高的人性修养或 *adab*[见《伊斯兰百科全书》(*Encyclopedia of Islam*)(Leiden：Brill，1908)]。——英译注

要向起程出发者脚下泼水。在 1902 年，当我们从莫加多尔（Mo-
gador）离开向内地行进时，有几个穆斯林家庭同行，其中一家之一
成员在我们出发时向其家人的马蹄下泼了一桶水。[①] 正如杜特基 51
于弗雷泽阐释基础而作的论断，这也许是一个“净化”礼仪，或者是
一个“目的在于破解过去或将来之咒”的礼仪。[②] 在我看来，这更
像一个分隔礼仪，以此旅行者跨越一条人为的无法返回的河（ru-
bicon）。在中国，当官员出发从一省迁职到另一省时，分隔礼仪极
其繁琐。[③] 我以为，所有在起程旅行或远征时所行礼仪都意在使
分隔缓慢，而不是突然。依此，聚合礼仪亦需分阶段进行。

至于旅行者返回时所举行礼仪，则包括净化路途上所带不洁
物的礼仪（分隔礼仪），以及逐步的聚合礼仪，如在马达加斯加便有
某些肉体折磨和与动物性交礼仪。[④] 此类礼仪在有些情况下，如 52

---

① 杜特，《马拉喀什》，第 31、91 页。

② 弗雷泽，《金枝》第一卷，第 303 页；另见格里尔森，《沉默的交易》，第 33—34、72、74 页；韦斯特马克，《伦理观点的起源与发展》，第一卷，第 589—594 页。

③ “当一位满清官员要离开时，所有的居民都来到主要的道路，列队两旁，从他要出城的城门到两三里地以外，到处可见摆满干果、酒、茶的桌子。每个人都不顾他的意愿来阻止他，请他坐下吃喝……最有趣的是每个人都想要些他的东西。有的留下他的鞋，有的要他的帽子，还有的要他的大衣，但每件要下的东西又被别人的所替代。等他离开人群时，他可能已经换过三十双不同的鞋子。”勒孔特（Louis LeComte），《中国现状的新回忆录》（*Nouveaux mémoires sur l'état présent de la Chine*）（第三版，Paris：J. Annison，1700），II，53—54。有关现代的详细例子，参见杜利特尔，《中国人的社会生活》，II，第 235—236、302—303 页。

④ 范热内普，《马达加斯加禁忌与图腾》，第 249—251、169—170 页；有关一般的回归礼仪，见弗雷泽《金枝》，I，第 306—307 页；有关战士的返回，见拉斐陶（Joseph François Lafitau），《美洲野蛮人的死亡与人类早期的死亡比较》（*Mœurs des sauvages amériquains comparées aux mœurs des premiers temps*）（Paris：Saugrain l'Aîné，1724），II，194—195，260；有关古代印度的旅行礼仪，参见卡兰德，《古人扎勃雷：古代受虐者代表》，第 46、63—64 页。

丈夫经常不在家时，尤其盛行。

然而，旅行者的出发并非彻底将他与原来所属社会或途中新加入的社会分隔开。所以，其家人便有特别规定，禁止能以直接或感应[遥感(télépathie)]方式伤害他的一切行为。[①] 由此，也形成习俗，每当旅行者出发时，送给他可辨认的标记，如拐杖、一封信或如古希腊人所用镶嵌物，使其自然地被聚合入其他群体。在(居住在俄国的芬兰人)沃加克人(Votiak)中间，当请萨满或巫师(*usto-tuno*)除病或动物瘟疫时便如此：他被从远方请来，因此他不认识任何人。依需要，他被从一村带到另一村。当他离开自己家时，他要求请他去的村子"许诺"给他一块木板做信物，上面有该村的头
53 人刻下的氏族标志。萨满将此物留在家，授予他妻子权力以要求他被送回来。这种做法在萨满去每个村子时都重复，下一个要去的村子的氏族标志木板总是在萨满出发前放在女主人手中。[②] 澳大利亚各氏族和部落信使出发前亦必有仪式。[③] 同样，中世纪时

① 在没有捕鱼人、猎人、战士的情况下亦如此。见弗雷泽《金枝》，I，第 27—35 页；范热内普《马达加斯加禁忌与图腾》，第 171—172 页；以及埃利斯(Wiliam Ellis)，《马达加斯加历史》(*History of Madagascar*)(London：Fisher & Co.，1838)，I，第 167 页；有关婆罗洲，见休伊特，《部分达雅人的海洋禁忌》(Some Sea Dayak Taboos)，《人类》，VII(1908)，No. 12，第 186—187 页。

② 瓦西列夫(Vasiliev)，《异教仪式评论：喀赞与维亚切地区的沃加克人的迷信与信仰》(*Obozrenie iazycheskikh obriadov，sueverii I verovanii Votiakov Kazanskoi i Viatskoï gubernii*)(Kazan，1906)，第 15 页。有关此题目，参见有关信使拐杖的著述等。

③ 斯宾塞与吉仑，《澳大利亚中部土著部落》，第 94、156、274 页；《澳大利亚中部北方部落》，第 139、551 页；豪伊特(A. W. Howitt)，《澳大利亚东南部土著部落》(*The Native Tribes of South-east Australia*)(London：Macmillan，1904)，第 678—691 页。

欧洲和远东对商人的出入均有类似规定。

适于陌生人和旅行者之仪式模式也可在收养仪礼中看到。在罗马，便有一系列与贵族阶层、氏族、前主人和先前家人隔离之分隔礼仪，以及一系列融入新环境之聚合礼仪。[1] 中国仪礼同样包括为了进入新家庭而解除与先前氏族和家庭关系之仪式。收养 54
时所做之特别礼仪与其他聚合礼仪是同样的，包括交换（血、礼物等）、捆系、遮盖、同坐、真实或模仿喂奶、模仿生育，等等。分隔礼仪出现次数明显要少，可我注意到，在斯拉夫南部，有一种为同月诞生而有关系之人举行的分隔礼仪。在印度北方，低等级的皮革加工行业者（chamar）中间，如有收养情况，该氏族所有人都聚在一起，男孩父母说，“因邪恶行为（*pàp*），你曾为犬子，可此时，因善良行为（*dharm*），你是某某之子”。[2] 氏族成员向孩子撒米，而且收养孩子之父母请所有人分享仪式酒席。在有些美洲印第安部落，收养仪礼与马纳（*orenda*，*manito* 等）和再生观念有关。命名成为其仪式重要部分，因为某个体之名暗示其与各种婚姻和氏族之关系。此外，那些被收养之人被指定为一虚构年龄群体，即使存在相同真实年龄群体[塔斯卡洛拉人（Tuscaroras）

① 德伦伯格（Charles Daremberg）与萨格利奥（Edmond Saglio），《文本与纪念碑所载希腊与罗马古俗事典》（*Dictionnaire des antiquités greques et romaines d'après les texts et les monuments*）（Paris：Hachette，1877—1906），参见“收养”、“祝圣”、“厌恶”等条；有关半文明社会的收养，见哈特兰，《波索斯传说》，II，第 417 页；弗雷泽，《金枝》，I，第 21 页；有关斯拉夫人中的收养，见希茨威斯基，《南斯拉夫的表面的亲缘关系》，第 103—109 页。

② 柯鲁克（William Crooke），《典型的等级制与部落》（Typical Castes and Tribes），《印度人口统计》（*Census of India*，Ethnographical Appendixes）（Calcutta，1903），第 174 页。

便成为奥奈达人(Oneida)的“孩子”;特拉华(Delawares)部落成员被“五国联盟”收养为“做饭的”,所以他们穿女人的衣服,并改变其经济活动]。[①]

55 当一奴隶或仆人改变主人时所行礼仪亦可解释为过渡礼仪。作为聚合礼仪,可引用此例:洛安戈人的奴隶交给新主人一根棍子,并接受主人狠狠一击。[②] 另一个是巴本达(*kimbunda*)仪式(或称为 *tombika* 或 *shimbika*)。[③] 当一女奴为主人生下一个孩子时所带来地位的变化体现在聚合礼仪上,后者有时类似结婚仪式。这些礼仪与庇护权力礼仪有关。改变氏族、等级、部落或国籍之仪式也包括分隔礼仪、边缘礼仪以及聚合礼仪。其中有些礼仪将在后面详论。

为个体与为群体所举行的礼仪具有相同的操作形式。为群体所举行之分隔礼仪可包括部落或家族相互宣战。欧洲人与闪米特人(犹太人)之间报血仇的礼仪已广为人知,所以我另引用已有详细描述之澳大利亚事例。[④] 带有复仇使命的群体首先被与社会分隔,并获得该群体的独特权力;其成员在通过礼仪解除其临时权
56 力,并被聚合入该社会之前不许返回该社会。报仇之目的是为重建在某些方面受到破坏之社会团结。在此意义上,这种礼仪与某些收养礼仪相似,有许多相同过渡礼仪成分。在报血仇或战争(和

① 见休伊特,有关“收养”条目,《美洲印第安人手册》(*Handbook of American Indians*),《美国民族学会简报》,Vol. I [1907], No. 30, 第 15—16 页。

② 伯楚尔-娄什,《洛安戈人的民俗》,1907,第 245—246 页。

③ 见普斯特(Albert H. Post),《非洲法律》(*Afrikanische Jurisprudenz*),二卷本,1887, I, 第 102 页。

④ 斯宾塞与吉仑,《澳大利亚中部北方部落》,第 556—568 页。

平礼仪)[1]结束时举行的仪式[2]与建立盟友礼仪和收养陌生群体的礼仪是相同的。

与神或神灵结合之礼仪也应在本章提到。犹太人逾越节[3](这个词本身表示着"过渡")是过渡礼仪,通过聚会进程,合并了庆祝季节交替的仪式和纪念从巴比伦回到耶路撒冷的过渡。[4] 因此,这个节日仪礼同时包含了本章所讨论的若干类过渡礼仪。

① 有关此类礼仪,参见哈特兰,《有关米利达神庙的礼仪》,第250—251页;克劳利,《神秘玫瑰》,第377、239—246页;哈特,《喀麦隆北部盆地的游记与研究》,第435—438页。

② 在婆罗洲,有关个体间的调解如下:"如果两个有死仇的人在同一间屋子相遇,只有在杀了一只家禽后,将血洒在他们身上,他们才能彼此相视。如果是两个部落要和解,在庄严的协议达成后,要杀头猪,以其血作为他们友谊的黏合剂。"斯宾塞,《远东森林里的生活》(*Life in the Forests of the Far East*)(London: Smith & Elder, 1862), I, 第64—65页。"黏合"一词应该取其物理意义,而不是通常所用的象征意义。此礼与门坎没有任何关系,正如特郎布尔所相信的(《门坎之约》,第21页)。

③ 我不知道这种简单的阐释先前是否有人提出。这解释了犹太人逾越节礼仪融合进基督教复活节思想的过程,并没有丝毫借用阿多尼斯礼仪等。这个节日最初是过渡性的仪式庆祝,后来逐渐吸收了仍具有许多明显民族特色的成分。

④ 范热内普在此是错误的。逾越节与巴比伦沦陷没有关系,而是关系到这样的信仰——在埃及时的七个门饰中最后的一个……希伯来人的房子得到死亡天使的赦免,也不必杀死第一个孩子。天使因为门框上的羔羊血迹认出希伯来人家。参见《出埃及记》第十二章、《犹太百科全书》、《通用犹太百科全书》。——英译注

第四章　怀孕与分娩

回避、禁忌、预示与感应礼仪；处于边缘期之怀孕；再结合礼仪与社会地位恢复；分娩礼仪之社会特征

57 怀孕仪式与分娩仪式通常合成为一个完整体，体现过渡礼仪进程。起初所行礼仪常将孕妇与社会、家族，有时甚至与其性别群体分隔开。随后所遵行的礼仪便适于孕期本身，也视为边缘期。最后为婴儿诞生礼仪，其目的是将她重新聚合入曾归属的群体，或确立其新母亲之社会地位，特别是当她初次分娩或生下儿子时。

在所有这些礼仪中，对怀孕与分娩之分隔礼仪已有较仔细的研究。弗雷泽与克劳利特别让人关注将孕妇隔离到特殊茅屋或房
58 子中的特殊习俗行为，尤其是在饮食、物品使用与性方面的禁忌，以及所谓的净化礼仪。通过“净化”礼仪，有时禁忌被解除，有时聚合得到强化。① 女人一旦怀孕，她便被置于隔离状态，或是因为她

---

① 弗雷泽，《金枝》，I，第326—327页，II，第462页；克劳利，《神秘玫瑰》，第213、414—416、432页；另见于普洛斯（Ploss），《自然与民俗中的女人》（*Das Weib in Natur und Völkerkunde*）（Leipzig：Theodor Grieben，1899；第八版，1905）中的引用段落。

被视为不洁和危险，或是因为怀孕本身使她在生理和社会方面处于不正常状态。这一点已广为人知，将她视为病人或陌生人反倒变得最自然不过。

怀孕礼仪与分娩礼仪一样，包括许多礼仪——感应性或感染性的、直接性或间接性的、动力性或泛灵性的，但其目的有一：保证顺产和保护母子（有时也包括父亲、近亲、整个家庭或整个氏族）不受邪恶力量侵害。这种力量或是已被非人格化，或是已被人格化。这些都已被反复研究过，[①]因为有关记述数量最大也最显而易见，故在此无须赘述。提到这点仅为说明我无意于将所有这些礼仪笼 59
统地划为过渡礼仪。通常，辨认出某仪式为过渡礼仪、保护礼仪或感应礼仪（如与胎记之联系）并非易事。

印度托达人（Toda）怀孕与分娩礼仪顺序如下：[②]1）当一女人怀孕后，她被禁止进入村子或神圣之地。2）怀孕第五个月，举行一个被称为“我们离开村子”的仪式。此时，孕妇必须住在一特别茅

① 泰勒，《原始文化》，II，第 305 页；哈特兰，《波索斯传说》，I，第 147—181 页；亨利（Victor Henry），《古代印度巫术》（*La magie dans l'Inde antique*）（Paris：Dujarric，1904），第 138—144 页；斯基特（W. W. Skeat），《马来巫术》（*Malay Magic*）（London：Macmillan，1900），第 320—352 页；杜特，《北非马格里布穆斯林社会中的巫术与宗教》（*La société musulmane de Maghreb Magie et religion dans l'Afrique du Nord*）（Algiers：A. Jourdin，1909），第 233 页；塞比罗特，《当代拉丁美洲的异教》（*Le paganisme contemporain chez les peoples celto-latins*）（Paris：O. Doin，1908），第 16—33 页；雷杰克（A. Riédjko）[《产妇在冥世的邪力》（Nechistaia sila v sudbakh zhenshchiny-materi），《民族志评论》（*Etnografischeskoe Obozrenie*），1899，I—II，第 54—131 页]搜集了许多事实，特别是从俄国、西伯利亚和高加索。我曾就此做过概述，见《产妇生活中的污染力行为》（L'action des puissances impures de la vie de la femme-mère），《宗教历史评论》，XLII（1900），第 453—464 页。

② 里弗斯（Rivers），《托达人》（*The Todas*）（London：Macmillan，1906），第 313—333 页。

屋里，并被仪式性地与牛奶制品分隔开，因为那是神圣行业，托达人之社会生活核心。3)她供奉两位神灵：皮恩（Pirn）与皮利（Piri）。4)她在两个地方分别将自己的手置于火上。5)举行标志她离开茅屋之特别仪式：喝下神圣牛奶。6)她回到自己家正常生活至第七个月。7)在第七个月里，“弓箭仪式”为未出生的孩子确定社会父亲，托达人实行多夫制。8)孕妇回到自己家，遵行适当礼
60 仪。后两个仪式只针对初次怀孕的孕妇，或女人有了新丈夫，或她想改变先前所确定之父亲而为孩子另选一个父亲。9)孕妇在自己家分娩，任何人可在场，并无特别仪式。10)两三天后，母婴住进特别茅屋；为其离开家、离开茅屋、回到家举行礼仪，与先前她所经过之礼仪相同。11)在住在茅屋期间，她与丈夫及婴儿都被涂上一种不洁物（*ichchil*）。12)为她们举行防御邪恶精灵（*keirt*）之仪式。她们回到正常生活之标志是喝下神圣牛奶。基于里弗斯所提供之详细描述，显而易见，礼仪之目的是为将孕妇与其环境分隔，使其在相当长之过渡期经历三个阶段，并只有在经过全部阶段后，她才被允许回到正常环境（例如，从禁忌茅屋到正常房子她必须经过两个过渡性住处）。

有关怀孕期其他分隔过程的细节（住地隔离、性生活与饮食禁止、经济活动减少等），希望读者阅读普洛斯之著作，其论述明确证
61 实怀孕是边缘期。[1] 其阶段划分与所认定之重要月份对应——通

[1] 普洛斯，《自然与民俗中的女人》，I，第 843—846、858—877 页。另见我的《马达加斯加禁忌与图腾》，第 20、165—168、343 页。在马达加斯加，分隔礼仪、边缘礼仪以及聚合礼仪有着明确的界定；胡佤人（Hova）（*Antaimerina* 的一个等级）甚至认为怀孕的妇女为“死人”，在其分娩后祝贺她“复活”，有关此观点，见该书第九章。

常是第三、五、七、八和九月。[1] 返回正常生活绝非由一次性动作来完成;其过程亦含若干阶段,与成人礼仪相仿。因此,分娩不是边缘期的终结时刻,新母亲的边缘期还要持续一段时日,其长度因不同文化而不同。随着这个边缘期的最后阶段的到来,童年的第一个边缘期也接踵而至——此题目于下一章讨论。

来自北美的两份记录可证实以上观点。在亚利桑那州的欧拉比(Oraïbi)印第安人中,[2]分娩为“女人之神圣时刻”。因此,分娩时她母亲虽可以帮忙,但只是留在房子里,不可以帮助接生。在接生现场不可有任何别人,包括她的孩子和丈夫。婴儿生下后,产妇的母亲可以进屋。如果必要,她清理胎盘,包扎脐带。之后,她母亲将“产妇身下之胎盘、垫布、沙子以及小扫帚收到一旧盘上,端至村子所属的几个胎盘丘”。[3] 新母亲在二十天内受饮食禁忌约束。如果那是她第一次怀孕生产,期间不可在日落前出门;如果不是第一次生产,产妇可在第五天后适当出门。在第五、十、十五天,举行 62
仪礼洗母婴的头与身。在第二十天,新母亲、其子、其母、其夫及其亲戚以同样方式清洗。在这一天,氏族内年长女人为孩子命名,随后向太阳祭献。礼毕,所有家人与参与命名的妇女共餐,并通过一个特别的叫喊人,邀请全村人参加。此后,家中一切事物及所有家

[1] 有关其他旁遮普的印度教徒与穆斯林的礼仪描述,参见罗斯(H. A. Rose),《旁遮普邦印度教孕期礼节》(Hindu Pregnancy Observances in the Punjab),以及《旁遮普邦穆斯林孕期礼节》(Muhammandan Pregnancy Observances in the Punjab),《皇家人类学院学刊》,XXXV(1905),第 271—282 页。

[2] 沃斯(Henry R. Voth),《欧拉比印第安人的诞生习俗与仪式》(*Oraibi Natal Customs and Ceremonies*)(Chicago,1905),第 48 页。

[3] *Kiwuchochomo*。——英译注

人和村民都进入正常生活状态。由此可见，其进程包括：1)分隔；2)逐渐清除障碍的边缘期；3)重回到正常生活。在姆斯克瓦基人[Musquakie，亦称乌塔伽密人（Outagami）或雷纳人（Renards），亦以“狐狸人”为人所知]的仪式中，性别群体亦发挥作用；孕妇与其他妇女分隔，产后，她经过特别礼仪重回到她们之中。一个在各种仪式中扮演重要角色的特别女人负责从中进行协调。[①]

过渡礼仪与防御礼仪常常被混淆，这正说明为何这些礼仪没能得到应有的重视。例如，多数保加利亚的相关礼仪之目的在于保护妇女、胎儿及婴儿不受邪恶力量侵袭，保证他们健康等。事实
63 上，所有斯拉夫和欧洲民族无一例外。从斯特劳斯所提供的有关此类仪式之详细描述中，有可能清楚地划分分隔礼仪、边缘礼仪以及聚合礼仪。[②] 就所引例子，我认为上述分析尚为恰当，尽管我不肯定此分类适于一切礼仪，且有可能忽略其他可属于过渡礼仪之礼仪。从圣依纳爵日(Saint-Ignace)至其他节日(Kolièda)，孕妇不可洗头、洗衣服，也不可天黑后梳头。怀孕第九个月期间，她不可离开家门。临产一周内，她不可脱换所穿衣物。炉火必须持续到婴儿接受洗礼，且床被一根绳子围起来。洗礼时，需烤制糕点。新母亲必须吃第一块，然后其他亲戚分享，但一点儿糕点渣也不可带

---

① 欧文(Mary Owen)，《北美姆斯夸基印第安人民俗》(*Folk-lore of the Musquakie Indians of North America*)(Publications of the Folk-lore Society, Vol. LI, [London, 1904])，第 63—65 页。有关南非的诞生礼仪的精彩描述，参见茹诺德(Henri A. Junod)，《巴隆噶人》(*Les Ba-Ronga*)(Neufchâtel: F. A. Hager, 1898)，第 15—19 页，以及厄勒(J. Irle)，《荷瑞罗人》(*Die Herero*)(Gütersloh, 1906)，第 93—99 页。

② 斯特劳斯(A. Strauss)，《保加利亚人：民族志研究》(*Die Bulgaren: Ethnographische Studien*)(Leipzig: T. Grieben, 1898)，第 291—300 页。

出房子。亲戚都带礼物，并都向母子吐唾沫（明显为聚合礼仪）。来访需在第一周内。第八天，举行洗礼。第十五天，新母亲烤蛋糕，请邻居和所认识的妇女来共享，而来者均带面粉。新母亲四十
天不可出门或院子，亦不可与丈夫有性生活。在第四十天，带上婴 64
儿初浴时被供奉过的一片银子或一些坚果，她与孩子、丈夫、母亲（或一老妇或接生婆）来到教堂，接受神父赐福。回家路上，接生婆、母亲与孩子穿过三栋房子，每栋都有礼物，且为孩子撒面粉。第二天一早，所有亲戚来探访新母亲，为房子四处和院子各角落洒圣水，因为她四十天始终在此。之后，恢复日常生活状态。

从此例可见，她不仅被聚合回家庭和性别群体，也被聚合入斯拉夫人的“邻居”（sosièdstwo）——此特定群体便值得一本专著讨论。

聚合阶段在尼尔基里山区（Nilgiri Hills）的科塔人（Kota）的实践中则更明显。分娩后她马上被送到很远处一特别茅屋，并在那儿住三十天。然后在另一茅屋住一个月。第三个月则又是另外一处。之后，她在亲戚家小住几日，同时其丈夫通过洒水或牲畜粪便“净化”家里各房间。[①] 如此之分隔礼仪的长度因不同民族而有差异：有些需两天，有些需四十、五十或一百天（如此例）。显然，分
娩后之生理恢复不是主要目的，而是为了“分娩后返回社会”。同 65
样，社会意义的父母与生理意义的父母有别；[②]（社会性）婚姻与

① 普洛斯，《自然与民俗中的女人》，II，403；其他细节，同上书，第414—418页。

② 范热内普，《澳大利亚之神话与传说》，第lxiii页；托马斯（N. W. Thomas），《澳大利亚血缘组织与群婚》（*Kinship Organizations and Group Marriage in Australia*）（Cambridge University Press，1906），第6—8页；里弗斯，《托达人》，第547页。

(性)结合有别。我们仍可看出与生理成熟期不同步的社会成熟期之存在。

在我们所处社会内,“分娩后返回社会”有与生理恢复期重合的倾向。[①] 这一倾向在其他社会机制中亦有表现,直接关系到对自然法则的认识。我们所行之仪式被称为“女人进教堂”。尽管其性质多为宗教强制,而非巫术-宗教性,但也很容易看出中世纪时产妇所经历的被聚合入家庭、性别群体以及社会的过程。[②]

此外,在非正常情况下,整个过渡礼仪变得更复杂,特别如生下双胞胎。在(刚果)伊肖戈人(Ishogo)中,[③]母亲被局限在她所住
66 之茅屋,直至两个孩子长大;她只可与家人说话;只有其父母有权力进入她所住的茅屋;进入此屋之陌生人被以奴隶出卖;她必须守持贞操。双胞胎孩子也与其他孩子隔离,他们所用餐具皆为禁忌。他们所住之房在门口两边各立一柱,上挂一块布。门坎边钉入地里一排小木桩,并涂成白色。这些都是分隔礼仪。边缘期持续至两孩子过六岁。随后是聚合礼仪:“在这一天,门口站两女人,巫医和产妇之母,脸和腿涂成白色。庆典随她们走向街头而开始,一个慢节奏击鼓,一个唱歌。当天晚上,全村人跳舞、唱歌、喝酒。仪式之后,双胞胎可以像其他孩子一样到处跑玩。”仪式性跨进属于整体社会之地域,并同饮共餐,表现出广为认知的聚合类礼仪,其社

① 有关从分娩后的生理上的回归礼仪,参见罗斯,《印度教孕期礼节》,第 271 页。

② 普洛斯,《自然与民俗中的女人》,II,第 402—435 页。描述了禁止入门的标志符号等,与上述文身有同样顺序。

③ 萨伊路(Du Chailu),《野蛮非洲》,第 226—227 页。[《阿山戈兰之旅》,第 274 页。——英译注]

会意义亦不言而喻。

怀孕与分娩礼仪之组成细节在很多方面与上章所讨论之礼仪
相仿,也与下面几章类同。它们包括渡过或跨越某物、加入祈祷和 67
祭献等。其中之媒介角色相当明显。与在其他仪式中一样,它们的目的不仅是为中和那些不洁之物,或吸走邪恶之物,而且亦为建立联系或链接关系。总之,此类礼仪均为在不干扰社会活动或突然打断个体或集体生活的情况下的辅助过渡。

初次分娩具有相当大的社会意义,但其表达方式各民族有所不同。有时,如在菲律宾的邦都-伊戈罗特(Bontoc-Igorrot),或在其他地方,女孩必须在生下孩子,证明她有生育能力之后才可结婚。

有些民族认为只有生下孩子,婚姻才被认可有效。其怀孕与
分娩礼仪构成结婚仪式之最后行为(托达人即如此),女人之边缘
期亦从订婚延至生下第一个孩子。成为母亲便提高了她的道德与 68
社会地位;[①]她不再只是女人,而同时是女监护人;不再是奴隶或

① 在许多不同民族中,对父亲所使用的"特别名"(tecnonymie)是同样的:他失去了自己的名字,因此被称为"某某的父亲"。改变名字也是浸礼、成人礼仪、结婚礼仪或加冕礼仪的一部分。所以,"特别名"也可以被阐释为一种过渡礼仪,将其划入新的群体。有关"特别名",另见克劳利,《神秘玫瑰》,第428—435页;莫柯(M. Merker),《马塞》(*Die Masai: Ethnographische Monographie eines ostafrikanischen semiten Volkes*)(Berlin: Reimer, 1904),第59页;韦伯斯特,《原始秘密社会:早期政治与宗教研究》(*Primitive Secret Societies: A Study in Early Politics and Religion*)(New York: Macmillan, 1908),第90页。这些学者没能看到特别名与上述的观念的约束关系,这种关系在刚果的本巴人(Bemba)中极其明显,例如,"在生下第一个儿子之前,妻子不称丈夫的名字;她只是用通称'主人'或'同伴'。只要父亲认了儿子,妻子便称丈夫为孩子的父亲,即在孩子名字后加上'父亲',而她自己得到的称呼便是在孩子名后加'母亲'"。戴尔海斯(Charles Delhaise),《刚果民族志》(*Ethnographie congolaise*)(Brussels: Type-Ethnographie General, 1908),第189—190页。

妾，而等同于自由女人与合法妻子。实施多妻婚制的民族，如穆斯林，会举行礼仪标志从旧身份到新身份之过渡。即使有些民族有较容易离婚之习俗，但与生过一个或多个孩子之女人离婚也几乎是不可能或极难。因此，必须认识到怀孕与分娩礼仪具有相当重要之个体与社会意义。防御礼仪或那些辅助接生之礼仪（常由父亲进行），以及涉及角色转换之礼仪（产翁或假产翁）应该被分为次要过渡礼仪类型，因为它们是为保证准父母进入社会特定角色——所有社会角色中最重要、构成社会永久核心之角色。

最后，还需提到一特别仪礼。在印度阿萨姆的鲁杉（Lushei
69 Hills）部落之一，努甘特人（Ngente）每年秋季为当年出生的孩子举行三天宴席。第一与第二天，所有成人围坐大吃大喝，可第三天，男人们化装成女人或邻村的人（Poi），挨家挨户呼唤当年的新母亲。新母亲们给些喝的和小礼物。随后，这些化了装的男人聚在一起跳舞。[①] 这种宴请与每年为亡者所办之酒席极其相仿，代表一种生殖仪礼；它不仅限于家人庆祝，而是由整个社会参与。

① 德莱克-布罗克曼（Drake-Brockmann），《印度人口普查》（*Census of India*，1903，附录 IV，第 228 页）。

第五章　诞生与童年

脐带切割；诞生前胎儿位置；分隔礼仪与聚合礼仪；印度、中国；命名；浸洗；向日月敬献

上一章所讨论之礼仪不仅涉及母亲，而且也关系到孩子。视 71
孕妇为不洁之民族通常将此不洁观念传递到新生儿身上。因此，孩子受到特别的禁忌约束。孩子第一个边缘期与母亲“分娩后返回社会”的最后边缘期阶段重合。许多针对恶眼、感染、疾病，及各种邪恶神灵等的防御礼仪，均同时保护母亲和孩子；专适于孩子之礼仪与其他同性质礼仪无大区别。

同样，为新生儿所举行之仪式包括一系列分隔礼仪、边缘礼仪
以及聚合礼仪。杜特在摩洛哥的拉乎纳人（Rehūna）中所观察到 72
的可能在实践上更广泛，为理解如此模式提供了充分注释。新生儿不仅被视为“神圣”，而且被信为“他只有在得到所有在场人之赞许后才被生出来”。[①] 此信仰表明一种防御态度，与某些群体对陌生人的态度相似。

而且，与陌生人一样，新生儿必须先被与先前环境分隔开，那

① 杜特，《马拉喀什》，I，第343、354页。

可能只是其母亲。我认为还有必要包括婴儿由另一女人照顾头几天的做法，这与母亲下奶所需时间无关。最主要的分隔表现在（用木制或石制刀等）割断脐带，以及此后若干日内围绕脐带干落所进行之礼仪。[1] 切割脐带的工具有时为某性别特用。如新生儿为男性，印度旁遮普人用同家族中老翁的刀具；而美国亚利桑那欧拉比印第安人则用箭来切割。如是女性，旁遮普人用纺锤，欧拉比人则用捣米棍。[2] 通过选用工具，这些民族显然在确立婴儿性别角色。萨摩亚人亦如此。[3] 切割脐带常为家族庆典时刻。此时，其礼仪意义不仅具有个体性，亦具有集体性。处理脐带有多种方法：有时由孩子自己存留，包括自己的头发或指甲，以保证其个性不减弱，或确保它们不落入他人手中。有时由亲戚保管；一方面保护孩子之个性（与对外在灵魂之信仰对应），另一方面维系保管人与孩子的关系。有时，脐带被埋在不为人所知的远处、门坎下或屋内。在后一情况下，我倾向于视其为与本血缘群体同化之直接礼仪。对胎盘
74 的处理与对割礼后的包皮处理方法基本相似，尽管因民族而有差异。两种情况都标示着分隔，以及至少是暂时性之补偿行为。英国与德国学派的理论已指出，部分此类礼仪属于感应性礼仪，目的

① 《纳林耶利人的巫术》(*The Kalduke of the Narrinyeri*)等。

② 罗斯(H. A. Rose)，《旁遮普邦印度教诞生礼节》(Hindu Birth Observances in the Punjab)，《皇家人类学院学刊》，XXXVII(1907)，第224页；沃斯，《欧拉比印第安人的诞生习俗与仪式》，第47—61页。有关神圣的线绳，见《印第安古俗》(*Indian Antiquary: A Journal of Oriental Research*)(Bombay，1902)，第216页；以及柯鲁克，《印度之物》(*Things Indian: Discursive Notes on Various Subjects Connected with India*)(London：Murray，1906)，第471—473页。

③ 特纳尔(G. Turner)，《百年前的萨摩亚》(*Samoa a Hundred Years Ago and Long Before*)(London：Macmillan，1884)，第79页。

是为使孩子将来更好地使用自己的四肢、力量和技能。然而，其他礼仪则明显是分隔礼仪——将孩子从无性别世界或人类社会前之世界分隔出来，以及聚合礼仪——聚合入有性别角色的社会与核心或扩延家庭、氏族或部落。第一次洗澡、洗头、擦摸等礼仪尽管有卫生健康目的，但似乎同时亦为净化礼仪，属于与母亲分隔礼仪之类。同样的礼仪还包括将孩子从某物中间穿过、越过或从下面经过，以及将孩子置于地上之礼仪，尽管迪特里希认为后者是与“大地母亲”之聚合礼仪。[①]

迪特里希所关注的部分礼仪的确适用于对大地本身之理解，但其实应为分隔礼仪。[②] 因此，“孕育孩子”(*Kourotrophos*)一词
的意思应从字面理解；大地是孩子出生前之家——不是与母亲一 75
样的象征，而是实际存在，因为大地是亡者之家。[③] 所以，有些诞生礼仪与丧葬礼仪的细节极相近。如果一个婴儿在经历其聚合入现实世界之礼仪前夭折，就会被埋葬，而不是火葬。之所以如此，我认为是将其归还起源之地。迪特里希引用德国信仰(同样的信仰在澳大利亚与非洲亦存在)，说明即将诞生之灵魂(在此词最广义之意义上)生存于地下或岩石下。不同民族还有新灵魂生存于树中、丛林、花、青菜或森林里等信仰。[④] 还有相当多民族认为未

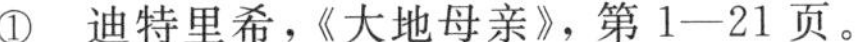

① 迪特里希，《大地母亲》，第1—21页。

② 有关细节，见上引著，第34、39页。

③ 同上书，第57页。参见博顿，《非洲中部湖泊地区》，I，第115页；在东非的扎拉莫人中，“当有流产或死胎时，他们说，‘他回去了’，也就是说，回到他地下的家里”。

④ 见范热内普，《澳大利亚之神话与传说》，第xxxi、xliv—lxvii页；有关阿依努人的灵魂存在于柳树中，见巴切勒，《阿依努人》，第235页。

生儿存活在泉眼、湖泊或流水中。[①]

因此，我认为所有辅助孩子进入阈限期(période liminaire)之礼仪均为过渡礼仪，其时段因民族而异，从两天至四十多天不等。

凡有轮回和再生信仰之民族地区，其分隔礼仪比其他地方更
系统化。这些礼仪之目的是将新生儿与亡者世界分隔，同时与生
者世界或特定群体聚合。此类地区包括阿伦塔(Arunta)、凯迪什
76 (Kaitish)和瓦斯姆喀(Warrsmunga)，以及澳大利亚中部一些群
体。[②] 在几内亚湾的特西人(Tchwi)为新生儿展示本家族亡者的
各种物品；孩子所选之物确立其与祖先的身份关系。此礼足以将
其聚合入该家族。[③] 再生信仰常与其他信仰共存。对于母亲、父亲
及新生儿在诞生后几日内所经历之阈限期，(日本)阿依努人如此解
释：母亲给孩子身体，父亲给孩子灵魂，但不是立刻，而需经过一段
时间；身体是通过怀孕期获得，灵魂在出生后的十二天内形成，期间
父亲在友人的茅屋里住六天，在自己的茅屋里住六天；只有到第十
77 二天，孩子才成为完整自主的个体。[④] 这可能是就此事实之解释，
也可能——我认为更可能——是一系列对新生儿隔离与保护礼仪
之观念基础：一个新生儿需要几天实际时间才成为一真正个体。

涉及切割某物的礼仪通常为分隔礼仪，特别是第一次剪发、第

① 迪特里希，《大地母亲》，第18页；迈金兹(Dan Mckenzie)，《儿童与井》(Children and Wells)，《民俗》，XVIII(1907)，No. 3，第253—282页。

② 例如，参见斯宾塞与吉仑，《澳大利亚中部北方部落》，第606—608页。

③ 金斯利(Mary H. Kingsley)，《西非旅行》(*Travels in West Africa*)(London: Macmillan, 1897)，第493页。

④ 见巴切勒，《阿依努人》，第240页，有关分娩与命名等礼仪，见第235—237页。

一次刮头，以及第一次穿衣服。命名、仪礼性哺乳、第一颗牙、浸礼等，则为聚合礼仪，如东非的瓦尧（Wayao）人“将孩子介绍到这个世界”，[①]或如（英属北婆罗洲，即加里曼丹的旧称）巴咯朗的达雅克人（Dajak）所说，就像将船推进水中一样，“将孩子推到这个世界”。[②]

童年分隔礼仪之一例可见于印度教徒的做法。[③] 礼仪中要唱一首颂歌，结束时要在孩子身上系上一块（含树脂的）木符，上面写着，“拥有这不朽之符……我带给你气息与生命；不要走向黑暗处；保证平安；向前走向生者之光”等。此礼在第十天举行，也是母亲被限制 78
的最后一天。孩子得到两个名字：一个是普通名字，将其与平常人聚合在一起；另一个可能只为家人所知。在第三个月的第三日，父亲将孩子呈献给月亮。依我所见，此礼为宇宙聚合礼仪。第一次外出（四个月后）与第一次进固体食物（六个月后）也伴有仪式。在第三年里，进行第一次剪发仪式。因为每家族有特别发式，内部成员可被认出来，孩子也必须如此剪发。此礼本质上是分隔礼仪，[④]但也

① 沃纳（F. Alice Werner），《英属中非的土著人》（*The Natives of British Central Africa*）（London：A. Constable，1907），第102—103页。

② 罗思（W. E. Roth），《萨拉沃克的土著人与英属北婆罗洲》（*The Natives of Sarawak and British North Borneo*）（London：Truelove，1896），I，第102页。

③ 有关这方面事实，见奥尔顿伯格（Hermann Oldenberg），《吠陀宗教》（*La religion du Véda*）（Paris：F. Alcan，1903）[译自德文，*Die Religion des Veda*（Berlin：Besser，1894）]，第363、397—398页；亨利，《古代印度巫术》，第82—83页；卡兰德，《古人扎勃雷》，第107页。

④ 奥尔顿伯格的《吠陀宗教》（第361—366页）认为这些是净化或驱邪礼仪。在通过祭献来达到从世俗到神圣世界的过渡的情况下，他是对的，但是，这些观念在世俗过渡中就不适用了，如从一个年龄群体到另一个年龄群体、从一种社会状况到另一种状况。在那些情况下，切割下身体某部位，洗澡或换衣服，并不表示有摆脱不洁净的东西或获得洁净的东西。有关三次割礼的阐释，另见卡兰德，《印欧的净化礼》（*Een indo-germaansch Lustratie-Gebruik*）（Amsterdam，1898），第277页。

是融入家庭之聚合礼仪。童年期持续至举行重要的“入学”仪式，亦为青春期之起始。

在当代旁遮普邦，母亲与孩子之边缘期(不洁净期)因圣洁度不同而有所不同：婆罗门为十天；刹帝利为十二天；吠舍为十五天；
79 首陀罗为三十天。然而，在房子内的限制则持续四十天，期间母亲与孩子经历一系列仪式，最重要的是洗澡——其目的无疑是辅助母亲逐渐过渡到家庭、同性群体以及社会。孩子聚合入家庭之标志为得到名字、穿耳孔以及第一次剪发(在一岁零三个月至四岁之间)。旁遮普邦的穆斯林的阿基伽(*agîga*)礼仪受到印度教影响，[①]但似乎将此礼视为融入特定信仰社区，而非其他穆斯林之聚合礼仪则更有意义。

(中国福建)闽侯的童年仪式可概述如下：在中国，孩子不论性别，十六岁以前均受到一神灵之特别保护，称作“王母”，且为男孩与女孩举行相同仪式，尽管女孩比男孩社会地位低。[②]

80 产后第三天，婴儿第一次洗浴；要为王母祭献；为亲戚朋友送去食物和礼品。浴后之仪式为婴儿用红线系手腕，线上穿有古钱和银制小玩具。红线为两尺长，系后两手之间有一尺宽。十四天后解下，有时换上红线手镯，戴若干月或一年。中国人对此礼的解

---

① 有关细节，参见罗斯《旁遮普邦印度教诞生礼节》，以及《旁遮普邦所见伊斯兰教诞生礼》(Muhammadan Birth Observance in the Punjab)，《皇家人类学院学刊》，XXXVII(1907)，第220—260页。

② 见杜利特尔，《中国人的社会生活》，I，第120—140页；有关北京的童年仪式，见格鲁伯，《北京民俗》，第3—10页；有关将婴儿放在奶妈手上的仪式，见第8—9页；这些包括过渡顺序，而且与收养礼仪相似(喂奶是一种建立关系的方法)，之后两家便互相认作同一氏族(“本家”)。

释是让孩子守规矩。另外，第三天在屋门口挂上一个标志，驱除不吉影响。无近亲关系的人亦明白此为免入标志。此标志为一片红纸，写有两字，另有一包东西：

> 这包里有两个多籽的水果(其籽可用来做类似肥皂的东西)、做灯心绳的草茎、一副筷子、一两根葱、两块木炭，以及一些猫和狗毛。新生儿父亲小时候的一条裤子要叠挂在床头，裤腰朝下或裤腰比裤腿低。裤子里夹一张红纸，上面写四个字："不吉入裤"，以便让孩子不受到邪气影响。屋门外的包里的毛是为了不让附近可能连叫十一天的猫狗惊吓到孩子。炭是为了让孩子长得结实有生气。葱是为了让孩子聪明。灯心草茎被解释为让孩子有福或长寿。两个水果则用来帮孩子保持干净整洁。[①]

第十四天，这包东西和裤子被取下，并供奉"王母"。满月时母亲与孩子第一次出屋门，理发匠或一家庭成员在"王母"或祖先牌位前为孩子第一次剪发，剃光头。

为此，亲戚朋友都被请吃酒席，来者均带礼物(通常是二十个 81
画色鸭蛋和糕点——都画有花或吉兆之物；禁止画白色，因为白色是祭祀之色)。孩子外婆扮演重要角色。第二月和第三月，父母还礼(圆饼干)，答谢在分娩与满月时送礼之亲朋。第四个月，用外婆送来之礼物拜谢"王母"；家人与客人共餐；孩子被仪式性地第一次

① 杜利特尔，《中国人的社会生活》，第121—122页。

放在椅子上，第一次喂肉食。周岁时，要以外婆送来之礼物供奉“王母”；外婆需承担所有庆祝费用：一家人办酒席，将代表不同行业的工具置于孩子面前，孩子所选之物预示其未来性格、职业以及社会地位。在所有这些于“王母”及祖先牌位前举行的礼仪中，孩子扮演重要角色，如被要求做出摆摆手的动作等。此后至十六岁的每一个生日都举行“告别童年”仪式，向祖先牌位和“王母”祭献。
82 孩子开始走路时，家人跟在后面，手持菜刀，在孩子腿之间做切割动作。这是“割脚跟线”礼仪，以利孩子学走路。

在“告别童年”仪式之前，每年或每两三年行“过门”礼仪。有病时，一年几次或每月一次举行礼仪，次数各家不一。几位道士被请来。他们将桌子叠摆起来，上面放满供品、蜡烛、神像等。道士们用音乐和合适的祈求邀请诸神，特别是孩子之保护女神“王母”前来品尝供品。屋前被视为“明堂(堂前)”，置一桌，摆满盘子等，七碗米饭代表北斗星座。然后点燃蜡烛，开始行“拜尺”礼。天黑后，屋中间立一门框，由缠着红白纸的竹板制成，七尺高，两尺半到三尺宽。屋里其他家具移开，以便自由行动。

一道士身带一铃一剑，一手持几个手铃，另一手持牛角，开始
83 唱经。他使“王母”人性化，做出将邪恶力量从孩子身边赶走之动作。父亲将其孩子拢在一起，抱着不会走路或有病的孩子。其他每个孩子都持一根燃烧着的蜡烛。道士吹着号，从门框下慢慢过去，父亲和孩子逐个尾随，其他道士击神鼓等。领队道士挥舞剑或鞭子，仿佛搏击某个隐性物。然后，将门搬到屋子四角，以同样方式穿过，最后回到屋中间。门框随后被拆毁，在院中或街边烧掉。每一仪式都做一小木雕像，代表为其进行求吉仪式之孩子。孩子

在十六岁前保存这雕像，通常放在卧室“王母”像旁。倘若孩子在十六岁前死去，雕像随他一起埋葬。倘若他得大病，雕像被从门下搬过，同时，接受所进行仪式的孩子、其他有病孩子、家里所有孩子，包括碰巧在场的侄子、侄女和外甥、外甥女都必须从此门通过。

当然，整个仪式可解释为目的在于转移邪恶。这是一种以“从
上或中间通过某物”的形式而广为举行之礼仪。而且，此礼部分为 84
泛灵性，如同大部分道教礼仪。然而，孩子从其下所通过之物是门，考虑到远东（联系到先前所论非洲门之功能）对门的普遍限制，我认为此礼有一直接意义：孩子从有危险的世界逐步过渡到有益或中性世界。将门从中间移至四角，再回到中间，仪式的六面重复使整个屋子成为对孩子安全之地。如此阐释——仪式之部分为过渡礼仪——得到此事实印证：当孩子在十六岁“成熟”时，此礼以更庄重的方式重复举行。相比之下，为病者所进行的“拜尺”仪式，或祭拜与生死相关的星辰的仪式，不受年龄限制，随时可进行。①

撇开与学校有关的庆祝（入学、祭孔、金榜题名等），我想探讨“告别童年”仪式。② “这与跨过门相似，只是更精彩、更具戏剧
性”。普遍相信，男孩十六岁离开学校，进入成熟期，女孩则成为女 85
人。③ 仪式一旦完成，孩子便不再单独受“王母”（孩子保护女神）保护，而是受到所有神灵之监护。所以，此礼常被称为“谢王母”（或还愿）仪式。

杜利特尔坚持认为十六岁实际上是开始“成熟年龄”，尽管可

① 杜利特尔，《中国人的社会生活》，第134—136页。

② 同上，第137—138页。

③ 参见有关“社会成熟期”的进一步探讨。

能在某孩子结婚前提前举行，或因贫困或其他原因而推迟。此礼仪之核心仍是通过模仿之门。人们或可假设童年作为积极特质(如疾病)被转移至门，并被其毁灭，或可认为——我更倾向此阐释——门是人生两阶段的界线，因而从其下面经过便离开童年世界，进入青春期世界。烧毁所用礼仪之器物可依此事实解释：如在澳大利亚[①]、南美[②]等地所观察到的，神圣器物只可用一次；仪式过程一结束，它们必须被销毁(亦为祭祀之核心)或存放起来，仿佛其力量已被耗竭。每一新阶段必须有新神物，如身体装饰、服
86 装或口头礼仪。[③] 最后，我要重复，在中国，每个生日，特别是五十岁后的每十年的生日都有仪式，[④]标志从一阶段过渡到另一阶段。

(阿尔及利亚)波利达人(Blida)有如此出门礼仪：[⑤]婴儿出生七天后，接生婆给他穿上衣服，借机伸直他的胳膊。在襁褓中的新生儿胸前放一块圆镜子，襁褓中还包有家里的纺锤、一块蓝布、一撮盐，都是巫术中常用的东西。接生婆抱着孩子，拿着这些东西，

① 见范热内普，《澳大利亚之神话与传说》，第134—135页。

② 与克施-格龙伯格(Theodor Koch-Grünberg)的个人通信。

③ 奥基布韦人，如同许多其他半文明民族，为每次活动都建起各自不同的特别茅屋，如讨论战事，讨论和平，酒宴，治病，为萨满、预言者或孕妇的隔离，为孩子办成人礼等。茅屋可能只使用一次，之后就废弃了。见科尔(Josef Kohl)，《论美洲印第安人特色》(*Ein Beitrag zur Characteristik der amerikanischen Indianer*)(Bremen：Schünemann's Verlag，1859)，I，第60页。

④ 见杜利特尔，《中国人的社会生活》，II，第217—228页；特郎布尔，《门坎之约》，第176页，比较(可能是英国的)习俗，即在孩子过多少岁生日时就在其头上拍打多少次，可能是与所过去的年岁的一种分隔礼仪。

⑤ 迪斯帕梅(J. Desparmet)，《摩尔建筑与儿童疾病》(La mauresque et les maladies de l'enfance)，《民族学与社会学研究评论》(*Revue des Études ethnographiques et sociologiques*)(Paris，1908)，第500—514页。

来到门口,在排水管上来回平衡七次。然后在每个门口都这样,特别是在厕所门口,通常也是过道上。最后到临街的大门口,在
门内侧这样做。孩子出生的第七天叫做“孩子离开的日子”(*ioum* 87
khroudj el mezioud)。这个仪式是在孩子即将离开母亲时进行的,难道不是明显意味着将孩子献给房子的神灵,特别是主管各个出入口的神灵,以便得到该神灵的恩典?

以上我详细引用中国仪式为例,因为其礼仪进程明确说明,在无正式年龄阶层的社会中,个体从出生到成年经历不同程度的礼仪强调。从出生至青春期开始,或是成人礼,这时期被划分为若干阶段,其长度与数量因民族而异。因此,如在(南非)班图南部,第一批乳牙与第二批恒牙两阶段之间包括:1)第一颗牙冒出前之礼仪;2)乳牙与恒牙之间的过渡期;3)此过渡期前,由母亲在树林里偷偷烧掉母亲与孩子睡过的席子,因为孩子应该已经“学会睡觉”;4)教导阶段,此时男孩被训教不再与女人坐在一起,不可学她们的秘密语言,他只与同龄或稍大孩子住在一起,并在其父亲进入茅屋
时离开。在长乳牙与恒牙之间,孩子不被告知有关性生活之事;而 88
在恒牙开始冒出时,系统传授有关知识。此时,很多巫术行为停止,之后才被允许到田里做活。[①] 总之,在班图部落中,恒牙的出现标志孩子一生的彻底改变,而在其他民族中其意义可能次要些。虽然他被从女人与其他孩子等群体分开,但他只能在通过成人仪式后才能进入成熟期。同样,成熟男人必须通过结婚仪式。其他

① 基德(Dudley Kidd),《野蛮童年:卡菲尔儿童研究》(*Savage Childhood: A Study of Kaffir Children*)(London: Black, 1906),第 81—89 页。

有关仪礼请参阅本书所引之诸多专著。

童年礼仪可概括如下：切割脐带、洒水和洗浴、脐带脱落、命名、第一次剪发、第一次与家人进餐、第一颗牙、第一步走、第一次外出、割礼、第一次按性别穿衣，等。有关割礼将在下一章论述；此处有必要简单提到命名与浸礼。

89 命名礼仪本身值得一本专著论述。尽管有关研究众多[1]，但我认为尚未完整考虑或涉及核心问题。通过命名，孩子 1）成为个体；2）被聚合入社会，在此社会，节庆成为公共性的，通常是涉及全村。此类活动主要盛行于男孩命名，如男孩是酋长之子则更如此。或者，他被聚合入特定群体，父母两系家庭、单一父系家庭或单一母系家庭。细节变化无以计数。有时名字是属性的，暗示男女性别，或是表明第三个或第七个孩子；或者，他被给予父系或母系祖先之名；或者，他被允许自己选名字；或者，他可在童年期随年龄变化而改变名字。通常，他先得到一个含糊名字，然后是个别人可知道之名，再以后是秘密之个人名、家姓、氏族名、秘密社会之名，等等。[2]

---

① 见泰勒，《原始文化》，II，第 430、441、437 页等。有关命名礼仪，见沃斯，《欧拉比印第安人的诞生习俗与仪式》，第 55、57 页；斯基特与布莱戈登（C. O. Blagden），《马来半岛的异教种族》（*Pagan Races of the Malay Peninsula*）（London: Macmillan, 1906），II，第 3 页；杜特，《马拉喀什》，多处。

② 需要指出的是，成人的名字也可能因特别行为[如获得荣耀等，见贝斯特（Elsdon Best），《毛利人命名体系》（Maori Nomenclature），《皇家人类学院学刊》，XXXII（1902），第 194—196 页] 或者特定机制而在一生中改变[生孩子、进入另一个年龄群体或"秘密地位"等，有关此类更名的有趣的波尼人（Pawnie）案例见弗莱切尔（Alice Fletcher），《波尼男人更名时的仪式》（A Pawnee Ritual Used When Changing a Man's Name），《美国人类学家》（*American Anthropologist*），N. S. I，第 82 页及随后各页]。

儿童命名礼仪为聚合礼仪无须多论；所引用材料已足以证明。 90
另外一个例子是有关（非洲）加蓬人诞生礼仪的描述：一个做公差的人大声地宣布孩子的诞生，以便使其在生者中得到一个名字和地位。另外一人在村子的远处呼应，并以众人的名义保证接受这个孩子，使其得到与同村别人一样的权利。然后人们聚到一起，孩子被抱出来，展示给大家。准备一盆水，村子的头人或其家人将水撣在孩子脸上，给他起个名字，祈求他有健康身体、长大成人、多子多孙、大福大贵等。[①]

需要指出，加蓬的命名礼仪同一种与浸礼极相似之礼仪共存。浸礼极常被认为是驱邪、消灾的净化礼仪，[②]以便完成与先前世界
之最后分隔礼仪，无论是世俗世界还是事实上不洁世界。然而，此 91
礼必须仔细研究，因为它在用圣水，而不是普通水时，也可能代表聚合。如此情况下，被浸洗人在失去一特征时，也获得一新的特质。这一思路引导我们检验一系列新仪式，即通常所称之成人礼仪。

但首先，应说明某些暴露于太阳、月亮或大地之礼仪也应以过渡礼仪来阐释。我认为弗雷泽和迪特里希没能理解此礼的真意。对于班图人与美洲印第安人，特别是巴布洛人及中美洲印第安

① 威尔逊（Daniel Wilson），《西部非洲》（*Western Africa*），引用于纳叟（R. H. Nassau），《西部非洲的拜物教：四十一年的观察与迷信》（*Fetichism in West Africa: Forty-one Years' Observation and Superstition*）（London: Duckworth, 1904），第 212—213 页。可比较拉斯奈（Lasnet）的《塞内加尔使命》（*Une mission au Sénégal*）（Paris: Chellamel, 1900），第 24 页（Moors）、第 50 页（Fulah）、第 64 页（Lobi）、第 76 页（Tukulörs）、第 88 页（Mandingos）、第 127 页（Wolofs）和第 145 页（Serers）。

② 见泰勒，《原始文化》，II，第 430 页。他在文中犯了逻辑错误。有关作为成人礼仪的浸礼，参见法内尔，《宗教的进化》，第 56、57、156—158 页。

人，社会世界与天象世界有密切联系，所以，很自然将为新生儿举行的聚合礼仪与天象，至少是与其主要生命成分相结合。依此
92 联系，产生出献月、献日，以及献大地等礼仪。[①] 与此相似，尽管图腾信仰被界定为与经济目的有关之系统，但也很自然在特定时刻将孩子与其图腾聚合起来，即使他在出生时就已与图腾联系在一起。聚合入图腾群体之礼仪——无论是人—动物、人—青菜、人—植物——与聚合入家庭之礼仪恰恰相反。新生儿出生时似乎自然属于其家庭，因为他有明确的母亲和父亲。因此，我们始终是在考虑将个体聚合入已明确界定之群体。

① 在以下例子中，向太阳敬献非常肯定是一种聚合礼仪：塔拉乌玛利人（兰姆霍兹，《不为人知的墨西哥》，Vol. I：霍皮族人，第 273 页）、欧拉比人（沃斯，《欧拉比印第安人的诞生习俗与仪式》）、祖尼人[史蒂文森（M. C. Stevenson），《祖尼印第安人：神话、秘密兄弟会以及仪式》（*The Zuni Indians*：*Their Mythology*，*Esoteric Fraternities*，*and Ceremonies*）（Washington，D. C.：Government Printing Office，1905），1901—1902，有关“出生”等]。有关向月亮敬献的例子，见弗雷泽，《阿多尼斯、阿蒂斯、奥西利斯》，第 373 页。多数所描写的礼仪为感应性的，认为月亮的成长将有助于孩子的成长。月亮和太阳有时是图腾，这种情况下，如某些美洲印第安人，向天体的敬献是与神祇的聚合礼仪，新生儿由此被视为太阳之子。

第六章　成人礼仪

生理成熟与社会成熟；割礼；身体肢解；图腾氏族；巫术-宗教性组织；秘密社会；政治社会与战争；年龄段；古代神秘礼仪；共同宗教；浸洗礼；宗教派会；圣女与神娼；阶层、等级、职业；神父与巫师之神职授予；酋长与国王之加冕；革除与排除；边缘期

年龄群体与秘密社会是以下这两部专著的核心，一部为舒尔 93
茨所著，[①]另一部为韦伯斯特所著。[②] 然而，该问题还没有得到仪
式研究中应有的重视。尽管韦伯斯特以一章的篇幅讨论此仪式，
但仍只是单独论述，没将其置于整个进程中。两位均未对其模式作
比较，且都持此观点：成人期与青春期偶合，此生理现象是所有仪式
之起点。由此，他们提出令人无法接受的理论。舒尔茨将一切归咎
于“社会性本能”或聚群本性，没能解释所研究社会组织之多样性， 94
也没能解释对应仪式之性质。韦伯斯特对原始年龄群体与秘密社
会提出先验假设理论，表明其中处处是越轨与退化的迹象。

---

① 舒尔茨(H. Schurtz)，《年龄段与兄弟会》(*Altersklassen und Männerbünder*)(Leipzig: G. Reiner, 1902)。

② 韦伯斯特，《原始秘密社会》。

在本章，我将首先论证生理成熟期(puberté physiologique)与“社会成熟期”(puberté sociale)是有本质差异的两个问题，它们只是极偶尔重合。然后讨论各种成人仪式，[1]不仅包括年龄群体和秘密社会之加入仪式，也包括伴随神父或巫师神职授任、登基加冕、和尚与尼姑剃度或神娼献身等仪式。

女孩身体成熟显现于乳房隆起，骨盆变宽，阴毛出现，以及最重要之初潮。因此，初看起来很容易以这些迹象出现之日标志从童年至青春期之过渡。这主要基于生理原因。但从社会角度来看，绝非如此。首先，性交愉快不依据成熟期，而可在此前或此后，会因人而异；性高潮甚至会早几年出现，生理成熟期只对怀孕重
95 要。其次，初潮因人种，或同人种中不同个体而有年龄变化。其差异之大，[2]以致谁也无法想象到生理本身还有比成熟期更复杂的因素，因此也无人建立起某种对应的研究机制。在欧洲，其差异与

① 此处原文为 les cérémonies d'initiation。在本书，特别是本章，依不同情况将 les rites d'initiation 分别译为“成人礼仪”、“加入礼仪”或“入会礼仪”。——译者

② 普洛斯(《自然与民俗中的女人》，I，394—420)搜集了大量有关初潮的记录，包括不同民族中正常和不正常(两个月等)的事例。初潮的日期因气候、饮食、职业和遗传等因素而不同。观察者们，多数是医生，都认为在一个大群体中(如法国人、俄国人等)，甚至有限的区域(如一个大城市)中很难确定一个平均年龄。对统计者来说，对非洲、大洋洲等地的人能发现他们自己部落的平均年龄，然后依据气候和饮食等进行一定方法论研究，这样会更有说服力。这里是对 584 个东京妇女的调查结果：十一岁 2 人；十二岁 2 人；十三岁 26 人；十四岁 78 人；十五岁 224 人；十六岁 228 人；十七岁 68 人；十八岁 44 人；十九岁 10 人；二十岁 2 人。非洲情况如下：沃罗夫人(Wolofs)十一至十二岁；埃及人十至十三岁[普鲁内贝人(Pruner-Bey)]或九至十岁[日格勒人(Rigler)]；博格人(Bogos)十六岁；斯瓦西利人十二至十三岁；颠姆维西人(Nyamwesi)十二至十三岁；埃及的贝贝斯人(Berbers)十五至十六岁；索马里人十六岁；洛安戈人十四至十五岁，偶尔十二岁；阿尔及利亚的阿拉伯人九至十岁；番赞人(Fezzan)十至十五岁。

法律规定便无法对应。在罗马，女孩十二岁便可合法结婚，但必须是十二岁有经期之女孩；多数是在十四至十五岁，而极少数可在九岁。在巴黎，十六岁半可合法结婚，但波伊斯蒙认为平均生理成熟年龄是十四岁零四个月，阿然认为是十五岁零四个月，且富裕阶层
比工人阶层要早些。所以，在罗马，社会成熟期在生理成熟期之 96
前；在巴黎，社会成熟期在生理成熟期之后。

因此，也许更妥当的是不再称成人礼仪为“生理成熟期礼仪”。这绝不是否定有些民族在极偶然时刻将成人礼仪与生理成熟期礼仪同时举行。那时，女孩被隔离，有时被视为死后再生。① 但其他民族此时则不举行有关礼仪，尽管有成人礼仪。②

人们会因此想到诸多此类礼仪，其中之性别特质不可否认，但被视为可决定或划归其为男性或女性之礼仪，并将其与某些切割礼仪、童年礼仪及青春期礼仪归属一类。它们都是与无性别世界之分隔礼仪，随之便是向整个社会和群体之有性世界、同时又是向
某一性别群体之聚合礼仪。这理论对女孩尤其正确，③因为女人 97
的社会活动比男人的简单得多。

---

① 弗雷泽搜集了有关事例，见《金枝》，III，第 204—223 页；另见哈特，《喀麦隆北部盆地的游记与研究》，第 427 页；史蒂文森，《祖尼人》（*The Zuñi*），第 303—304 页。杜布瓦（C. Goddard Du Bois），《加州南部鲁西斯尼奥印第安人的宗教》（*The Religion of the Lusisnio Indians of Southern California*），Vol. VIII，No. 3［1908］，第 93—96 页。

② 让克斯（Albert E. Jenks），《邦托克的伊哥洛族人》（*The Bontoc Igorrot*）［《菲律宾群岛民族志调查出版物》（Philippine Islands Ethnological Survey Publications），No. 1（Manila：Bureau of Publications，1905）］，第 66 页。

③ 比较人为破贞的年龄与生理成熟的年龄可能得到同样的结果：在某一族群内两者极偶尔会有关联。不仅如此，捅破处女膜不只是为了性交，无论是在青春期、婚礼前或是在订婚时。有关此礼，另见哈特兰《有关米利达神庙的礼仪》，第 189—202 页。

有关身体成熟期问题，男孩甚至比女孩复杂得多。因为，男孩在初次射精前便已有黏液射出，只是他本人常注意不到，如此事实使其差异度加大。而且，对多数个体而言，只在身体外部有极大变化后才有知觉，且日期依割礼而不同，很难预测。因此，男孩生理成熟是建立在公众对其胡须、阴毛等特征之判断上。但在此方面同样有极大的民族和个体差异。

身体成熟在男性和女性都一样难以确定日期，这也说明为何极少有民族志学家和探险者触及此问题。正因如此，更没有理由用“生理成熟期礼仪”概括不同民族标志从童年到青春期过渡之全
98 部礼仪、仪式以及实践活动。所以，区分“生理成熟期”与“社会成熟期”是妥当的，正如我们分别对待“生理（血缘）亲缘关系”与“社会亲缘关系”，以及“生理成熟”与“（多数）社会成熟”。

值得注意的是，即使那些细心观察并发表过准确记述的学者竟没能意识到他们涉及了两种各具特色的现象，而只用“生理成熟（青春期）”一词。这种混淆可见于下例。特伊特仔细描述过汤姆森（Thomson）印第安人中女孩的“生理成熟期仪式”。此仪式在离村子很远的一个特别茅屋内举行，包括诸多禁忌、清洗以及感应性礼仪。特伊特补充道，“女孩常常在婴儿期就订婚，男方有时长其二十岁。但他们只能在到达生理成熟年龄并参与仪式后才可结婚。这年龄大概是十七八岁，可有时仪式持续至二十三岁”。① 读者会同意，生理成熟期不可能是这些跨越几个阶段的冗长仪式的

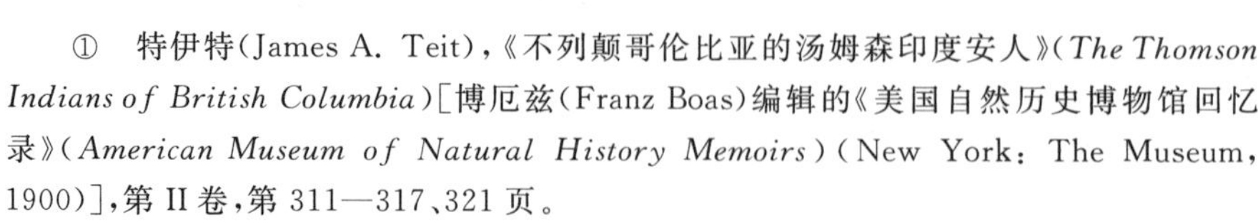

① 特伊特（James A. Teit），《不列颠哥伦比亚的汤姆森印度安人》（*The Thomson Indians of British Columbia*）[博厄兹（Franz Boas）编辑的《美国自然历史博物馆回忆录》（*American Museum of Natural History Memoirs*）（New York：The Museum，1900）]，第 II 卷，第 311—317、321 页。

主要原因。特伊特明确说明，为男孩所举行的仪式因其被指定之行业分工（狩猎、斗士等）而定，每个男孩在到达青春期时举行此仪 99
式，有时是在十二至十六岁之间，标志时刻是他第一次梦见箭头、独木舟或女人。[①] 与此相近，（加拿大）不列颠哥伦比亚的利鲁艾特人（Lillooet）[②]的"生理成熟期仪式"没有任何迹象表明与生理成熟期相对应。事实恰恰相反，为将成为萨满的年轻男孩所举行的仪式延至相当长时期正说明他们关注于社会成熟期，如在中国。[③] 我想指出，我们当前社会所许可的结婚年龄并不与生理成熟重合，倘若有一天这两个时刻重合，人们将视其为科学进步的结果而遵行。

虽然（西南非洲）霍屯督（Hottentots）男孩直到十八岁一直有女人和其他孩子陪伴，[④]但几内亚湾埃利玛人（Elema）则在男孩五岁时便为他举行第一次仪式，第二次在十岁，第三次更晚，因为通过这次仪式，男孩便成为战士并可结婚。[⑤] 总之，回答弗罗彼纳斯 100
所提的问题[⑥]——"成为新（成年人）员之时刻是否与性成熟在一

① 特伊特（James A. Teit），《不列颠哥伦比亚的汤姆森印度安人》（*The Thomson Indians of British Columbia*）［博厄兹（Franz Boas）编辑《美国自然历史博物馆回忆录》（*American Museum of Natural History Memoirs*）（New York：The Museum，1900）］，第 II 卷，第 317—318 页。

② 特伊特，《利洛埃特印第安人》（*The Lillooet Indians*），《美国自然历史博物馆回忆录》［第 IV 卷（Leiden，1906）］，Vol. II，No. 5，第 263—267 页。

③ 有关先前对中国礼仪的讨论，见本书边码第 79—85 页。

④ 考尔伯（Peter Kolb），《好望角海湾现状》（*The Present State of the Cape of Good Hope*）（London：W. Innys，1731），I，第 121 页，引于韦伯斯特，《原始秘密社会》，第 24 页。

⑤ 霍尔梅斯（J. Holmes），《巴布亚湾土著人的成人仪式》（Initiation Ceremonies of the Natives of the Papuan Gulf）《皇家人类学院学刊》，XXXII，（1902），第 418—425 页。

⑥ 弗罗彼纳斯（Leo Frobenius），《论非洲的面具与秘密》（Die Masken und Geheimbünde Afrikas），《（德国）科学年鉴》（*Nova Acta Leopoldina*，*etc.*）（Halle，1898），第 217 页。

定程度上偶合?”——我的答复,毋需细论,绝对是否定。我的看法有如下事实佐证:初潮仪式,无论是在没有成人礼仪之民族,还是在极强调初潮[1]之群体都无一例外地伴有特别礼仪,因为他们强调任何现象之第一次出现,[2]其中,视女人本身不洁之理由与视经血不洁之理由同样重要。

生理成熟期与社会成熟期的区分在托达人的某些仪式中最为明显。他们实行多夫制,订婚可在三岁举行。在尚未生理成熟前,男孩在白天来到一个不同氏族的女孩身边,躺在她身边,解开衣服将两人盖住。这样停留几分钟后,他起身离去。两星期后,某氏族任何一强健男子来与该女子过夜,将其破贞。“这必须*在生理成熟*
101 *之前*,并似乎不被视为有失体面,相反,若此仪式在生理成熟之后则反倒有失体面……据说男人甚至可能拒绝与她结婚。”[3]结婚仪式在十五六岁后,或生理成熟后几年才进行。

施行割礼的年龄变化本身说明这是具有社会意义而非生理意义之行为。[4] 在许多民族中,举行割礼仪式的时间不等,如每两年、三年、四年或五年,以便性发育程度不同的孩子可同时参加。而且,即使在单一族群居住的同一地区,也存在极大差异。杜特在摩洛哥许多地区发现[5],杜喀拉人(Doukkâla)的割礼时间可于孩子出生七八天到十二三岁之间;拉乎纳人在二至五岁之间;菲兹人

① 其中可参考《金枝》,I,第326页。

② 见本书第九章。

③ 里弗斯,《托达人》,第503页。

④ 有关韦伯斯特所得出的怪论,见《原始秘密社会》第二章,第36、200—201、205—206页。

⑤ 杜特,《马拉喀什》,第262—263、351—353页等。

(Fez)在二岁至十岁之间；丹吉尔人(Tanger)在八岁；伽巴拉人(Jbala)在五至十岁之间；在莫加多尔(Mogador)附近，二至四岁之间；在阿尔及利亚，七或八岁；在正统穆斯林中，出生第七天或此后尽快之日。[①] 昂德利[②]与拉斯奈医生[③]在塞内加尔搜集的材料也展 102
示出相似之情境。因此，同样礼仪有时标志着童年的开始，有时是青春期的开始，但都与生理成熟期无关。

此礼所受到的泛泛讨论远远多于其他礼仪。依我所知，就割礼而言，昂德利表现出对此问题复杂性之最大关注。然而，他未能指出如此重要之事实：割礼如果脱离背景便无法被理解；割礼应被置于其原本行为过程中——切割、分隔或切断身体任何部分是在众人视线下修正该个体之个性。杜特正确地对割礼与第一次剪发和第一次出牙作过比较。[④] 拉希[⑤]与韦斯特马克[⑥]将割礼与身体其 103
他部分之切割作过比较。但是，前者错误地将其视为净化礼仪；后者则将整个身体切割礼仪视为吸引女性性要求之实践。切除包皮

① 阴蒂割礼也与生理成熟期无关，标志着社会成熟期(在此为结婚的资格)。这从以下的数据可得到证明(我依据普洛斯，《自然与民俗中的女人》，I，第248—249页)：阿拉伯：出生几个星期后；索马里：3—4岁；南部埃及：9—10岁；努比亚：幼儿期；阿比西尼亚(即埃塞俄比亚)：约8岁，或12—15岁后的80天；马来西亚等地在长第二批牙时；爪哇：6—7岁；(印尼)马可萨利：3—7岁；高罗塔洛：9、12或15岁，等等。

② 昂德利，《包皮切割》(Beschneidung)，《民族志比较》(*Ethnographische Parallelen*)(第二版，Leipzig，1899)，第166—212页。

③ 拉斯奈，《塞内加尔使命》，第14页(Moors，7岁)，第108页(Khasonke，从童年至15岁，对待为家庭的重要财富)；正常年龄是10到15岁(Fulah，第64页；Malinke，第88页；Serers，第145页等)，但举行割礼的间隔期较长，依孩子的数量而定。

④ 杜特，《马拉喀什》，I，第353页。

⑤ 拉希(R. Lasch)，《美洲的牙齿切割与有关畸形牙齿的说法》(Die Verstümmelung der Zähne in Amerika und Bemerkungen der Zahn Deformierung im allegemeinen)，1901，第21页。

⑥ 韦斯特马克，《伦理观点的起源与发展》，I，第205页。

与拔除一颗牙(如澳大利亚等地)、切断小手指最后一个骨节(如南非)、切掉耳唇或在耳唇或隔膜穿孔、文身、划痕,或以特定方式剪发等具有完全相同的意义。经过身体切割的个体通过分隔礼仪与普通人隔离(这正是切割、穿刺等行为背后之本意),并自动将其聚合入某已界定之群体。由于切割行为留下无法恢复的痕迹,故此聚合是永久的。犹太人割礼与其他民族割礼毫无特异之处:割礼明显是与特定神祇的"结合标志",是某一信仰共同体之成员标记。[1]

104 最后,倘若再考虑切除阴蒂[2]、穿破处女膜或会阴,或皮下切割,便可极明显地看出:人类身体始终如一块木头被切割,每人切除不同部位以适应自己所需:突出部分被割除;缝隙被刨开;平处被刺纹,且有时,如在澳大利亚,充满美妙想象。割礼是这些实践中最简单最不严重的。作为敏感阐释,犹太人如此实践的确令人后悔,其原因是《圣经》注释者将此行为置于绝不应当得到的地位。倘若犹太人当初通过穿透中隔(septum)将自己与耶和华联系起

① 弗雷泽的理论[《割礼的起源》(The Origin of Circumcision),《独立评论》(*Independent Review*),IV,1904—1905,第 204—218 页]认为,个体被作为牺牲是为了解救该集体,但只考虑了很少的几个事例。克劳利的理论(《神秘玫瑰》,第 396、397 页)认为割礼和穿破处女膜是为了"对应因明显暴露而引起的物-灵危险"。这个看法几乎是谬论。雷纳克的理论(《雅各与摩西对耶和华的抗争与割礼的起源》(La lutte de Jacob et de Moïse avec Jahvé et l'origine de la circoncision),《民族学与社会学研究评论》,1908,第 360—362 页)认为,割礼是一种结血盟约,提出了不必要的因素,血。因为从伤口出的血很少,而这血又被用于另外一个礼仪。即使他的解释有效于犹太人,但并不能解释半文明民族中的割礼或切割礼仪。作为最后的论战者,昂德利也关注的是洒出的血的神圣性(《包皮切割》,第 206—207 页)。

② 阴蒂的长度因个体和种族而不同。在个别情况下,其目的可能是为了割下造成与男性相似的较长部分(此观点从解剖角度是正确的),其行为无非是一种性别区分礼仪,无异于用来表明孩子性别的服装、玩具或工具。

来，民族志文献中错误将会减掉多少！

显然，我认为割礼与生殖力毫无关系，理由如下：1）因为举行 105
割礼之年龄从七天到十二岁不等（若是在收养和皈依犹太教或伊斯兰教等情况下会更晚些）；2）因为与此同时，对生殖力之生理基础无知之民族还有切割其他性器官行为；[①]3）因为如此会阻碍性交，因为欲望因阴茎腺敏感性降低而减弱。同样，切除阴蒂（即阴核）、部分会阴，以及阴茎割划也减低性兴奋。事实上，半文明民族并没想到这些；他们切除这些器官是因为它们如同鼻子或耳朵一样突出，吸引视觉注意，而且这些器官，依其历史原因，可经受各种处理而不影响某个体的生活或活动。[②]

① 见范热内普《澳大利亚之神话与传说》第五章，以及《澳大利亚问题》（Questions Australiennes），《人类》（*Man*），第 VII 卷（1907）、第 VIII 卷（1908）。

② 切割下的包皮或者毁掉，或者保存，或有特别处理。有关习俗各种各样，如同对脐带或头发等的处理（见上文边码第 73 页）。需要说明，包皮的长度因民族而不同；欧洲人的较短，非洲和阿拉伯人的较长。对此问题的深究是很重要的。古老的有关割礼的性交意义的理论仍然有坚持者，如拉戈郎内（Père M. Lagrange）［见《闪米特宗教研究》（*Etudes sur les religions sémitiques*）（Paris：Lecoffre，J. Gabalda，1903），第 242 页］："正是通过这血的祭献，年轻人将要得到的性生活才具有神圣性。"史米特（Peter W. Schmidt）认为［《有关神的观念的起源》（*L'origine de l'idée de Dieu*）第四章，J. J. Pietes 翻译，*Anthropos*（Vienna，1908），第 602—603 页］："似乎愈发明显，在半文明人中，依据他们简单和不正确的想法，他们以为割礼可以有利于生殖行动，通常在神秘的接近成人的青春期举行。"对这两个学者的观点不能用简单的几句话说明其理论的错误。普鲁伊斯（《宗教与手工艺的起源》，第 362 页）认为，割礼可能帮助父亲向儿子传递"生命之气"；同样，舒尔茨相信割礼的目的是增强生殖力（《年龄段与兄弟会》，第 96—97 页）。倘若半文明人对受孕的原理与我们现在的医生所知道的一样多，比我们现在的农民知道得多，那当然没问题。对此问题有兴趣的人，我强烈推荐艾利斯（Havelock Ellis）的书，《性别心理学研究》（*Studies in the Psychology of Sex*）（London：Society of Psychological Research，1904）；普洛斯，《自然与民俗中的女人》；以及其他有关性方面的心理学和生理学概论书籍。

106 关于每种切割肢体是否源于一地再传播到其他地区，或是各个民族不同时期发明出自己的方法，此问题不属本书之目的。我只需指出，每种方法都是集体性区分的手段，可能不会是从邻近部落学来的方法，因为所有的方法一定是没被别人用过的，从而用来将自己群体与其他相邻群体区分出来。

肢解是一种永久的区分标志。暂时的区分方法也有，例如，穿戴某种特殊服装或面具，身体涂色（主要用有色泥土）。暂时标志在过渡礼仪中扮演重要角色，因为它们在一个体一生中每次变化时都要重复。

经过上述介绍，我将在此对几种不同礼仪进程作些仔细分析。首先是有关向图腾群体的加入礼仪。

107 借助斯宾塞与吉仑[①]、罗思[②]、豪伊特[③]以及迈修斯[④]等人有关澳大利亚若干部落的详细记录，我们能对其加入礼仪作出最可能的细致分析。其仪式从孩子十岁持续至十三岁。第一个行为是将其从先前环境，即女人与儿童的世界，分隔出来。新员（novice）被隔离在丛林里，如在一特别地点或茅屋等，犹如一个怀孕的妇女；同时还伴有各种禁忌，主要是饮食方面的。有时新员与母亲的联

① 斯宾塞与吉仑，《澳大利亚中部土著部落》，第212—386页；《澳大利亚中部北方部落》，第328—379页。

② 罗思（W. E. Roth），《昆士兰中西部的民族志研究》（*Ethnological Studies among the West-central Queensland Aborigines*）（Brisbane：E. Gregory，1897）；《昆士兰北部民族志简报》（*North Queensland Ethnography Bulletin*）（Brisbane，1901）。

③ 豪伊特，《澳大利亚中部土著部落》，第509—677页。

④ 迈修斯（R. H. Matthews），在巴黎、维也纳、伦敦、华盛顿，以及澳大利亚学术机构的诸多有关人类学评论文章。

系可持续一段时间，但最终有一刻，通常是明显强迫性的，新员被彻底与母亲分隔开，尽管母亲常常是掩面而泣。豪伊特对库尔奈人(Kurnai)的描述如下：

> 仪式行为的全部目的就是为了给男孩的生活带来突然的变化；他与过去被一沟壑所隔离，他永远也不能再回去。他与
> 母亲的纽带被割断，并由此与成年男人连在一起。他童年与 108
> 母亲和姊妹的游戏娱乐从此被抛弃和隔离。他从此成为一个男人，被教导承担起姆林(Murring)部落成员所应有的责任。①

豪伊特有关库尔奈人的记述也同样真实地存在于澳大利亚南部、东南部和西部地区。

在某些部落，新员被视为已经死去，直至度过此阶段。这阶段相当长，包含对其身体和精神方面的弱化，以使他失去一切童年记忆。这样，他可以遵行积极教导：学会遵守部落规定、目睹并学会图腾仪式、背诵神话等。最后的行为是一次宗教仪式(如对Daramulun的信仰)，其高潮是因部落而异的肢解行动(如拔掉一颗牙、切割阴茎包皮)，使新员永远与成人相同。有时加入(成人)礼仪是一次完成，有时需经过若干阶段。在视新员为死亡的地区，加入礼仪是使其再生，教导他如何过与童年不同的生活。无论细
节变化如何，与过渡礼仪模式相对应的礼仪进程总是可以辨认出 109

① 豪伊特，《澳大利亚东南部土著部落》，第532页。

来的。[①]

具有巫术-宗教性的“兄弟会”(fraternités)实质上是基于氏族组织——即社会亲缘关系,但又不完全相同。尽管在(加拿大)不列颠哥伦比亚的图腾氏族仍保留与兄弟会相同的组织,但它共存于平原地区的兄弟会,而在巴布洛印第安人中则消失了。巴布洛印第安人的兄弟会是基于地域组织(例如,图萨彦、霍皮族等)。[②]有关夸克特尔人(Kwakiutl)的成人仪式,读者可阅读博厄兹的回
110 忆录。[③] 在澳大利亚部落中,属于某图腾群体的权利是世袭传承的。在夸克特尔人则可通过婚姻获得。但无论何种情况,某个体必须经历通过仪式加入某图腾群体,与过去的环境分隔,与新环境聚合。在澳大利亚,一个孩子要与母亲、女人和其他孩子分隔开。

① 一般而言,人们将割礼切割下的包皮的重要性夸大了。正如我先前所说,身体这部分的切割与其他部分的切割都是成人礼仪的一部分,如剪掉的头发、指甲、唾液、尿液、拔掉的牙。在澳大利亚实行拔牙的部落,拔掉的牙要小心保存(上引书,第542、562、565、569页;斯宾塞与吉仑,《澳大利亚中部北方部落》,第594页),或者磨碎,拌入肉中,由将成人的女孩的母亲吃下,或是男孩的岳母吃下,或者扔到水塘里被雨引走,或者埋入地下(同上书,第593—594页)。某种程度上,牙齿总是一种神圣的物品(同上书,第594—595页);然而,在凯惕士人(Kaitish)中,牙齿就留在脱落的地方,他们不相信牙可以用做巫术的一部分(同上书,第589页)。如果只将这些作为礼仪的一部分来考虑,我看不出包皮如何具有比头发、牙齿、指甲、尿液或污血等更重要的意义;它不论如何没有活的或分开的胚胎的那种生殖力。

② 范热内普就此所得到的信息不正确。巴布洛氏族仍然存在,只是已融合于其他兄弟会组织了。见埃根(Fred Eggan),《西部巴布洛人的社会组织》(*Social Organization of the Western Pueblos*)(Chicago: University of Chicago Press, 1950)。——英译注

③ 博厄斯,《夸克特尔印第安人的社会组织与秘密社会》(The Social Organization and the Secret Societies of the Kwakiutl Indians),《美国国家博物馆报告》(*U. S. National Museum Reports*,1895)(Washington, D. C., 1897),第315—733页;舒尔茨(除礼仪之外)和韦伯斯特对其回忆录有详细分析;另见《美洲印第安人手册》,第I卷。

在夸克特尔人看来，先前的世界被一人格化“精灵”所代表，必须经过仪式驱除——这一观点与基督徒的看法相同，他们在浸礼时要驱除恶魔撒旦。其中，死亡与再生的意识也存在。最后，对夸克特尔人，与新的群体包括获得整个氏族保护者的“精灵”聚合的意义等同于澳大利亚的图腾。

泛灵性因素在奥马哈（Omaha）与奥基布韦（Ojibwé）部落中的标志尤为明显。他们所获得的保护者精灵比夸克特尔人的更具个性。科尔[1]对奥基布韦人加入“弥德之约”（l'ordre des Midé）之仪式作了细致描述，其进程如下：建起一座神圣茅屋；[2]孩子被系捆在一块木板上，在整个仪式过程中，他犹如失去了全部个性；参与者盛装、涂色等；列队进入茅屋；酋长-巫师-神父将所有参与者杀死，再使他们一个个再生；列队、屠杀和再生是在仪式的每一重要
阶段之后；孩子的父亲在男女支持者陪伴下将孩子献给酋长，然后 111
与同伴跳舞。此仪式延至中午。下午，祭台祭品摆在茅屋中央。上面是一块布盖着树枝，参与者绕行一圈、两圈、五圈，直至每人用嘴将涂色贝壳放在祭品上，并将布盖住。之后，大家再绕行，一个个将贝壳拾起。这样的贝壳便具有神圣性，可做有效力的“药”。每人再击打圣鼓，唱首祈祷歌，男人们都抽烟（一种仪礼行为）。傍晚，酋长和神父接受孩子父亲赠送礼物，并回赠“药”和咒符等。孩子的祖父当众祈求“神灵（Kitschimanitou）之恩典”；所有人一起吃玉米粥，包括孩子们。在此仪式过程中，受礼的孩子得到一个新名。

① 科尔，《论美洲印第安人特色》，第I卷，第59—76页。

② 同上书，第II卷，第71页。

（美国）亚利桑那州的祖尼人中，每个男孩必须被考惕克利（*Ko'tikili*，神话中的兄弟会）接受，并与克维兹维（*kiwitsiwe*，神圣的仪式房子）之一相联系起来——即将孩子带到这个世界的接生婆的丈夫、长子或长兄的房子。那个人将是孩子成人礼仪的组织者，也许是不自愿（年轻时），或是自愿（十二或十三岁时）。此
112 外，每一个体，男人或女人，属于若干个巫术-巫医性或雨水“兄弟会”，对每一个都有不同的加入礼仪。[①] 以下是通过自愿加入礼仪进入考惕克利部落的礼仪进程：

1）组织者将新员介绍给克维兹维；2）两个女人将叠过四角的四块毯子放在新员的背上；3）组织者将新员的头用布蒙上，让他什么也看不见；4）每个新员的后背被四个萨亚特利亚神（Sayathlia，戴面具的人）用丝兰树枝分别打四下；5）萨亚特利亚神也分别在两个女人后背用树枝各打一下，然后，四块毯子被取下；6）新员再次被每个神用树枝打四次；7）组织者将蒙头的布拿下，在其头发上系一根鹰的羽毛，作为神圣装饰；8）四个神取下面具，新员视其为成年男人；9）四个新员被分别带到四个萨亚特利亚神的面前，每人得到一个面具和一根丝兰树枝；10）新员用这树枝打每个萨亚特利亚神的左右手臂和左右脚踝；11）新员将面具还给每个神；12）后者戴上面具，用树枝击打组织者的左右手臂和左右脚踝，之后整个加入礼仪便结束。[②]

① 见史蒂文森，《祖尼人》，第65、490—511、522—527、532—549、550—564、570—572、578页；另见第413、415、421、426页，以及第103—194页。有关儿童加入少年群体的仪式，见第94—101页。

② 见史蒂文森，《祖尼人》，第103—104页；有关儿童加入少年群体的礼仪，参见第94—101页。

从以上仪式中可明显看出的是，最初的鞭打是分隔礼仪，之后 113
的是聚合礼仪。同样的鞭打[①]在纳瓦霍人(Navaho)的加入礼仪中也有，[②]其进程几乎完全一样，差异只是神的数量和鞭打的次数等。那瓦霍新员接受撒给他们的玉米面；在女性的加入礼仪中，她们还需受到特别圣物(此处为一穗有四粒玉米的玉米棒，系在四个丝兰树枝上)的触摸。脚掌、手掌和前臂、乳头和锁骨、肩膀，以及头顶两边，依次受到这圣物的触摸，并被撒上玉米面。这些礼仪与基督教浸礼的相似很容易被人注意到；它们都是向一共同体的聚合礼仪。我还需说明，此礼没有固定年龄限制，且每一个体需经过四次同样的进程后才可无例外地参与所有仪式，并戴上神圣的面
具。仪式结束行为是：1)新员戴上面具；2)向面具撒些圣粉；3)吸 114
入圣烟。在仪式之初，有个容器被翻过去当做鼓；结束时被正过来，整个仪式便完成。在详细分析其他礼仪前，我要指出一个事实：在北美，如同在澳大利亚，圣物是让新员看到的，分别是面具和牛吼器。[③] 暴露这些神人的童年时代是仪礼的核心部分。不仅如此，完全按照所立规则摆弄圣物是新员的特权，不受超自然神灵的危险所威胁。这些因素也构成亚洲和希腊神秘文化中的加入礼仪之极点。

苏巴人(Sabéens)所重复举行的浸礼表明这是一种有趣的仪礼。

---

① 有关鞭打作为加入礼仪，见拉斐陶，《美洲野蛮人的死亡与早期人类死亡比较》，I，第 273 页。

② 迈休斯(Washington Matthews)，《夜话：纳瓦霍仪礼》(*The Night Chat: A Navaho Ceremony*)，《美国自然历史博物馆回忆录》，Vol. VI [New York，1902]，第 116—120 页。

③ 有关神圣之人，见范热内普，《澳大利亚之神话与传说》，第七章。

其宗教据说是由施洗者约翰所立，后成为拜火教(mazdéisme)、犹太教、基督教、伊斯兰教等的混合体。他们有三类浸礼：1)幼儿时(一岁)的；2)净化或清洗各种污染的；3)集体的——在每年庆祝盘咒(*Pancho*)时持续五天。萨比教徒生下为萨比教徒；外人不许接受萨比宗教，所以没有分隔礼仪。[①] 这一事实将萨比教群体置于一特殊类别。

115 “秘密社会”在大洋洲(除澳大利亚外)与非洲一样，如同所有图腾氏族和兄弟会，其目的不是为了对自然的控制。尽管他们表现得具有巫术-宗教性，其宗旨从世俗意义上看更具政治和经济性。然而，其纲领以至加入礼仪之细节与上述礼仪有诸多相似。在非洲刚果的礼仪与之更有惊人的相近之处，其细节见容基的记录。[②] 不幸的是，他将这些礼仪视为“生理成熟期(青春期)礼仪”，尽管新员的年龄从七到二十岁不等，但通常是在十至十五岁之间。[③] 因此，人们还不了解刚果人生理上进入成熟期的准确年龄。刚果各部落的下等成员不必参与肯巴(*kimba*)或恩印波(*niembo*)仪式，所以，他们的确是特别限定的群体，即我所称为的“秘密”群

---

① 有关细节，见苏菲(Nicholas Siouffi)，《苏巴人的宗教研究：教义与死亡》(*Études sur la religion des Soubbas ou Sabéens*: *Leurs dogmes*, *leurs mœurs*)(Paris: Imprimerie Nationale, 1880)，第76—82页。

② 容基(Edouard de Jonghe)，《刚果南部的秘密社会》(*Les sociétés secretes au Bas-Congo*)，重印于《历史问题评论》(*Revue des questions historiques*)(Brussels, 1907)。弗罗彼纳斯，《论非洲的面具与秘密》，需要注意其中之观点；容基的资料需要由以下资料加以补充：纳叟，《西部非洲的拜物教》，第250、263页，以及伯楚尔-娄什，《洛安戈人的民俗》，第452页。

③ 见容基，《刚果南部的秘密社会》，第21—23页。

体，尽管这个词并非十分准确。[①] 他们的加入礼仪不涉及青春期、 116
生育，以及结婚权。在刚果，如同在几内亚湾，秘密社会的成员身份可跨越部落（地理单位）。只有自由人或富裕奴隶的儿子才可以加入。其仪式从两个月持续到六年，依部落和参与者而不同，包括各种被动（禁忌）礼仪与主动礼仪。礼仪进程如下：新员被与先前环境分隔，相应地成为死人，以便被聚合到新的环境（他被带到森林，[②]受到隔离、清洗、鞭打、被棕榈酒灌醉，最后进入麻醉状态[③]）。随后进入边缘期，包括肢解（割礼，有时在固定年龄举行，与秘密社
会无关）和身体涂色（白色、[④]红色等）。因为新员在此期间被视为 117
已死亡，所以都裸体，既不离开此地也不让成年男人看到，由神父-巫师（*nganga*）指导，说特别的语言，吃特别的食物（饮食禁忌）。这个阶段之后便是与新环境的聚合礼仪，其步骤不存在于向图腾氏族和兄弟会聚合的入会礼仪。新员装作不会走路或吃饭等等，总之，表现得犹如新生儿（再生），必须重新学会正常生活的各种姿势动作。在进入重学过程之前——这过程常是几个月，新员在河

① 所有的部落成员都很清楚谁属于和谁不属于该社会，而在欧洲，我们并不知道，至少是在理论上，谁是或谁不是共济会成员。

② 因为本书所讨论的多数仪式的第一部分多少属于限定的和较长的隔离，所以此处讨论容基（上引书，第 30 页）与弗罗彼纳斯似乎没多大意义。后者的《论非洲的面具与秘密》有多处的怪论。

③ 对新员的麻醉是加入礼仪的重要因素。在美国，通常使用烟草或一种仙人掌。其他地方有用烟熏、鞭打、虐待或肉体惩罚等。其目的是使新员“死亡”，忘掉他先前的个性和所属于的世界。

④ 有关此题目，见弗雷泽《金枝》，III，第 430 页，以及韦伯斯特的《原始秘密社会》，第 44 页注释。后者指出，白色常常被习惯性认为是死亡的色彩，所以这样的习俗似乎也暗示了新员的“死亡”。

里洗澡，神圣的茅屋便被烧掉。简言之，这是一个双重系列礼仪：与先前环境的分隔礼仪，向神圣的新环境的聚合礼仪；进入边缘；与当地神圣环境的分隔礼仪，向正常环境的聚合礼仪。但是，作为通过神圣世界的过渡，新员获得了特别的巫术-宗教特质。喀麦隆南部的瑶德人（Yaundé）的成人仪式，[①]几内亚湾各族群的礼仪［如坡罗（Purra）、艾克坡（Egpo）、欧罗（Oro）以及摩包君婆（Mumo-Jumbo）等社会］均遵行此过渡礼仪模式。

有关美拉尼西亚的秘密社会，我首先要向读者提到科德林顿的精彩著述。[②] 作者描述了斐济、斑克斯岛以及新赫布利兹的成人仪式，但不明确这些仪式与图腾之间是否有关系。[③] 不久前，帕
118 金森[④]为障斯马克-阿契皮拉戈与所罗门群岛的叫做“达克-达克”（Duk-duk）的秘密社会提供了新的资料。以下即为有关礼仪进程，其细节变异极小：[⑤]1）新员被带到神圣的地方；2）在那儿，依其年龄，他被图布安（*Tubuan*，一种具有神性的灵怪）用较大的树棍抽打；3）新员的哭喊得到在远处的父母的痛苦回答；4）组织者给在场的人一些礼物，给新员一些吃的；5）图布安赤身裸体，这样新员知道他是个男人；6）图布安的衣物放在一边，因为上面有盔甲，表

① 有关细节，见弗罗彼纳斯，《论非洲的面具与秘密》，第 67—74 页。

② 科德林顿（R. H. Codrington），《美拉尼西亚人》（*The Melanesians*）（London：Frowde, 1891），第 69—100 页。

③ 有关美拉尼西亚的图腾，见兰（Andrew Lang）与艾特金森（J. J. Atkinson）的讨论，《社会根源：最初的法律》（*Social Origins：Primal Law*）（London：Longmans, Green, 1903），第 176—207 页。

④ 帕金森（R. Parkinson），《南海三十年记》（*Dreisig Jahre in der Südsee*）（Stuttgart：Strecker & Schröder, 1907），第 567—612、582—586 页。

⑤ 同上书，第 582—586 页。

明具有神力(美拉尼西亚的马纳);7)参与者一起跳舞,并教给新员有关该社会的秘密;8)所有在场人共餐;9)十二岁左右的新员得到仪式服装,但较小的孩子还需等几年。馈赠衣物的仪式在另外一天根据特别仪式举行,之后便是成人礼仪的结束。因此,从中可以看出若干分隔礼仪、一个边缘期,以及若干聚合礼仪。① 119

斐济仪式中的礼仪也有同样模式,其中包括的一个礼仪是新员从两具假尸体之间通过,假尸从头到脚涂成黑色,内脏(实际上是作为祭品的猪的)悬挂在外面。②

阿利奥伊(Areoi)是塔西提和部分玻利尼西亚合起来的一个政治性和战斗性组织,包括七个阶级、级别或等级,其成员可从文身图案看出,级别越高图案便越复杂。③ 成员来自各个社会阶层。凡是想参加该组织的,自己主动穿戴不寻常的衣饰,举止犹如神经不正常;如果阿利奥伊认为他有用,便将他收留为随从。这是第一步,藉此,某人表现出他与众不同。从此仪式中,我认为存在一个 120
自愿的分隔礼仪。一段时间后,新员被聚合:1)他的名字改变了;2)他被要求杀掉他的孩子;3)他得学会用特定姿势唱某些神圣的歌;4)他抓住头人夫人的衣服,由此进入到第七阶层。进入更上一

① 格扎尔(Gazelle)半岛的男孩通过让父亲或叔父给秘密社会礼物而参加一个叫做马拉沃尔(Marawol)或印杰特(Ingiet)的儿童社会,学习特别的和极其复杂的舞蹈,并经过很长时间。基于帕金森提供的资料(上引书,第 598 页注释),这个社会在我看来属于和祖尼的某些巫医兄弟会类似的组织。

② 有关细节对费森(Fison)与佐斯克(Joske)作了补充,见汤普森(Basil Thomson)的《斐济人:习俗衰落研究》(*The Fijians: A Study of the Decay of Custom*)(London, 1908),第 148—157 页。

③ 埃利斯(William Ellis),《波利尼西亚研究》(Polynesian Researches)(London: Fisher, 1829),I,第 8 版;第 319—324 页。

级的仪式性行为如下：1)所有阿利奥伊人身着仪式服装聚会；2)向圣猪和国祠祭献，所有新员的名字及他们所渴望加入的级别都列出来；3)排队步入国祠，新员向主神敬献祭品，祭品是一头圣猪，或是杀后大家共餐，或是供完走开；4)之后是盛大酒席，伴随着对每个级别成员的性和饮食禁忌的全部解除，据艾利斯的记述，[①]不但有异性的放荡，也有同性性交或兽奸行为；5)伴有音乐、舞蹈，以及击鼓表演；6)新员依其级别得到新的文身。

在美拉尼西亚，[②]进入新的级别以及从一级到另一级的过渡仪式较阿利奥伊的简单。核心因素是：仪式性交换钱币[如斑克斯岛的莫塔人(Mota)]或席子[如欧巴人(Oba)]；联盟成员[如苏格(*suqe*)、胡格(*huqe*)等]之间送猪为交换礼物，举行仪式性酒宴，叫做夸勒(*kole*)，[③]在加拿大不列颠哥伦比亚成为"夸富宴"(*pot-*
121 *latch*)。尽管苏格人中交换的意义是社会性和经济性的，其中的巫术-宗教因素在这事实中很明显：从一级别到另一级别(斑克斯岛有十八个级别)之过渡是基于该个体的财富，而其财富多少要依其马纳之力。所以，某个体的级别越高，他便被认为具有更大的马纳之力，因为苏格人中的每一级别都有相应的马纳特质。在美洲印第安人的兄弟会中，有关马尼透(*manitou*)、欧兰达(*orenda*)、纳古尔(*naual*)等概念具有相似作用。

有关进入某年龄群体的加入礼仪，在此只对马塞人的仪式作

① 艾利斯，《波利尼西亚研究》，第325页。

② 科德林顿，《美拉尼西亚人》，第101—115页。另见第110—112页一段有趣的有关巫术-宗教性的共餐仪式之重要性的论述，以及第103页有关马纳的讨论。

③ 同上书，第110—112页。

些仔细分析。澳大利亚一些部落中，此礼延续相当长时间，这一事实使舒尔茨[1]与韦伯斯特[2]将此年龄延续过渡礼仪与向某图腾群体的加入礼仪混淆了。

在马塞人中，"生理成熟期开始于十二岁"，[3]男孩割礼则开始于"只要他们足够大，即十二至十六岁之间"。如果父母富裕，此礼可能较早举行。如果家境不佳，可能拖延到他们能支付得起此礼 122
的时候。在此，同样证明了社会成熟期与生理成熟期不一样。割礼每四五年举行一次，所有同时行割礼的孩子形成一个年龄群体，被酋长赐予一个特殊名字。[4]（英属）肯尼亚的马塞人只有在父亲进行了叫做"逾越栅栏"的仪式后，男孩和女孩才可行割礼。父亲所行的礼表明他接受他已是"老人"的地位，并从此被称为"某某（孩子）的父亲"。[5] 其割礼仪式的进程如下：1）所有新员集合在一起，不带武器；2）他们身涂白灰，在村落之间游荡，持续两三个月；3）他们剃光头发，杀一头牛或羊；4）杀牛后的早上，新员要砍倒一棵树（一种芦笋），那棵树由女孩种在他的屋前；5）翌晨，男孩到外面洗冷水澡（为了使自己强硬，据莫科所见）；6）施割礼者将男孩包皮割掉，一张处理过的牛皮用来接血，然后放在男孩的床上；7）男孩被关在屋里四天；8）之后，他们出来，戏弄女孩，并常穿女人衣

① 舒尔茨，《年龄段与兄弟会》，第141—151页；其讨论也介绍了另外一类母系群体和氏族。

② 韦伯斯特，《原始秘密社会》，第84—85页。

③ 莫柯，《马塞人》，1904，第55页；无疑所论的是生理成熟期，但他没说明这是男孩还是女孩的。

④ 同上书，第60—61页。

⑤ 见霍利斯（A. Hollis），《马塞人：语言与民俗》（*The Masai: Their Language and Folklore*）（London: Frowde, 1905），第294—295页。

服，脸上涂白灰；9)他们头上饰有小鸟和鸵鸟羽毛。待他们刀口愈
123 合，便剃光头发；待头发长到可梳理，他们被称为斗士(*muran*)。女孩的割礼：1)杀一头牛或羊；2)在屋里施行切割；3)女孩头上饰有棕榈树叶或草；4)待刀口愈合，便被嫁出去。[①] (德属)马塞人中，为男孩所举行的礼仪与上述相同：1)在行礼后，孩子的父亲与邻居中的男人一起大吃一顿；2)年轻斗士们(单身汉)与他们的女伴们一起跳舞为他们娱乐；3)施礼的人被隔离七天；4)他们出来的第一天，杀掉一只白羊，将肉在他们中间分掉，再将骨头投入火中。为女孩举行的礼仪如下：1)一次有几个女孩一起行割礼；2)头发剃光；3)在刀口完全愈合前不出家门；4)用草装饰头，其中有鸵鸟羽毛，并将脸涂白灰；5)所有同村的女人共餐；6)只要新郎能支付完该给的彩礼便可结婚。[②] 尽管所论仪式与生理成熟期无关，但存在性关系，因为其目的是将男孩和女孩聚合入有两性的成人社会。还需注意，尽管女孩的割礼是为了结婚，但此结婚是作为社会机
124 制，而不是作为性结合。在女孩行割礼前(这个年龄莫科没有提供)，小女孩住在年轻斗士(第一年龄群体)的茅屋，每人都有一个或多个性伙伴，但绝对严格的前提是她不能怀孕。[③]

对女孩，下一个年龄群体是已婚女人。最后一个年龄群体是那些有灰白头发和已停经的女人。男童首先成为小伙子，然后是预备者；两年后，作为斗士，他们成为新员或学徒，之后，他们成为

① 见霍利斯(A. Hollis)，《马塞人：语言与民俗》(*The Masai: Their Language and Folklore*)(London: Frowde, 1905)，第296—299页。

② 莫柯，《马塞》，第60—66页。

③ 同上书，第83页。

完全合格的斗士。他们保留在同一群体直至二十八到三十岁，那时他们可以结婚，成为成年人（*muruo*）。[①] 在此，如同许多其他民族，结婚仪式是从一年龄群体向另一年龄群体的过渡礼仪。

我还想提到（东非）瓦尧人的礼仪，因为他们的礼仪同时既是年龄群体礼仪，又是连续阶段过渡礼仪，同上述印度的托达人相似。女孩在生孩子之前被分为四个阶段：1）兹普图（*chiputu*），从七八岁，或九岁到初潮，其标志是被隔离，接受性教导，逐步将阴唇拉长到七厘米或更长，学跳激发性欲的舞蹈等。2）马坦古斯（*matengusi*），庆祝初潮。女孩被隔离开，被教导有关经期的禁忌。125
尽管在第一阶段女孩已经结婚，但在初潮时她要离开丈夫。3）兹坦布（*chituumbu*），初次怀孕的礼仪；在第五个月，女人的头发被剃光；她被教导如何遵从有关孕期和做母亲的禁忌。4）翁瓦纳（*wamwana*），初产；丈夫只有在得到村里头人许可后才可有与妻子再同房的权利，这要在孩子可以坐起来，或者出生六七个月后。这些仪式明确表达了两性关系的巩固。[②] 由此，人们可从亚奥中看出“成人礼仪”是如何延续的。

在有些美洲印第安人中［如阿拉帕霍人（Arapaho）］[③]，从一年龄群体向另一年龄群体的过渡要经过一个仪礼，其性质多少具有巫术-宗教性，但在多数有年龄群体划分的民族中，群体的进阶是

① 莫柯，《马塞》，第66—67页。详细论述了结婚礼仪，该礼对马塞人一生的重要性要比对我们的生活更重大。

② 维尔（K. Weule），《非洲东南地区民族志研究之科学成果》（*Wissenschaftliche Ergebnisse meiner ethnographischen Forschungsreise in den Südosten Ostafrikas*）（Berlin, 1908），No. 1，第4、31—34页。

③ 克鲁伯（Alfred Louis Kroeber），《阿拉帕霍人》（*The Arapaho*），《美国自然历史博物馆简报》（New York, 1902—1917），XVIII, Parts I, II, IV，第156—158页。

由从事战事的能力来决定，或由所付出的礼物和酒宴所决定，年龄本身从不被僵化地考虑。

至此，我要转到有关皈依基督教和伊斯兰教的礼仪，以及古代
126 神秘礼仪，尽管后者同属于巴布洛印第安的巫术-宗教兄弟会的类别。但是，基督教如此广泛地吸收了埃及、叙利亚、亚细亚以及希腊的神秘术，以致为了解此礼必须考虑到其他有关背景。古代神秘礼仪（奥西利斯、爱希丝、阿多尼斯，以及叙利亚的女神阿蒂斯、狄俄尼索斯，甚至俄耳甫斯教仪等）的经济目的——有时是明确的农业的，有时是广义经济的（繁殖各种物质和生命、动物、植物，大地的生产能力，灌溉等，神圣星座的运行一般成为决定生命的条件）——在以下人的著述中得到系统的确立：曼哈德、[①]弗雷泽、[②]雷纳克、[③]哈里森、[④]阿尔维拉，[⑤]以及库蒙特[⑥]。然而，构成这些仪式的礼仪只是被当作生殖的感应礼仪、一种强化宇宙和地域进程的方法时才得到仔细研究。

所以，这些礼仪的进程几乎没有得到仔细研究，[⑦]尽管某些已
127 被广泛了解的当代仪礼（如澳大利亚和巴布洛印第安人的），且通

① 曼哈德，《古代森林与田野崇拜》。

② 弗雷泽，《金枝》；《阿多尼斯、阿蒂斯、奥西利斯：东方宗教史之研究》。

③ 雷纳克，《崇拜、神话与宗教》，三卷，特别参见 I，第 85—122 页。

④ 哈里森，《希腊宗教研究之宣言》。

⑤ 阿尔维拉（Eugène Goblet d'Alviella），《有关伊鲁西斯的几个问题》（De quelques problèmes relatifs aux mytères d'Éleusis），《宗教历史评论》，Vol. XLVI (1902)，Nos. 2，3；Vol. XLVII，1903，第 1、2 册。

⑥ 库蒙特（Franz Cumont），《罗马异教中的东方宗教》（*Les religions orientales dans le paganisme romain*）（Paris：E. Leroux，1906）。

⑦ 哈里森，《希腊宗教研究之宣言》，第 155 页，他甚至写道："成人礼仪的准确顺序当然没有什么重要性。"

过研究古代有关仪礼（如埃及和印度的），都展现出主要轮廓，有时含有细节，但礼仪所遵行的进程顺序则是巫术-宗教性因素，其本身具有重大意义。本书的目的正是要反对所谓的“民俗学”或“人类学”方法——即将各种礼仪，无论是主动或被动的，从其仪式进程系列中剥离出来作单独考虑，从而脱离赋予礼仪意义的背景，因为正是这背景才揭示某礼仪在整体仪式机制中的地位和作用。

哈里森定义道，“神秘礼仪是一种展示只有经历某种净化后才能看到某种圣物（*sacra*）的礼仪”。[①] 在我而言，“神秘礼仪”构成仪式整体，而整个仪式则将新员从世俗世界转换到神圣世界，置他于可与后者直接和永久交流的地位。在（希腊）伊鲁西斯（Eleusis）的圣物展示，如在澳大利亚（梦中精灵寄托物）或在美洲（面具、神圣牛角、印第安人的精灵等），是礼仪的极点，但其本身不构成“神秘礼仪”。以下是在伊鲁西斯的成人礼仪的进程：[②]1）新员被带到一起，圣师（主要的巫师）被用禁令（禁忌）与那些手不洁 128

① 哈里森，《希腊宗教研究之宣言》，第151页。

② 有关伊鲁西斯的神秘仪式，我利用了上面所引的哈里森的著作，以及弗卡特（François Foucart），《伊鲁西斯神秘之起源与本质研究》（*Recherches sur l'origines et la nature des mystères d'Éleusis*），第一部分，《古代狄俄尼索斯信仰》（*Le culte de Dionysos en Antique*），巴黎，1895；第二部分，《伊鲁西斯之最大神秘》（*Les grands mystères d'Éleusis*），巴黎，1900；阿尔维拉的《有关伊鲁西斯之神秘的几个问题》（*De quelques problèmes relatifs aux mystères d'Éleusis*，1902）；因为这些仪式与成人礼仪的性质无关，所以我在此省略波德罗密（Boedromion）的第十三个仪式（古希腊年轻人出发去伊鲁西斯）和第十四个仪式（将圣器运到雅典）。我们知道，有关礼仪的知识、仪式的进程、圣器的保护等都只限于某些家族（Eumolpides 等）；在澳大利亚和巴布洛等地也同样；有些特定群体（图腾性或其他），他们“拥有神秘仪式”。有关仪式指导者（神秘术掌管者）的讨论，见弗卡特，《伊鲁西斯神秘之起源与本质研究》，II，第93—95页。

净和说话不清楚的人隔开。[①] 这一点在非洲秘密社会也有出现，由巫师来做。2)新员被带到伊鲁西斯殿，然后进去，自己用放在门口的圣水祝福自己(对比欧洲的圣水器)。3)新员一边大喊“大海，神秘的大海”，一边被带到(也可能是自己跑到)海边；这个过程叫做“解除”或“抛弃”。这个说法可能来源于古代庞贝(*pompé*)，[②]这个礼仪直到现在仍被阐释为“抛掉邪恶、恶魔或恶鬼”，但我认为这是新员脱离先前的世俗世界的分隔礼仪。4)新员在大海洗澡，一次净化礼仪，藉此世俗和不洁净的特质被洗掉——强化上述的阈限前礼仪。每个新员扛一头猪，和自己同时洗澡——此礼是许多
129 美拉尼西亚礼仪的遗留。[③] 5)返回到伊鲁西斯殿，最后是以祭献而结束。那些参加过波德罗密(Boédromion)十五和十六日仪式(常在九月底)，并接受过有关神秘礼仪教导的新员在跑到大海和供奉之后便不在公众面前露面，只在休息地(遵行饮食禁忌等)等待回到伊鲁西斯。6)波德罗密十九至二十日，他们将亚楚斯(Iacchus)的神像和其他圣器从雅典运回到伊鲁西斯(二十公里以外)。一路上停留多次：在神圣的无花果树林边、在克罗肯(橘黄色)的宫殿、在拉利亚(圣地)、在凯利克罗斯井边、在德米特石旁等。所有这些停留都与农业生产有关。[④] 7)队伍进入到一个封闭的地方，

① 弗卡特，《伊鲁西斯神秘之起源与本质研究》，I，31—33；II，110—111；阿尔维拉，《有关伊鲁西斯的几个问题》，第354—355页。

② 哈里森，《希腊宗教研究之宣言》，第152页，雷纳克，《崇拜、神话与宗教》，II，第347—362页。

③ 见所引的艾利斯与科德林顿等人的著作；有关德米特(Demeter)为主的记述，见阿尔维拉，《有关伊鲁西斯的几个问题》，第189—190页。

④ 有关这两个停顿的论述，见雷纳克，《崇拜、神话与宗教》，III，第102—104页。

其高墙犹如雅典的，这意味着他们将从世俗世界隔离开，来到神圣世界。入口的禁入令适于所有特曼诺人，对违者可处以极刑，至少在举行神秘礼仪期间如此。有关此后的礼仪细节尚无记录可查。据说成人礼仪至少包括：[①]a)在这封闭的大厅里，有很多黑暗的隔间，每一个代表一层地狱，他们要爬台阶、来到有光的房间、进入内室，那里摆放着圣物；[②]b)再现柯尔(Coré)的升起：柯尔包含着世 130
俗世界不知和不解的因素。这部分与澳大利亚的阿切凌喀(Al-cheringa)仪式中向祖先敬献的行为完全对应。第一部分几乎是普遍存在的：从世俗世界死去的新员通过冥府(或冥王海德斯)获得再生，然后进入到神圣世界。[③] 8)有关此后的礼仪、歌唱、舞蹈和游行尚无准确记录。[④]

以上对伊鲁西斯的加入神秘礼仪的概括与已讨论过的同类仪式进程相对应，且无差异。这同样的进程中包括对新员死亡和再生的戏剧化，在对狄俄尼索斯、(波斯太阳神)米特拉斯(通过阶段行动加入礼仪)、[⑤]阿蒂斯、阿多尼斯、爱希斯等的崇拜，以及加入

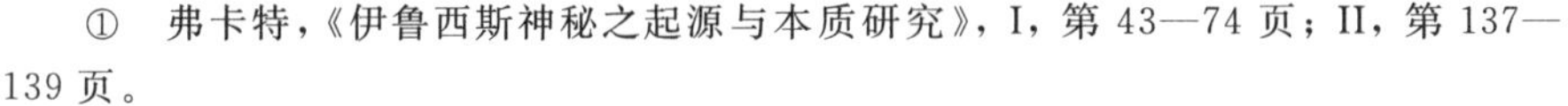

① 弗卡特，《伊鲁西斯神秘之起源与本质研究》，I，第 43—74 页；II，第 137—139 页。

② 有关这些神器与其性质，见哈里森，《希腊宗教研究之宣言》，第 158—161 页。

③ 正因为如此，普鲁塔克(Plutarch)指出加入礼仪就是死亡。可另一方面，加入欧弗西斯(Orpheus)的神秘仪式被视为神圣的婚姻或神圣的诞生仪式。

④ 毋庸置疑，我接受弗卡特有关伊鲁西斯的神秘仪式起源于埃及的理论，即使不是全部也是部分。为了表达从一境地到另一境地的过渡的意思所作出的行动的相似性在弗卡特看来是互借。可是，人们该如何解释希腊、埃及或亚洲的礼仪与澳大利亚、班图、几内亚土著以及北美印第安人的礼仪的极其相似性？

⑤ 有关加入礼仪的七个等级以及新员灵魂通过七界的连续过渡，见库蒙特，《罗马异教中的东方宗教》，第 299—300、310 页。

俄耳甫斯教和塞拉斯(Thrace)宗教组织的仪式中也同样存在。加
131 入“爱希斯兄弟会”的礼仪广为人知。阿普利俄斯(Apuleius)所说的“各部分的通过”比通过冥府[①]的旅程更好地表达了视新员为死亡的观念，因为，至少似乎如此，它被信为是化解后又重新合成的个体。

对阿蒂斯崇拜的加入礼仪也表现出同样思想。我首先要指出的是，阿蒂斯和阿多尼斯，以及植物神祇一般都在秋天死去，在春天再生：1)其宗教仪式包括对其死亡的极度戏剧化再现，伴随着丧葬禁忌(吊丧等)和哭丧；2)打破正常生活的边缘期至恢复正常生活；3)复活，或准确地说是再生。这些礼仪进程顺序的细节及其原则已由曼哈德与弗雷泽及其弟子建立，[②]但是他们未能看出这些过渡礼仪中的内部联系，而这种联系不但表现宇宙观、宗教观和经
132 济观，且这些只是极宽泛的类别的一部分。本书所致力要概括的正是这个类别。死亡、边缘及复活也构成怀孕、分娩、向农业性组织的加入礼仪、订婚、结婚，以及丧葬等仪式的一个因素。[③] 从阿蒂斯的死到再生，人们相信其加入礼仪也会使其未来信仰者从死亡得到再生：1)通过斋戒，他将世俗不洁之物从身体排除；2)使用圣物(如鼓和锣)饮食；3)他蹲在土坑里，以便牺牲之牛血倒在他全

① 有关向死亡之地的旅行，见菲利斯(Philippe de Félice)，《另外世界》(*L'autre monde*)(Paris: Champion, 1906)。然而，他并没看出，这些神话和传说在某些情况下只是在口头上存在于加入礼仪，长者、训导者或仪式主人背诵该群体的其他成员所表演的内容。参见范热内普，《澳大利亚之神话与传说》，第九章。有关理论简论，参见本书第七章。

② 弗雷泽，《阿多尼斯、阿蒂斯、奥西利斯》，第229—230页。

③ 见本书第九章。

身上；[①]然后从坑里出来，从头到脚都是血；4）几天之内他只得到牛奶喝，犹如新生儿。洒血礼仪通常被视为一种基督教之浸礼——即赎罪。这个阐释是基于一些信息提供者（如克莱门特和弗米科斯等），他们都是当代人。可我认为，这个礼仪最初有一层直接的和身体的意义：新员从土坑里出来，浑身上下都是血，这像新生儿从母亲的身体生出来一样。

基督教共同体所受到的亚洲的影响不少于希腊和埃及宗教， 133
这些影响最初没有被区分，后来逐渐依其神秘程度被分类；[②]入门礼仪愈发复杂，并被系统地记录在《浸礼程序》（始于11世纪）和教皇圣杰拉二世（Gélase）的弥撒书中。由于基督教的迅速传播，浸礼演变成只为小孩施行之礼，但在相当长的时间里，只为成人举行浸礼的仪礼特征仍被保留着。在此，我将讨论这些仪礼。第一步是有关新信徒之加入，其过程是：1）依驱邪术为新员排气；2）在额头画十字；3）撒已经除邪的盐。从中可见，这些礼仪不再像一些半文明民族那样是直接礼仪，而更像某些非洲黑人和美洲印第安人所施的礼仪，已成为泛灵性的。[③] 第一个礼仪是分隔礼仪；第二个

① 此处没有足够篇幅讨论“taurobolium”或曰牛血洗浴的礼仪，但似乎目前为止的所有有关半文明社会礼仪与在此所论的过渡礼仪的比较阐释都无法让我接受。

② 见以上所引阿尔维拉、雷纳克与库蒙特的著作；另见哈钦（E. Hatch），《希腊的思想与用途：对基督教会的影响》（*Greek Ideas and Usages: Their Influence upon the Christian Church*）（Hibbert Lectures, 1888 [London: Williams, 1890]），以及杜克森（Louis Duchesne），《基督徒崇拜的起源》（*Les origins du culte chrétien: Étude sur la liturgie latin avant Charlemagne*）（Paris: E. Thorin, 1889, 3rd ed.; Paris: A. Fontemoing, 1902）。

③ 有关这些泛灵礼仪的起源，见哈钦，《希腊的思想与用途》，第20页注释1；雷纳克，《崇拜、神话与宗教》，II，第359—361页。

礼仪在分隔的同时也聚合，等同于希腊神秘礼仪和原始基督教的中的画记号；[①]第三个是聚合礼仪，特别是在伴随的祈祷行动中。[②]
134 之后便是边缘期：新信徒，如同加入较少神秘性组织的新员，被允许参加宗教集会，坐在教堂的特定位置，但在真正的神秘礼仪（弥撒）举行之前他必须离开。他必须定期接受驱邪术，以便越来越与非基督世界分隔。他被逐步开导，“耳朵被打开”。最后一次驱邪礼之后便是最终结合（*effeta*）：神父用唾液润湿手指，触摸新信徒的上嘴唇；新信徒赤身，前胸后背被涂上圣油。[③] 他们斥责撒旦，发誓与基督结合，然后背诵教义。之后便结束边缘期，同时也包括分隔礼仪以及为聚合礼仪的准备礼仪；这个边缘期不固定，甚至可以持续到死亡之前夜。随之而来的便可谓聚合礼仪。祝圣水，[④]再为新信徒洒圣水，使他“再次获得生命，或再次受孕”，此乃随后
135 礼仪中祷词原文。[⑤] 被施浸礼者在教父教母的帮助下脱掉衣服，换上白袍。[⑥] 他们聚在主教面前，主教为他们“画”十字记号。这

---

① 哈钦，《希腊的思想与用途》，第 295 页及注释。

② 杜克森，《基督徒崇拜的起源》，第 296—297 页。

③ 参见上面所引巴布洛礼仪的例子，以及涂油礼的顺序，这是从活着的基督徒世界向死去的基督徒世界的一个过渡礼仪。

④ 杜克森，《基督徒崇拜的起源》，第 311、321 页，以及迪特里希，《大地母亲》，第 114—115 页。有关对此礼仪的直接的性阐释还需要加上这一观点，即新信徒，如婆罗门的婴儿，必须再次被孕产。有必要提到古代的基督教会在举行浸礼时总是在教堂属地外面，以致直到中世纪，新信徒、忏悔者、新生儿以及新近受洗的人都要处于边缘地带。同样，各种庙宇殿堂都有中央庭院、门道、前室，以便防止从世俗到神圣世界的突然过渡。

⑤ 动词 *regenerate*（再生）应该从字面来理解。

⑥ 向教母与教父提出问题以及他们的回答，这最明显地揭示了仪式的最重要的目的；在此可以恰当地将东正教与斯拉夫的现代实践作一比较。由于篇幅所限，此处无法讨论基督世界以及半文明民族中由资助方所形成的在成人礼仪中的特别关系。

显然是神圣的礼仪，[①]将其聚合到共同信仰体的礼仪行为。只有在此礼之后，新信徒方可参加共餐。他们得到刚经过祝福的饮品——蜂蜜、水和牛奶的混合物。据杜克森，乌斯纳(Usener)牵强地将此饮品追溯到狄俄尼索斯，但是，我想指出，这也是给新生儿的饮品，无疑是在母奶下来之前一直做的。“再生”表现在所有新信徒手持点燃的蜡烛列队行进之后。“伟大之光”是希腊神秘礼仪的遗留，无疑代表着“死亡”在“真天”之光中获得诞生。

上述即为罗马天主教仪礼进程，同样的意义和进程也体现在
法国天主教仪礼中。然而，我们必须注意，所有这些浸礼仪式的系 136
统化是相当近期的，其早期的礼仪数量甚少，且较简单。不可知论的影响极大，并在不同程度上表现在符合过渡礼仪模式中的成人礼仪。[②] 早期基督教浸礼包括：1)斋戒；2)浸入圣水或洒圣水。此后，在不同时代和地区，各种仪礼细节(如净化、驱邪等)在当地信仰和习俗的影响下被加进去。

我们还可以轻易地从弥撒仪礼中看出分隔礼仪、边缘礼仪以及聚合礼仪的进程。其中，成人礼仪与弥撒的唯一的理论区分是前者定期更新，如印度徒供奉牺牲，或如一般的祭献，其目的是为了保证自然和人的活动顺利进行。

据信，皈依伊斯兰教要经过割礼和背诵经文。无论如何，详细
研究已表明，在不同穆斯林民族中的割礼及其变异礼仪，例如在小 137
亚细亚、高加索、中亚和印度，其仪礼发展都明显体现出在此所概

---

① 有关从人界到神界的过渡，见法内尔《宗教的进化》，第49页；雷纳克，《崇拜、神话与宗教》，I，第127页。

② 参见阿尔维拉，《有关伊鲁西斯的几个问题》，第145—146页。

括出的过渡礼仪模式之三阶段。

同样顺序也存在于从一宗教皈依到另一宗教的过程中，其分隔礼仪本身也是结合礼仪。[①] 如果是又回到原来的宗教，例如基督教的苦行仪礼，受礼者被视为是由于某种原因错失了加入礼仪、尔后又努力寻找回来的基督徒。宗教教导和考验被“禁欲”所取代——受礼者不可结婚，必须解除先前的婚约，辞去先前的职务，以及遵行饮食禁忌。总之，他与世俗世界的“分隔”比新信徒更加艰难。该边缘期的结束标志是主教将手放在他头上，他当众忏悔，然后必须守规或隐居于僧院。他向信仰共同体聚合的仪式包括训诫、“顺从”祷告，而在西班牙则是“纵容”仪式。[②]

138 至此，我们需回到有关加入宗教兄弟会的礼仪。因为有关进入佛教兄弟会仪式的记述非常丰富，[③]我在此便以锡克教派为例。[④] 经过祷告，一点儿糖水被供圣，再用小勺搅拌。然后一部分洒在新员的头上和眼睛上，他将剩下的喝下。之后他与同伴一起吃下一种圣饼。被吸收的新员要回答一些问题，无论他的真实民族是什么，

---

① 有关皈依伊斯兰教的仪式，见蒙泰(E. L. Montet)的文章，《宗教历史评论》，LIII(1906)，145—163，以及艾柏索德(Ebersold)的文章，《宗教历史评论》，LIV(1907)，第230—231页。

② 杜克森，《基督徒崇拜的起源》，第三版，第434—445页。

③ 奥尔顿伯格，《佛陀：其生活、教义与教区》(*Le Bouddah: Sa vie, sa doctrine, sa communauté*)(第二版；Paris: F. Alcan, 1902)，译自德文(*Buddha: Sein Leben, sine Lehre, seine Gemeinde*)(Berlin: W. Hertz, 1899)第二版；有关加入中国佛教的龙华教派的入会礼仪，见古鲁特，《中国的宗教宗派与宗教迫害》(*Sectarianism and Religious Persecution in China*)(Amsterdam: Johannes Muller, 1903)，I，第204—220页。

④ 欧曼(J. C. Oman)，《印度的崇拜、习俗与迷信》(*Cults, Customs, Superstitions of India*)(London: Unwin, 1908)，第95页。

他都要说是在帕特纳(Patna)生的，住在阿利瓦(Aliwalia)，那是宗师(Guru Govind Singh)的出生地和家，并说他是宗师的儿子。这个宗师是锡克十大神中最后一位。加入这个教派①的仪式要持续好几天。结束时，如果新员通过了对他的考验，他便被叫做“神人”(Guru)。他为神像洗大脚，与兄弟们分享蛋糕。还有诸如烧樟脑等行为。②

加入穆斯林兄弟会的礼仪在摩洛哥被称作乌力得(*ourid*)，聚合礼仪主要包括找到有水的地方，大喝一通水，或用嘴接水喝。如果是加入阿萨瓦教派，新员将口张大，仪式主持向他喉咙吐三口唾 139
沫；其他仪式都包括这个核心行为。③

据莱恩记录，“加入礼仪”(*ahd*)在开罗各地几乎一样；新员面向教主坐在地上，他们互握右手，伸起拇指，互相向下压，此时教主的长袖盖住他们的手；新员随教主重复特定次数圣言。之后，新员吻教主的手。这些礼仪与立婚约相同，所不同的是新郎的手和媒人的手是用手绢盖着的，所说的话具有法规作用，新郎只有在对方

---

① Śivanārāyanī 是一个彻马(Chamar)教派，属一神教，接受各个等级的人。其创始人据说是个婆罗门，但因为偶然被污染而失去其地位；正因为他的婆罗门起源，可以说他与后来追随他的人一样是好人(见柯鲁克，《典型的等级制与部落》)。——英译注

② 柯鲁克，《典型的等级制与部落》，第173—174页。Guru 一词的意思泛指巫师、神父或道德师长。需要说明，在印度没有等级化的神职人员制度。

③ 蒙泰(Edouard Louis Montet)，《摩洛哥伊斯兰教的兄弟会》(Les confréries religieuses de l'Islam marocain)，《宗教历史评论》，XLV(1902)，第11页；另见杜特，《马拉喀什》，第103页注释3。有关唾液为一种聚合礼仪，见哈特兰《波索斯传说》，II，第258—276页；但是，向某人吐唾沫有时是一种分隔礼仪(见纳叟，《西部非洲的拜物教》，第213页)或一种脱离某群体的礼仪[关于吉卜赛人，见《吉卜赛民俗研究会刊》(*Journal of the Gypsy-lore Society*)，N. S. II(1908)，No. 2，第185—190页]。

的社会地位比自己高时才吻对方的手。[①]

在罗马天主教皈依仪式中，总有一部分与罗马、法国天主教或
140 其他所定仪礼相符，其他部分则因不同教派而不同。所以，加入加
尔默罗会修道会（Carmélites）包括丧葬礼仪，以及随后的复活礼
仪。

圣女和神娼为了得到新地位，也必须遵行符合过渡礼仪模式
的仪式。依照罗马主教仪典书，为天主教贞女祝圣的礼仪进程如
下：[②]1）童贞女们穿着新信徒的衣袍被带进来，“没有面纱、裙子或
帽兜”。2）她们点燃蜡烛，双双跪下。3）主教对她们说三次，“来
吧”，她们便三次向他接近。4）她们站起来，围一圈，逐个走向主教
发誓保持童贞圣洁。5）主教问她们是否愿意“接受祝福、供奉，作
为主耶稣基督的配偶与他结合”，她们回答“我们愿意”。6）主教唱
“圣灵创造贞女”的圣歌。7）为她们将要穿的服装祝福。8）他为面
纱祈祷，[③]然后是戒指和头冠。9）贞女们唱道：“我已摆脱世俗的一
141 切诱惑，我心不再空闲，因为我将伺服我王，我已见到我王”。10）主
教祈祷，然后吟诵“教义真经”；他换戴他的主教冠，道，“来吧，敬爱
的灵魂，你离我的王位不远；王已寻求与你的结合”。11）她们两两

① 林恩（E. W. Lane），《现代埃及的礼节与习俗》（*Manners and Customs of the Modern Egyptians, 1833—1835*）（London: Nelson, 1895），第 252—253、174—175 页。

② 米内（Migne），《神学百科全书》（*Encyclopédie théologique*）（Paris: Ateliers Catholiques de Petit-Montrogue, 1845），Vol. XVII；波瓦松内（Abbé V. D. Boissonmet），《仪式与神圣礼仪词典》（*Dictionnaire alphabético-méthodique des cérémonies et des rites sacrés*），《神学百科全书》第 XV—XVII 卷，Vol. III（1847），第 539—563 页。

③ 不存在有关这些礼仪的古代记录；总之，这种面罩与取代早期基督教婚礼中用羊皮罩住新郎新娘的面罩没有关系。

上前跪下，主教将面纱为每个贞女罩上，让面纱盖住肩膀，前胸，再向前拉过头至眼睛，并说，“接受这圣纱，它证明你已与俗世隔离……你已成为……耶稣基督的配偶”。12)待所有贞女都得到面纱，主教提醒她们，“来庆祝你们的婚礼吧，等等”，并将戒指戴在右手第三个手指，说，“我与你结合，等等”。13)对头冠也有同样的仪式。14)另有经文吟唱、祷告、唱圣歌、共餐、祝福等；如在修女院，她们要按照典仪所定时刻，在教堂宣颂，作为馈赠祈祷书仪礼。15)最后，被祝圣的贞女被送到修女院。所表达的意义包括与世俗世界的分隔、更换衣服、戴面纱，以及通过与耶稣基督的结合向神圣世界的聚合。戒指和头冠也是世俗结婚仪式的器物。需要指出，此处的分隔礼仪也标志着（新员）边缘礼仪的结束，其特征是半隔离，而完全隔离是在祝圣之后，而且，新员与祝圣仪式都伴随着与世俗世界的身体上的分隔（修道院、围圈等）。

对于古代神娼的祝圣仪礼我们所知甚少，[①]我在此仅以几个 142
印度教中的礼仪为例证。[②] 在科恩巴拖（Coimbatore）的卡洛兰（Kailôlan）乐师等级制中，每家至少有一个女儿必须献给庙寺做舞女、乐手或神娼。她首先经历的仪式系列等同于订婚礼；第二系列则等同于结婚礼。之后，她的舅舅将一金环戴在她额头上，在众人面前将她放在一块木板上。在第一次性交时，先在两人之间将一把剑放一会儿——印度常见的结婚礼仪行为。简言之，为神祇

---

① 在此，我将不讨论当代的神娼制（Mylitta，Heliopolis，Anaitis）；见哈特兰，《有关米利达神庙的礼仪》，第189—202页。

② 瑟斯顿（E. Thurston），《印度南方民族志笔记》（*Ethnographic Notes in Souther India*）（Madras：Government Press，1906），第29—30页。

祝圣的仪式只与普通婚礼有些细节上的小差异。这样的礼仪顺序也体现在卡洛兰这个编织社会中的地位变化。在贝拉利地区为神娼(Basavi)祝圣的仪式中,代表缺席的新郎的剑放在新人的座位边。她用右手握剑。经过一系列礼仪后,她起身,将剑放在神龛里。如果她是圣舞女,新郎则由鼓代表,她在鼓前鞠躬。神娼通过
143 咒符和文身被约束于特定神祇。[①]

讨论成人礼仪,必须也考虑到阶层、等级与职业。即使在等级身份和社会阶层为世袭的社会,如某些图腾群体和巫术-宗教群体,新生的孩子也很少被视为具有"完全"的成员身份。在不同民族中,他必须在一定年龄通过仪式被聚合到该群体。这样的仪式与目前我们所考虑的仪式不同。先前的仪式中的巫术-宗教因素较弱,而政治-法律和一般社会性因素较重要。在(加拿大)不列颠哥伦比亚的撒利希部落的勒库亘人(Lekugnen)中[②]有四个等级:酋长(世袭)、贵族(世袭)、平民和奴隶。每个等级内部通婚,遵行严格的日常礼节(如饭桌的放置)。某等级内成员的身份通过名字表现出来。因此,总是在生理成熟期之后有命名仪式。父亲操办盛大酒宴,待客人到齐后,他领着儿子与长老们一起走到屋顶上(屋子是半地下窑洞),然后唱本家族歌,跳本家族舞。之后是以祖
144 先之名的发放礼物。父亲请四十个贵族为证人。两个年长的酋长上前,年轻人站在他们之间,最老的大声说出那个父亲希望为儿子

① 瑟斯顿(E. Thurston),《印度南方民族志笔记》(*Ethnographic Notes in Souther India*)(Madras: Government Press, 1906),第 40 页,另见第 41 页。

② 见杜德,《有关不列颠哥伦比亚的温哥华岛东南部落的民族志报告》,第 308—310 页。

得到的祖先的头衔和名字，其祖先通常是祖父。如果父母接受，便拍手或大喊。之后，再次向客人发放礼物。如果父亲富裕，也向来看热闹的平民发放礼物。然后是共餐。从此，年轻人便只使用那个在仪式上得到的名字。这些仪式表现出半文明的社会形式。对此，已有详细论述。例如，在中世纪欧洲（比较骑士的战斗前夕以及新信徒仪式）与日本。其外表徽章也涂在武器套上，这无异于图腾群体使用图腾，也等同于某年龄群体和秘密社会的牺牲物和文身标志。附加武器套，如同其图腾标志，显然是聚合礼仪，犹如神秘礼仪中的"画记号"。该礼仪只因民族和特定群体性质而在表现形式上有差异。[1]

在某等级中的成员身份原则上是世袭的，但也是职业性的，每 145
个人都有被指定的角色。[2] 因此，向某等级的聚合只在特殊条件下才有可能：1）孩子通过仪式被聚合，这些仪式属于第五章所讨论的儿童礼仪类别。当然，礼仪所用某特定职业工具扮演重要角色；这不同于无等级社会中的感应礼仪，而是真正的聚合礼仪，将某个体真实地置于某特定集体。2）尽管某个体不能从较低等级升到较高等级，但可以反方向变动。这种情况下，聚合礼仪或是明显简单化，或表现出一个转折，因为所重视的是该低等级，而不是进入该等级的个体。此外，在印度有些等级属于部落性的，其聚合礼仪似

---

① 这一思想我将在正在写作中的《盔甲符咒的出现》（Débuts du blason）中进一步讨论；同时可见我的《财产标志的徽标化》（Héraldisation de la marque de propriété），《徽标评论》（*Revue héraldique*）（Paris，1906）。

② 有关等级制理论，见布格雷（C. Bouglé），《论等级制统治》（*Essais sur le régime des castes*）（Paris：F. Alcan，1908）。

乎不强调等级基础的经济价值，而只是具有在印度各地都有的向某氏族或部落聚合陌生人仪式的特征。[①] 3)分隔礼仪在此有重要
146 角色，尽管可能缺少有意识和自愿因素。每个等级以文身图案区分于其他各等级；触摸下等级人、吃他的饭、在他的床上躺下或进入他的房屋，可以使该成员自动失去原来的等级身份。这种情况下，如在孟加拉，[②]被排除的个体变成穆斯林，因为在理论和实践上，印度一些地方的伊斯兰教徒不接受等级制的组织结构。各个等级的成员都可以加入佛教的兄弟会或“教派”，[③]如雅利安社(Aryasam-adj[④] 或 Sinârâyani)，他们在不同程度上接纳印度教、婆罗门教、佛教和伊斯兰教。

过去在欧洲，加入某行业需要经过特别仪式。其中至少部分仪式具有宗教性质，特别是某行业与某种宗教兄弟会重合。即使那样，学徒期并不代表与先前环境的分隔，而是在聚合礼仪(共餐
147 等)时结束。据说行业的加入有着严格规定。然而，我们不应断然

① 有关这种案例(共餐、特别聚合礼仪)，见瑞斯利(H. H. Risley)，《孟加拉的部落与等级制》(*The Tribes and Castes of Bengal*)(Calcutta: Bengal Secretariat Press, 1891)，II，第 40—49 页 等。需要指出，向某等级的聚合也可以通过结婚完成。在尼格利希尔斯(Nilgiri Hills)部落，女孩通过婚姻改变等级；其改变通过一种叫做“有部落隔离”的仪式得到再现。部落中的女人准备饭请未来的妻子，由此将她从先前的等级隔离开，再将她吸收到新的等级。

② 见范热内普，《为何孟加拉人成为穆斯林》(Pourquoi on se fait musulman au Bengale)，《思想评论》(*Revue des idées*)的“笔记”栏，1908 年 12 月 15 日，第 549—551 页。

③ 此处的“佛教”应为“印度教”。——译者

④ Arya Samaj 是一个教派，始于 1860，只承认《吠陀》是唯一的经文，认为上帝、圣灵与实物是三个永恒物质。其成员拥护对等级制度和儿童婚姻的改革。——英译注

以为现在加入职业或行业的障碍，以及职业及行业之间的障碍已经消失。无疑，现在没有什么仪礼性阻碍，但仍有可讨论之内容，因为新形式所适应的趋势也体现出过渡礼仪，尽管是基于不同前提。所以，下手（如铁匠和木匠的下手）可能终生是下手，无论其个人能力如何；如果不在特别情况下（有时是通过婚姻），他无法获得完全的身份（成为铁匠或木匠）。在美国，也表现出这种趋势的一种特别形式。例如，在瓦匠的下手与瓦匠之间的争斗就体现在瓦匠不许下手使用他的工具（泥铲等）[①]。正如考纳利森所示，级别之区分不在于能力（如力气、技术），而在于一种传统势力，即个体只可在起步的本行业内晋升；[②]如果一个人起步是瓦匠学徒的下手或瓦匠学徒，他终生便在此级别。但是，在这些下手群体或流动群体中，从一类别到另一类别的过渡相当简单，如从瓦匠的下手到石 148
匠的下手、从粗木工到细木工。此外，如考虑到各级别的工资和其他因素，便可以明显看出该职业的最高和最低限，由此再看出其行业内所存在的边缘（*marge*），即他在特定国家、特定时间、特定职业得到满意职位前必须度过的阶段。[③]

婆罗门等级中的“二次生”例证了等级与巫术-神圣职业之间的过渡。“二次生”一词明确表现出过渡礼仪的真正角色：一个婆罗门，生下来便属于该等级，但需经过童年礼仪被聚合进该

---

① 《美国劳工局简报》，XIII(1906)，No. 67，第746—747页。

② 考纳利森（Christian Cornélissen），《报酬与有偿工作理论》（*Théorie du salaire et du travail salarié*）(Paris: Giordet Brière, 1908)，第173—201页。

③ 考纳利森（Christian Cornélissen），《报酬与有偿工作理论》，第658页。

群体，之后经过加入礼仪，重演在先前世界的死亡与在新世界的诞生，由此赋予他力量使他从事将是他特定职业的巫术宗教活动。因为婆罗门是世袭门第的，所以不能从天主教意义来看其神职授予礼仪，但是，无论波戈尔如何看待此问题，新信徒和加
149 入礼仪都是必要的，特别是因为印度教仪礼中的“正确诵经”的要求和重要性。虽然一个婆罗门生下是婆罗门，但是他必须去学会婆罗门的举止。[①] 换言之，在婆罗门世袭的神圣世界中，有三个阶段：阈限前阶段持续到开始有老师；阈限期（新员）；阈限后期（成为导师）。一个婆罗门所经历的过渡阶段与半文明国王之子是同样的，因为两者的整个发展过程都是在神圣世界之内，而一个非婆罗门或一个非洲人则被限定在世俗世界，除非在特别时期（成人礼仪或祭献等）。

婆罗门仪式包括如下进程：削发、沐浴、更衣、导师以童心训导、改名、拍手——成为该儿童仪礼死亡的极点。[②] 当孩子成为婆罗门新员时，他受到各种禁忌制约，要学习经文、礼仪规矩和举止。他与导师的结合是通过一个结婚仪式；导师在将手放在孩子肩膀上时“受孕”，并在三天后，当吟诵祷文时，[③]那个孩子正式诞生。据其他经文，婆罗门“在祭品转向他时得到诞生”。所以，与先前在

---

① 伯诺夫（Émile-Louis Burnouf），《论吠陀》（*Essai sur le Véda*）（Paris：Dezobry F. Tandou & Co.，1863），第 283—285 页，以及布格雷，《论等级制统治》，第 73—76、77 页。我的阐释以及伯诺夫与奥尔顿伯格的观点。

② 奥尔顿伯格，《吠陀宗教》，1903，第 399—402 页。

③ 这篇祷文，Gayatri，由导师在仪式中教给婆罗门［见史蒂文森（Margaret Stevenson），《二次诞生之礼仪》（*The Rites of the Twice Born*）（London；New York：Oxford University Press，1920），第 34—35 页］。——英译注

澳大利亚、刚果等地所见成人礼仪相反，新员的死亡并非延至整个
新员期。婆罗门的新员期在经文上没有明确。在“回归”仪式之 150
后，新员摘下新员期标志（带子、棍子、羚羊皮），将其投入水中，之后洗浴，穿上新衣服。[①] 新员通过与边缘期的分隔礼仪后便被聚合到神圣社会。

有关罗马天主教和正统天主教神父的边缘期与神职授予仪式，我不必在此强调，因为其中也体现出分隔、边缘、聚合之过渡礼仪系列，但又独具系统性。[②] “削发剃度”是主要礼仪，因为这是永久象征，它同时既是分隔礼仪又是聚合礼仪。当某人被任命为神父之后，他必须主持做第一次弥撒，其仪礼行为有时与结婚礼形式相同。通常，该礼也与当地的一个婚礼合并，如在特利奥（Tyrol）某些地区：[③]教会将一个女孩人格化，这个女孩常是八至十二岁，
神父的妹妹或近亲。如同正常娶新娘，她要被试图“偷走”，即在第 151
一次弥撒之后，她被带到不举行婚礼早餐的客栈；开枪、放鞭炮、唱婚礼歌，有些行为具有性结合性质。共餐时，神父或副主祭及其助手在场，他们也是神父的亲戚，其目的是控制场面不致过于激动。事实上，有些教区从教规上已取消有关习俗，尽管在有些地区仍保留着，如（奥地利）萨尔斯堡。

① 史蒂文森，《二次诞生之礼仪》，第 350 页。有关细节，见亨利，《古代印度巫术》，第 84—85 页。

② 波瓦松内，《仪式与神圣礼仪词典》，第 985—1032、1032—1043 页：“普通神职授予”对应于割礼、婚礼等多重历时性礼仪。有关等级与古代仪礼（罗马、法国天主教以及东方的），见杜克森，《基督徒崇拜的起源》，第 344—378 页。

③ 科尔（F. Kohl），《蒂罗尔州的农民婚礼》（*Die tiroler Bauernhochzeit*），《德国民俗起源研究》（*Quellen und Forschungen zur deutches Volkskunde*）（Vienna，1908），III，第 275—281 页。

我认为，当今没有什么别的群体还如住在巴格达附近的苏巴或萨比教徒那样保留着明显圣洁与不圣洁之区分界限。浸洗礼在从一天界升到另一天界中扮演重要角色，也同样对每个新员、副主祭、神父和主教之一生起着重要作用。一个新员必须是神父或主教的合法儿子。他必须身体健康，无先天缺陷。如果经过检验合格，他便得到特别的洗礼，从七岁到十九岁学习教义，之后成为副主祭。担任副主祭六个月或一年后，如果教区人愿意，他可以接受神职授予成为神父。他被限定在一个特定木屋，在七天七夜内，他不能身上沾土，也不能睡觉。每天要更换衣服，必须施舍。“第八天，需为他举行葬礼，因为他被认为已经死去。之后，他在四位神父的陪伴下来到河边，在那里接受浸礼”。此后的六十天，他自己
152 每天洗浴三次，如果某夜有遗精，那一天不算在六十天内。他的母亲或妻子有经血的日子也不算在六十天内。因此，有时要经过四五个月才积累六十个不受污染的日子。期间，他要遵行饮食禁忌，要施舍。神父的特别作用是施行浸礼；主教的责任则是主持婚礼。当神父们选出一位主教时，这位主教必须禁欲两个月。他也得到浸礼；当众讲经，并必须在一位“好萨比教徒”临终时在场，后者被赋予向阿瓦特尔(Avather)神传送信息的责任(此礼仪必不可少)。三天后，他必须为死去之人祈祷。他也在一位神父的婚礼上扮演赐福的角色(此礼仪亦必不可少)。他需经历的最后礼仪是他为所有其他神父施行的浸礼。[①]

通过以下有关巫师的加入礼仪，我们来探讨另外一类具有混

① 苏菲，《苏巴人的宗教研究：教义与死亡》，第66—72页。

合性质的礼仪现象。排除巫师形成特定级别或等级的情况，如在北美西部某些地区，巫师们不经历那些使他们与特定人群结合之礼仪，而是必须被聚合到神圣世界，亦必须借助过渡礼仪发挥作用。

有关澳大利亚巫师活动，读者可参阅莫斯的专著。[①] 从中我
们可知，巫师改变个性，有时刺激死亡与最后的复活（切除器官、梦 153
游另外世界等）。乌拉尔-阿尔泰的萨满：[②]1）年轻时神经质且情绪易躁；2）被神灵多次附体（幻觉、病态恐惧、癫痫、恍惚、昏厥等），故有暂时死亡之意义；3）他避居于森林、荒野、寒漠等，经受贫困所带来的心理和神经后果；4）具有人形或动物形的神灵，邪恶或具有保护力的，单一或众多的，越来越频繁地出现，传授他职业实质；5）或者萨满死亡，其灵魂升至神灵或亡者之界，在那儿，他学会秘技或获得必要知识，以战胜邪恶精灵，得到善良神灵的帮助；6）随后萨满返回生命，获得新生，回到家里，再游走于乡间邻里等。萨满所具有的重要但不独特的事实是，在所有萨满仪式中，不断重复系列的昏厥、死亡、灵魂升入神圣世界、返回、将从神圣世界所获
得的知识用于特定场合（疾病等）。这完全对等于经典祭祀。 154

加勒比的皮埃人（Piaye）的加入仪式如下：1）新员与一位“长者”住在一起，有时长至十年，而且，此后的二十五至三十年中，他

① 莫斯（Marcel Mauss），《澳大利亚社会中巫术力量的起源》（*L'origine des pouvoirs magiques dan les sociétés australiennes*）（Paris：Imprimerie Nationale，1904）。

② 此模式也是目前正在写作中的一部著作中的若干章节的核心思想，《北欧与北亚的萨满教》（*Le shamanisme chez les populations de l'Europe et de l'Asie septentrionale*），特别是基于俄国、芬兰和匈牙利的记录。显然，这些民族之间的差异是相当大的。

要不断经受考验，如延长的戒斋期；2）年长的皮埃成员将自己隔离在茅屋里，鞭打新员，使其跳舞，直至昏倒；3）新员被洒黑蚁血，并被迫喝烟叶汁而“发疯”；4）他要戒斋三年，逐渐减轻压力，时常吸食烟叶汁。[①] 这个礼仪进程的内在意义在斯坦恩的描述中已揭示：1）新员精疲力竭，进入不正常的极度敏感状态；2）他陷入沉睡，进入死亡；3）他的灵魂升天，然后再返回；4）他醒来，成为皮埃。[②] 在（德属东非坦桑尼亚）坦噶尼喀的巴隆迪人（Warundi）中，有三种方式成为科兰喀（*kiranga*，神父-巫师-巫婆）：[③]1）世袭与神职授予——母亲或父亲在死前将其角色传给长子或长女，给他或她一把神矛；2）被雷击；3）被神灵突然召唤：“在矛枪仪式中”，一个男孩
155 或女孩突然站起，站在正式的继承人对面或神矛前，向科兰喀鞠躬，盯着他，全神贯注，直至颤抖，最后昏倒，犹如死去……昏倒的人被放在一张席子上，小心地抬到家里，一直睡三四天。醒来后，他或她便成为神圣的神父或女祭司——某神的配偶。邻居们被邀请，举行“矛枪仪式”；新的科兰喀便首次施礼。此礼中，有催眠、死亡、边缘以及复活。休伯特与莫斯正确指出，“暂时死亡的思想是巫术与宗教加入礼仪的普遍主题”。[④] 他们引用了爱斯基摩、柬埔寨、希腊、印度尼西亚、美拉尼西亚以及北美的例证。需要强调的

① 拉斐陶，《美洲野蛮人的死亡与人类早期的死亡比较》，I，第 330—334 页；见下面讨论（Moxos 等）。

② 斯坦恩（K. von den Steinen），《巴西中部的初民》（*Unter den Naturvölkern zentral Brasiliens*）（第二版，Berlin：D. Reimer，1897），第 297—298、300—301 页。

③ 德伯特，《法属基隆迪事典》，第 10 页（见民族志补充材料）。

④ 休伯特与莫斯（Hubert and Mauss），《巫术理论概述》（*Esquisse d'une théorie générale de la magic*），第 37—39 页。

重要观点是，在这些仪式细节中，体现出一种与许多其他从一状态到另一状态过渡的相同模式。

以上所论有关神父与巫师的一切同样适于酋长与国王，其神圣性与天意已被弗雷泽明确指出。[①] 继承王位仪式[②]与神职授予， 156
无论是细节还是进程，均极相似。两种情况需要考虑：继位者或是于在位者生前，或是于其死后加冕。有时，继位者只有将在位者致死后，才有机会经过特别礼仪而获得王位。正如在成人礼仪和神职授予礼仪中，此礼必然有递给和接受神器或圣物的动作。这些圣物可能是"王袍"、鼓、权杖、王冠、"祖先遗物"[③]以及特殊座位。它们既是象征，也是对王位之巫术-宗教力量的接受。

此处出现了与新员加入仪式相同之边缘期，其形式是准备和回避，同时伴有各种禁忌和特别规矩，有时从儿童期便开始。另外一个边缘期重合于在位者的死亡与继位者加冕期之间。其标志是所有人的社会生活都被暂停，犹如新员的加入。有关此阶段的细节稍后再论。

通过仔细研究细节，便可明显看出我所提出之过渡礼仪模式也同样适于分析加冕仪式。[④] 在此，仅举两例：古代埃及法老加冕 157
和尼日尔盆地地区哈贝的訇龚（*hogon*）。授权或暂时转让权力仪式等也同样属于此类范畴。其进程也要经历与先前世界的分隔，

① 弗雷泽，《金枝》，《关于王权的早期历史的演讲》。

② 我认为"王位"比"王冠"更合适，因为特别的座位比王冠更具有皇权的象征。

③ 范热内普，《马达加斯加之禁忌与图腾》，第115—117页；有关服装座位王权的象征，见弗雷泽《关于王权的早期历史的演讲》，第120—124页。

④ 较详尽的有关礼仪的描述，见帕塔斯（Jean B. Pattas），《路易十六的圣器与加冕》（*Le sacre et couronnement de Louis XVI*）（Paris：Vente，1775）。

或长或短地经过边缘期，再聚合到新的、原本是神圣的环境。

以下是依据莫莱特的精彩专著所记录的法老加冕礼仪进程。① 未来的法老生下即为神，②但是，在他出生至加冕之间，他显然是失去了应有的神圣性，因为第一个礼仪的性质是使他“圣洁”。他被聚合到神圣世界，并被重新与神们认同。在其中一个礼仪，他被一女神喂奶。在位之王向他呈现其臣民，将他抱在怀里，作出赋予他生命之气的动作。随后的礼仪中，他得到神圣、天意和王室名字，那些呈献“颂扬”之名与法老年号者随即被大声斥责，并跳着退下（可能具有仪礼性质）。这些名字的王权性被公布，昭示天下。
158 新承位之王“接受圣地首领之王冠”，即神之王冠，并放在一块神圣的头巾上。同时，他也得到其他圣器（王袍、王鞭、王杖等）。之后是通过女神的“两地结合”之礼仪（两地指南北埃及）。女神将其化作新的法老。新王通过环绕宫殿而拥有王权，此“绕墙”行为如同亡者通过“拥有”（太阳神）赫拉斯（Horus）与（兽首人身神）赛特（Sit）之住地而成为神一样。新王之后便行进至神殿；神拥抱他，“赐他生命之气”，确认他头上的王冠。这是祝圣礼仪最后一步，等同于名字与王位的文字认可。这些礼仪始于远古，持续至波托雷米时代（Ptolémées），且在某种程度上传至埃塞俄比亚。整个礼仪

① 莫莱特（Alexandre Moret），《法老贵族的宗教特色》（*Du caractère religieux de la royauté pharaonique*）（Paris：E. Leroux，1903），第 75—113 页；有关此系列礼仪以及庙宇开光仪式细节，见莫莱特，《埃及的每日神圣崇拜仪式》（*Le rituel de culte divin journalier en Egypte*）（Paris：E. Leroux，1902），第 10—15 页；另见第 25—26 页注释 1、第 101、29—32 页，文中的四张图片对应于礼仪的四个阶段。

② 有关神谱，见莫莱特，《法老贵族的宗教特色》，第 49—52、59—73 页。有关神圣哺乳，另见第 63—65 页。

包括到各圣地之朝觐、国王举办的平民庆祝会、施舍、庙宇修缮等活动。所以，仪式在舞台上重复，始于与先前俗世的分隔，持续至聚合入神圣世界，最终以国王拥有神性与现世疆域之礼仪结束。目前尚无有关边缘礼仪之记录。

尼日尔的哈贝地区是由一位甸龚统治。甸龚同时具有政治、 159
法律和宗教权威。他之为主祭司，无异于被选为王。他的衣袍披戴也是他所居住之庙寺之圣物，包括镶嵌珍珠的项链、右腿上的铁镯、右耳上的铜耳环、右手中指上的银戒指（后两件无疑是与神祇结合的标志），特别是王杖与衣物等。他不能被触摸。加冕之前的名字不许被使用。只能用古代方言与他通话，并必须献给他第一批果实。他则必须遵行饮食禁忌。每个部落或氏族都有一个甸龚和一个大甸龚。当某部落或氏族的甸龚加冕时，他得到该地位之王杖，被送到他将居住的庙寺。当大甸龚逝去，要有三年的空位期。期间，他的死讯不得公布。空位期结束时，宣布他的死亡、昭示神灵、公众举行酒宴跳舞、长老会选出新的甸龚，并向他敬献王杖。“在一群贵族和跳着舞的年轻人伴随下，新甸龚来到神殿——一座装饰华丽的木房，也是他此后的住处。这段步行也被视为为甸龚送葬，因为，从他走进神殿，拥有‘结合之象征’时起，该神祇的仆人，祭司，便被视为死于他的家”。[①]

① 迪斯普拉奈（Augustin-Marie L. Desplagnes），《尼日利亚中部平原》（*Le plateau central nigérien*）（Paris：Imprimerie Nationale，1907），第 321—328 页；在巴拉撒那平原的一个部落，其仪式多少有些不同，包括一个拒绝礼仪，有关内容，见范热内普，《宗教，死亡与传说》（*Religions，mœurs et legends*）（Paris：Société du Mercure de France，1908—1914），第 137—154 页。其中的甸龚就其先前环境而言也被认为是死亡了。

160 与加入礼仪相反的是废黜、开除、革出教会等礼仪，实质上是分隔礼仪与定罪礼仪。这些在罗马天主教教堂相当普遍。正如史密斯所认为的[①]，祝圣与革出教会是基于同一原理，即将某物或某人另外对待。所以，在这两种情况下，某些礼仪完全行为相同。

我对各种礼仪的归类研究不是基于偶然因素，而是基于对标志每个礼仪的根本因素的区分。有一点很明确，我对舒尔茨或韦伯斯特的分类与理论均不接受。特别是韦伯斯特，他所认为的退化变质则是我所认为的生命初始形式。至于舒尔茨，他看到加入图腾氏族、兄弟会、秘密社会以及年龄群体等礼仪之惊人相似，便
161 由此推论出这些机制的同一性。[②] 其实，还需继续沿着这个方向研究。为此，本书之目的便是展示：这些例子，同许多事例一样，涉及一个明确界定的礼仪分类，其中礼仪彼此相似是因为它们具有相同目的，这样读者会理解我为何认为舒尔茨之理论不可接受。[③]

作为新员期间，平常的经济和法律关系得到修正，有时是彻底断裂。新员处于社会之外，社会对他无力可施，特别是因为他们实际上是神圣的，也因此不可触摸，具有危险，犹如神灵一样。所以，尽管作为被动礼仪的禁忌在新员与社会之间竖起一道障碍，社会也对新员行为无法防范。这便是对此事实的世界上最简单的解释。对此事实，许多观察者在诸多民族中已注意到，但始终对其无

① 史密斯，《闪光特人宗教研究讲座》，第118—119页。

② 舒尔茨，《年龄段与兄弟会》，第392页。

③ 弗雷泽的理论（《金枝》，第344页）得到休伯特与莫斯的发展（《论祭祀的本质与功用》，第90页），但也不可接受，因为太狭隘了。他认为，成人礼仪的目的是将灵魂引入身体。倘若如此，人们应该发现另外一整系列的改变灵魂的特别礼仪，类似于某些巫医仪式。

法理解。新员期,年轻人可以为所欲为地偷窃和掠夺,以社区的代
价来满足自己吃喝与装饰的欲望。在此,两个例证便足以说明这
一点。在利比里亚,当年轻人接受有关本族的法律和政治习俗教
导时,“偷窃似乎不被视为新员的过失行为,因为,在他们导师的引 162
导下,他们在夜间对邻村袭击,用欺骗或暴力,偷走任何有用的东
西(米、香蕉、母鸡及其他物品),带到他们神圣的森林中”,尽管他
们有另外的植物园为他们提供必要食物。[①] 在瞳斯马克-阿契皮
拉戈也有相似“达克-达克”成员的行为,相邻两村的成员举行成人
礼仪期间,他们到房子或园林偷窃和掠夺想要的东西,但必须小心
不去触动同一秘密社会成员的物品。[②] 事实上,这些不正常行为
都通过当地货币支付了,如在美拉尼西亚。

此外,所论现象之普遍性也已广为人知。[③] 如果想到社会生
活的暂停也标志着空位期和葬礼初期与末期之间的边缘期,以上
所引例子中的动力性便容易理解了。边缘期的实质至少部分地解 163
释了为什么某些民族(如澳大利亚)允许在订婚初期与结婚前之间
有性结合行为,相关的女人被特定男人占用。正常生活规则之暂
停并非总是带来如此过激行为,但此暂停的确构成该边缘期之核
心因素。

① 布蒂克弗,《利比里亚游记》,II,1890,第 305—306 页。

② 帕金森,《南海三十年记》,第 609—610 页。

③ 在法属西非,成人的标志是割礼,新员的偷窃权利从伤口开始愈合到完全愈合,约三个星期。见拉斯奈,《塞内加尔使命》,第 50 页(Fulah)、第 65 页(Lobi)、第 77 页(Tukulörs)、第 89 页(Malinké)、第 101 页(Soninke)、第 127 页(Khasonke)、第 145 页(Serers)等。

第七章　订婚与结婚

处于边缘期之订婚；构成订婚与结婚仪式之礼仪种类；婚姻之社会与经济特征；处于多妻婚与多夫婚之边缘；分隔礼仪：视为掠夺婚或强奸婚之礼仪；特定性交团结礼仪；基于父母之团结礼仪；本地团结礼仪；分隔礼仪；聚合礼仪；边缘期之长度及其意义；集体婚礼；结婚仪式、收养仪式、加冕仪式及成人仪式之相似；离婚礼仪

118 165　本章所论主题已有极丰富的资料搜集。然而，解释性（explicative）专著缺乏，而阐释（interprétation）结论则五花八门。在订婚与结婚礼中，过渡礼仪模式再次出现，故对其进程秩序的研究尤为必要。然而，理论家们一直只考虑礼仪的某些孤立部分，而未将整个仪式相互比较，因此，得出狭隘且繁杂的阐释。

166　上一章所论礼仪描述了儿童如何进入生理成熟（青春）期和社会成熟期。此后便是身体和心理之成熟，最明显的表现即为家庭之建立。结婚成为从一社会地位到另一社会地位的最重要过渡，因为至少婚姻一方需转换家庭、家族、村落或部落，有时新婚双方还需要建立新居处。居处变化以分隔礼仪的仪式活动为标示，总是集中表现在地域之过渡。

不仅如此，因这种社会性结合之双方所牵涉成员的数量及其

重要性，此类过渡的周期自然需要格外注意。此周期通常被称为“订婚”。[①] 在多数民族中，订婚构成结婚仪式中特别和有自主性的一部分，包括分隔礼仪与边缘礼仪，并以聚合入新环境礼仪或与自主性过渡周期分隔之礼仪而结束。此后便为结婚礼仪，主要以永久聚合入新环境的礼仪组成，但也通常包括个体结合礼仪，尽管后者初看起来不经常发生。故此，过渡礼仪模式在此比上章所论 167
之成人礼仪更为复杂。

以下描述不仅展示此系列礼仪之动力性，而且也说明此礼与其他种类仪式之平行性。显然，婚姻实质上是社会行为，而克劳利的有关个体性与感染理论之论述皆为无的放矢。[②]

某些结婚礼仪可依据第一章所列有关怀孕与出生等礼仪来分类。结婚仪式也包括防御性和生殖性礼仪，或是感应性，或是感染性，或是泛灵性，或是动力性，或是直接性，或是间接性，或是主动性，或是被动性（禁忌）。时至今日，礼仪的这个方面得到最多的研究，[③]且因为此方面所受注意甚多，竟使人以为结婚仪式就是为了

① 有关订婚的仪式与法律角度的研究，我最熟悉的是克尔索（R. Corso），《大众订婚利用》（Gli sponsali popolari），《民族学与社会学研究评论》，1908 年 11—12 月。然而，我不同意他的这个观点：礼仪（如接吻、礼物、面罩、花束、束腰、拉手、戴戒指、连系鞋、交换面包、水果和酒等、肩并肩躺在床上等）只有象征价值。它们具有实体的联系作用。

② 见克劳利，《神秘玫瑰》，第 321、350 页等。哈德兰对聚合礼仪的集体性有正确的理解；其他多数理论家们抛弃了对仪式的系统性研究，特别是对订婚礼。

③ 一般理论家们的态度都明确地反映在柯鲁克[《印度北方的土著人：不列颠帝国的土著种族》（*The Natives of Northern India: Native Races of the British Empire*）（London: A. Constable, 1907），第 206 页]的表述中：“正如我们所见，婚姻试图联系的是在禁忌影响下的双方，其礼仪目的是避开危险，特别是那些可能影响生育的危险。”基于本书第一章所论，我需要指出，“禁忌”不可能是“危险”，而正如若干例子所表明的，是防御危险的一种方法。

预防疾病、净化以及生殖等的礼仪。对如此简单化结论有必要提
168 出反对意见，因为，对任何仔细读过有关任何文明或半文明社会（无论是欧洲、非洲、亚洲或大洋洲，古代或现代）结婚仪式描述的人而言，其狭隘性不言而喻。

因为对上述礼仪已有足够研究，我便不在此赘述。倘若本书显得我将主要精力集中于分隔礼仪和聚合礼仪，其实这并不意味它们包含结婚仪式的所有组成部分。有必要指出，防御礼仪和生殖礼仪实际上是有些无意地被加入过渡礼仪中的。当比较不同人对同一民族结婚仪式之不同描述时，过渡礼仪模式体现得十分连贯一致。观察者们所分歧的多是在防御性和生殖性礼仪的日期、地点及细节上。还需说明，对每个礼仪都作出恰当阐释是很难的。本章结论所提出的两个概括应该被视为极不完整的。读者会注意到，我分别拒绝和接受了几个不同的有关礼仪的阐释，尽管只是泛泛而言，而不是针对每个礼仪中每个特别行为的阐释。若将我所搜集的例证全部举出，本章将会成为一本专著。

169 礼仪及其有关人与物品之复杂性依其所要形成之家庭不同而有所不同，[①]但是，除“共同法婚姻”外，总有各种各样群体对两个体之结合感兴趣。其集体性表现在：1）两个性别群体，有时通过伴郎和伴娘，或是男性亲属与女性亲属来表达；2）父系或母系后裔群

① 托马斯（Thomas）如此分类（《澳大利亚的血缘组织与群婚》，第104—109页）：A. 混交：1. 不规律的：(*a*)主要的，(*b*)次要的；2. 规律的：(*a*)主要的，(*b*)次要的。B. 婚姻：3. 多夫多妻婚，主要的或次要的；(*a*)简单的，(*b*)多方的（兄弟婚）：(i)单边的，(ii)双边的；4. 多夫婚；5. 多妻婚（属于同类的但总是单边的）；6. 一夫一妻婚：有三种形式：从妻居、从夫居、两地居。此外，托马斯注意到“自由结合”。这种形式不拘束于婚姻权利，但不被视为永久的和“联姻的”，或是彼此受到约束的。所有这些形式都可能是暂时的或永久的。家庭类型似乎不影响订婚和结婚礼仪。

体;3)男女双方家庭,有时是广义的、包含亲属的家庭;4)其他诸如图腾氏族、兄弟会、年龄群体、信仰团体、职业行会,或者是新郎或新娘及其父母或所有亲戚所属群体;5)当地群体(小铺子、村子、城市一隅、庄园等)。

我要提醒,婚姻总是有其经济层面,尽管其重要性有所不同,且 170
其经济行为的性质(例如,为了新娘或新郎而需要确定、支付或偿还的彩礼数额等有所不同)与礼仪特质交织在一起。由此而形成的社会群体更感兴趣于经济方面的协商与安排。如一家庭、一村落或一氏族将失去一位有效益的成员,无论是男还是女,自然需要一定补偿。这就说明为什么有食物、衣物、首饰等物的分配,而且上述各种礼仪都涉及"赎买"某物——特别是在向新居处过渡中。这些"赎买"总是与分隔礼仪重合,但其进程复杂程度则有所不同,故其本身可被视为分隔礼仪。总之,经济层面如此重要,如在土耳其-蒙古人中,以致结婚礼的最后一步,只有在全部嫁妆或彩礼(卡林姆)支付之后才能举行,尽管此礼可能在几年后才完成。在此类情况下,边缘期延长,尽管男女双方性生活不因此拖延而受影响。

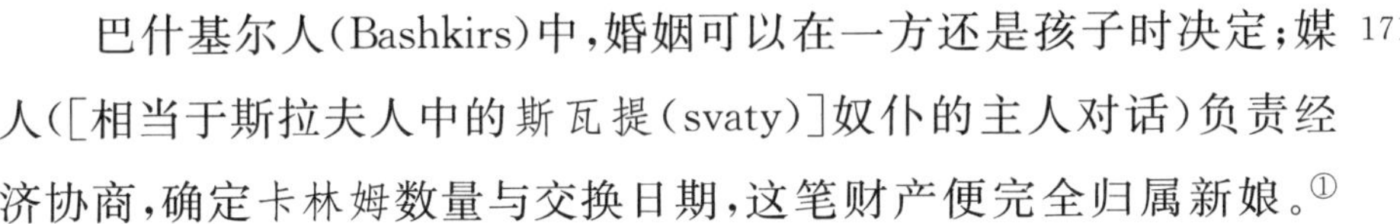

巴什基尔人(Bashkirs)中,婚姻可以在一方还是孩子时决定;媒 171
人([相当于斯拉夫人中的斯瓦提(svaty)]奴仆的主人对话)负责经济协商,确定卡林姆数量与交换日期,这笔财产便完全归属新娘。[①]

① 如果仔细研究乌拉尔-阿尔泰的"卡林姆"(*kalym*,土耳其语为 *qalin*),比较购买动物的价格,减掉父母给女儿的礼物和婚礼的费用,最后再关注卡林姆在法律上属于谁,不论是全部或部分,便可以明显看出"新娘价格"和"嫁妆"的说法不准确。这是一种"补偿"体系,形成特别机制。在一个经济学家看来,这种机制等同于美洲印第安人的"夸富宴",或是非洲部落酋长举办的大型会餐。在这种集中财富的机制中存在着一种对应的分散财富的机制以防止财富集中(依马克思的理论)。

交换卡林姆是在全体成员共餐时进行，然后是双方家人互访，亲戚、朋友和邻居的礼物交换。其间，性别群体在不同房间聚会。男方可以自由地来到女方家。如果他是另外村子的，还可以住在女方家中，但条件是：1）他不能被岳母看到；2）不能被新娘看到脸。因此他常在夜里来访。这个边缘期所生孩子由女方母亲照料。“总之，年轻人的关系相仿于已婚人的，只有死亡才可打破这种关系。”如果真有后一种情况，那便有转房婚（lévirat）习俗运作。

172 在此，我需指出，转房婚的基础不仅是经济的，也是仪礼性的。一个新员加入一个家庭，如果他要离开，则需要特别仪式。不仅如此，婚姻约束不仅存在于两个个体之间，也存在于双方所属群体之间，因此，维系其关系至关重要。这一点在离婚礼仪中也有同样表现。

现在继续讨论巴什基尔人的婚姻关系。当卡林姆完全支付后，有时要经过好几年，女方父亲操办酒宴，费用则由新郎承担。双方家庭成员和姆拉（mullah，穆斯林的阿訇）都得到邀请。新郎和新娘在分隔开的房间吃饭，只有近亲才可进入。傍晚，新娘被其女友带走，藏在院子或村子里。新郎则有时整夜寻找新娘。找到后，他要将她交还给她的女友，再回到他的房间，此时，所有的客人都在房间等待。但在他进入房间之前，他必须用脚将两个女人在门口拉着的红线弄断。如果他没看到门口的红线，并被绊倒，那每个人就都可以取笑他。他坐下后，客人们一个个离开。待只有他一人时，新娘的女友将她带入房间，然后离去。她为他脱鞋，他尽力去亲吻她，但她要将他推倒。他便给她一块银元，之后，她送给他一个亲吻。翌晨，新娘由她的女友带着向家里的每个成员告别，

坐上马车，然后被送到丈夫家。此后一年里，她必须避开与公公正 173
面相视。此礼中，将线弄断是一个过渡礼仪；藏和找新娘是与当地性别群体的分隔。显然，订婚包括性关系，但是，作为社会行为的结婚则只在预定经济责任完成后才彻底结束。

对实行多妻婚而不是多夫婚的民族，有关仪式研究也会得出同样结论。在里弗斯所描述的托达人仪式中，“阶段”性表现得十分突出。[①] 但是，要彻底理解，还必须掌握托达氏族和血缘关系的详情。在此，我只需指出该仪式开始于生理成熟期前，持续到怀孕后。[②] 既然在此不能详细描述托达人的礼仪，我便列出居住在西藏和锡金南部的菩提亚人(Bhotia)的仪式步骤：1)占星师决定所计划的婚姻是否吉祥。2)男女双方之舅充当媒人，赠送和收受礼
物，他们在男方家见面，然后带着礼物到女方家，请求她同意婚事。174
3)如果所带礼物被接受(其仪式为 *nangchang*)，婚事便决定下来，然后决定嫁妆多少。4)媒人得到酒席款待，并为新娘新郎举行祈福仪式(*khelen*)。在这两个礼仪之后——显然是两个家庭之聚合礼仪，男女便可以完全自由地见面了。5)一年之后是交换彩礼仪式(*nyen*)；此礼为一顿饭(由男方父母承担)，招待男女双方全部亲戚；给女方的彩礼当众交付。6)交换彩礼仪式之后一年，举行娶新娘仪式(*changthoong*)：a)占星师被请来决定新娘离开娘家的时刻，确保每一细节的时间安排都是吉祥的。b)请喇嘛主持一个

① 里弗斯，《托达人》，第 502—539 页。

② 有关结婚礼仪与成人礼仪和怀孕礼仪一同构成一个完整的有机体的例子，见戴尔海斯，《刚果民族志：瓦邦巴人》，第 185—207 页。其进程不外乎总体模式。有关的记录与体系化研究比我最初想象的多得多。有必要以专著来研究，特别是这种现象对理解半文明社会的功能非常重要，但是此前还没有这方面的努力。

隆重庆祝仪式。c)两个此时被称为“盗贼”的男人冲进房子，假
装来抢新娘，然后是一场象征性的争斗；“盗贼”被打，嘴里被塞
进半生不熟的肉，当然他们也可以通过给新娘保护人一些钱而
逃离现场，两天后，“盗贼”受到褒奖，被称为“谋福人”。d)客人
给新娘及其父母礼物。e)其他参加仪式者快乐地离开。f)男方
父母将这些参加仪式者接到自己家；然后是两三天的庆祝。g)新
175 娘随她的亲戚回家。h)一年后，举行永久成亲仪式(*palokh*)，此
时，女方父母给新娘嫁妆(是男方彩礼的两倍)，新娘被送到男方
家，此后她便永久地在男方家了。[①] 可见，菩提亚人的订婚和结婚
仪式持续至少三年。

在讨论分隔礼仪时，首先有必要提到另外一类极不同但相似
的礼仪，它通常被认为是“强奸婚或掠夺婚之遗留物”。[②] 有关通
过掠夺而确立“永久社会性结合”之研究在学术界极少，还不足以
与格罗塞的观点相争论。他认为，那是个别的、零散的、不正常的
形式。而且，在较大群体中以掠夺方式所得的妇女通常被留做奴
176 隶或妾妓。通常，她们被视为低级女人，低于掠夺者氏族或部落的
女人，而且正常男女结合之礼仪不适于这些女人。

---

① 厄尔(A. Earle)，《菩提亚人中的一妻多夫制》(Polyandry amongst the Bhotia)，《印度人口统计》，1901(Calcutta，1903)，VI，I，附录 V，第 xxviii—xxix 页。

② 普斯特，《非洲法律》(1887，第 324 页)作了这样的区分：A. 违背女孩意愿的掠夺：(1)以战争方式，(2)通过一个男孩和他(不论是否同部落)的朋友；B. 在双方有协议之后的掠夺：(1)在知道会有婚姻关系后，(2)在双方家庭同意后；C. 作为一种婚姻游戏。可以看出，后三种情况只是礼仪，而前两种是个体性和偶然性的。第一种是获得奴隶，而不是获得能享受部落特权的妻子的方式，韦斯特马克在其《人类婚姻史》中并没有提出比普斯特更多的观点，而有关其他的家庭历史、非洲婚姻礼仪的记录，见普斯特，第 326—398 页。

然而，如果两个相爱的人违背家庭意愿或（他们视为荒唐的）社会常规而结婚，通常也有一个妥协性调和仪式。或是将此结合接受为既成事实，或是只举行正常礼仪的一部分。对那些按社会常规结合者自然有一整套仪式。以抢夺方式确立婚姻的机制尚未通过直接得到的证据证明，而是建立在对一类完全特别礼仪之阐释基础上，同时，我们亦无法获得其他解释。

的确，通过客观且详细地阅读有关描述，将“掠夺”礼仪与可比的成人礼仪作一比较，便可清楚地看出抢掠的存在，但不是在通常所接受意义上的掠夺。这不是遗留行为，而是实际存在，且在每个成人礼仪、每个结婚礼仪、每个死亡礼仪中都得到重复，表明特定
个体之身份地位等变化。结婚便是从孩子或青春期群体中过渡到 177
成人群体，从自己氏族过渡到另外一个氏族，从一家到另一家，且通常是从一村到另一村。从这些群体中离开者将使该群体弱化，反过来强化所加入群体。其弱化即刻体现在数量上、经济上以及感情上。所谓的强奸或掠夺礼仪所表达的是被弱化群体之抵抗。这种抵抗因所失去成员之价值及所涉对方之财富多少而有程度上的变化。被强化方对被弱化方之补偿则依据先前存在的血缘约束、同族性、当时或以后之互惠关系而定。补偿物便是彩礼或嫁妆、礼物、酒席、公开庆祝，以及钱，其给予方式也意味着交换——如对方移开路途上的障碍物。所涉方成员的感情也需考虑到：在半文明社会，他们的感情并不像我们的文学作品或习惯说法那样得到充分表达，但无疑是存在的。当女儿离开母亲，她要哭，尽管可能是仪礼性的，但也表达了真实伤感。她的伴娘或同伴也会难过，但其表现方式可能与我们的很不同。

至此，我认为有必要对常被用来做古代俘虏(掠夺)婚证据的
178 一个例子作出归纳。此例出自对西奈的阿拉伯人婚姻的描述：[①]1)未婚夫和另外两个青年人在山里抓住姑娘，将其带回她父亲帐篷；2)她一路挣扎，“她越挣扎……，就越得到同伴们的喝彩”；3)未婚夫强迫性地将她带到女亲戚的住地；4)他的一个亲戚将她用斗篷盖住，一边喊，“只有这一个(指新郎)能盖住你”；5)新娘母亲和女性亲戚给她梳妆打扮；6)将她放在骆驼背上，她则始终在新郎亲戚的拉扯下反抗；7)在她的帐篷外，她被这样来回拉扯三次，同伴们在一边喝彩；8)她被带到新郎家族中女性帐篷内；9)她要一路哭着来到新郎的帐篷，无论有多远，尽管有时的确很远。显然，在她家时，她被从自己的年龄群体分隔开。如果此礼是强奸(掠夺)的遗留，新娘的整个家或部落都会反抗新郎部落、家庭或同伴的行为。相反，在此争斗中，只有两个年龄群体得到体现。

对于新娘，她不但得到她同龄群体的帮助，也得到同部落中
179 所有女性的协助，不论年龄大小、已婚或守寡。本章后面提到的孔德人(Khond)也有这种习俗。这种情况不再是与性别有关的同龄群体的团结问题。我尚未见过超越性别群体的团结行为有如此表现，即新郎家、家族和部落所有女性反对新娘的加入。仅此一例就足以推翻克劳利的理论。他从费森、韦斯特马克[②]、格

---

① 伯克哈德(John L. Burckhardt)，《贝都因人与瓦哈比人札记》(*Notes on the Bedouins and the Wahabys*)(London: Coburn & Bentley, 1831)，I，第263—264页。

② 他吸收了斯宾塞的理论，即女方的反抗是传统的谦卑的表达方式。这观点在某些案例中可能正确，但没有解释为什么冲突各方不总是同样的群体，为什么这种自我争斗没有成为如同结婚一样的机制。

罗塞[1]等的著作中看到强奸掠夺婚的遗留是种幻想，但他也提出，"这种婚姻可以被称为'俘虏'，但是从女性中得来的俘虏"。[2] 新娘不可能从她同性别群体中被拉开，无论是作为主要或次要目的， 180
因为她并没有改变她的性别。事实上，她离开她本地并熟悉的特定性别群体，聚合到另外一个也是本地和熟悉的特定性别群体。这一事实在下面的（西伯利亚）萨莫耶德人（Samoyèdes）的礼仪中得到详细描述。[3] 萨莫耶德人"找非本族的姑娘"（氏族居外婚）；通过媒人商定彩礼卡林姆，其中一半归新娘的父亲，一半归她的亲

① 格罗塞（E. Grosse），《家庭形式与经济形式》（*Die Formen der Familie und die Formen der Wirtschaft*）（Freiburg im Breisgau: J. C. Mohr, 1896），第 107—108 页，试图在这些仪式中看出在战争中的敌对方的真正强奸的残破遗留痕迹。这些敌对方在战后和平时希望恢复其民族勇敢的名誉。

② 克劳利，《神秘玫瑰》，第 352 页。另见第 333、354、367 页。有关性别群体的内部团结，在伊斯兰教中界定得特别明显，其性别分隔贯穿社会生活的所有阶段。有关北非的穆斯林，比较迪莫布利斯（M. Gaudefroy-Demombrynes），《阿尔及利亚土著人的婚姻仪式》（*Les ceremonies du marriage chez les indigenes de l'Algrie*）（Paris: Petit, 1901）的描述，以及《阿尔及利亚婚姻习俗》（Coutumes de marriage en Algérie）；杜德，《马拉喀什》，多处（有关北非的详细书目，第 334 页），《摩洛哥档案》（*Archives Marocaines*）与《非洲评论》（*Revue Africaine*），多处；纳伯斯胡伯（K. Narbeshuber），《斯法克斯的阿拉伯人的生活》（*Aus dem Leben der Arabischen Bevölkerung in Sfax*），（Leipzig: Staat Museum für Völkerkunde, 1907），第 11—16 页以及注释；迪斯堂（Edmond Destaing），《（阿尔及利亚）奔尼斯努斯地区的柏柏尔方言研究》（*Études sur la dialecte berbére des Beni-Snous*）（Paris: E. Leroux, 1907），I，第 287—291 页。在这次最后的等待后，他必须跳过她的正躺在门坎的母亲（第 289 页）；在这些通常极其复杂的仪式中，过渡礼仪的线索贯穿诸多保护和生育礼仪。正如在北非的各种仪式中，有一种对柏柏尔人而言的本土因素与其他穆斯林的——或者严格说是阿拉伯人的——因素的结合。

③ 帕拉斯（Peter S. Pallas），《沙俄帝国北方与亚洲北方游记》（*Voyages dans plusieurs provinces de l'empire de Russie et dans l'Asie septentrionale*）（Paris: Maradan, 1788—1793），II，第 171—174 页［原文为德文和俄文，1771—1776］。

戚;新郎与岳父共餐;父亲准备“婚礼之后的礼物”。在所定日子,“新郎在几个女方不认识的女人陪伴下,来接取他的新娘。所有得到彩礼的亲戚都得到拜访,他们反过来再给新人一些小礼物。随
181 新郎来的女人抓住新娘,将她绑在马车上,然后离开”。新娘得到的礼物也都被放在车上,新郎则坐上最后一辆车。当他们到达新郎帐篷,一些年轻女人为新郎新娘准备一张床,然后他们躺下。但是,他们的性生活要在一个月以后才开始。如果新娘是处女,新郎要给岳母一份礼物。此后,新娘定期看望她的父亲。父亲必须每次给她许多礼物(作为对彩礼的补偿);如果妻子死亡或离开,岳父就将彩礼归还。

显然,新娘的价值(彩礼)通过女方亲戚给新娘的礼物得到了极大补偿,同时,新娘被强迫从其长大的性别群体中分开也通过影响她将要参与进的同性别群体而得到补偿。在印度南部的孔德人中,[①]新娘群体不仅是她的同龄女友,也包括同村年轻妇女。当婚姻双方家庭达成协议后,新娘被披上红毯子,在同村年轻妇女陪伴下,由舅舅背到新郎村子;随行人带着给新郎的礼
182 物。新郎站在路中,旁边是同村男孩,他们手持竹棍。女方用棍子、石头、土块等攻击男方;男孩用手中竹棍防御。他们慢慢地移向村子,等到了村子后,战斗就结束了。新郎舅舅接过新娘,将她背到新郎家。“这种战斗绝不是孩子游戏,有时男孩们会受重伤。”新娘到达村子后,要有共餐酒席,费用由新郎支付。孔德

① 瑟斯顿,《印度南方民族志笔记》,第 18—23 页。在此书中(第 1—131 页)有关于印度南部部落的不同结婚仪式的精彩而详细的论述。

各部落普遍实行此礼。我之所以提到此例是因为瑟斯顿认为这是证明掠夺婚通过仪式形式得到维系的极佳例子。[①] 然而,此例中,1)女方将男方向后推,2)战斗在不同性别群体和地域间进行。由此,我则认为这是将女孩从其自己性别群体、年龄群体以及村落中分隔出来的礼仪。

在托利群岛的马布亚戈人(Mabuiag)的礼仪中,争斗中的性行为因素没有表现,而是求婚者与女方之同龄男性亲戚战斗(那些亲戚被称为“兄弟”,这个称谓在此应依据分类系统意义来阐释为“代表图腾氏族的兄弟”)。女孩向男孩求婚。她用草编个手镯,由男孩姐姐给他戴上。作为回报,他给女孩一个装饰物(*makamak*),女孩将其戴在腿上。年轻人白天晚上都可约会,可有性行 183
为。男孩为女孩父母做些简单事,他们装作不知道他与女儿的性关系。可是,她的兄弟们与他有一场象征性的搏斗:先只弄伤他的腿,最后用棒子打他的头。随即,她的一个兄弟拉着她的手,将她交给他。之后,他将所有物品都摆出来,其中大部分在特定日子已被摆在一领席子上,供人观赏,而且女孩的所有亲戚都围坐在那里。新娘衣饰和所涂颜色都是仪式特用的,并有两个嫂子陪伴。嫂子们接收礼物,然后交给新娘;新娘再将其分给她的兄弟们。此后,大家共餐,作为婚礼的结束。显然,性行为独立于社会结合。先有一些单独的聚合礼仪,然后是边缘期,之后是社会性分隔和聚合礼仪,最后是对家庭群体损失的补偿,这些在图腾和分类系统中可以找到。然而,妻子不属于丈夫的氏族成员,他在“买下她”之后

① 瑟斯顿,《印度南方民族志笔记》,第 8 页。

便完全拥有了她。[1]

184 在(西伯利亚)艾蒂什的奥斯加克人(Ostiaks)中,婚宴在新郎村子举行。新娘村子的男孩用绳子拉住她的车,只有在她扔给他们一些钱后才将她放行。然后还有第二次和第三次截车,每次都要礼物。只有在第三次之后,她才可以彻底离开。[2] 需要提到,奥斯加克人中女人比男人少,其男人多有与俄罗斯女人的习惯法婚姻。

特别需要提到的是,新郎新娘于其先前(年龄、性别、血缘和部落)群体之约束甚强,必须通过几次努力方可打破;因此,在林中或山里有多次追逐和求婚;彩礼分期支付;礼仪重复多次。同样,聚合入新群体——如家庭,已婚男人或女人,或失去童贞、氏族或部落的其他个体回归到社会群体——也不是一次完成。在此变化期,新人被视为入侵者,特别是针对她的直系家属。正因如此,我才形成对媳妇与婆婆和女婿与岳父的禁忌的解释,且强调妻子之

185 不稳定地位要持续到她怀孕或生儿子。有时,在一对新人性结合之前双方家庭通过仪式所建立的联合关系还必须通过礼物交换和共餐来巩固,简言之,结婚仪式后还有一系列仪式,如在北非要持续七天。高德弗罗所描述的阿尔及利亚的特莱森人(Tlemcen),新郎或新娘首先被两家的男人聚合入特定群体,然后是被两家的男女共同聚合入特定群体,最后是被全部女人聚合入特定群体。

---

① 哈登,《剑桥托雷斯海峡人类学报告》(*Cambridge Anthropological Expedition to Torres Straits*)(Cambridge: University Press, 1903—1935), V(1904), 第223—224页; 另见第224—229页和VI(1908), 第112—119页。有关补偿的思想,见第225页; 有关经济补偿, 第230—232页。

② 帕特卡诺夫(S. K. Patkanov),《艾蒂什的奥斯加克人及其民谣》(*Die Irtysch-Ostiaken und ihre Volkspoesie*)(St-Pétersbourg, 1897), I, 第141页。

而在康士坦丁，这种聚合只由两家的男女来执行。[①] 通过这些仪式，在不同性别群体之间创造了一种新的平衡。

讨论过“强奸”礼仪之后，我要提到以下各种分隔礼仪：更换衣服；倒空一瓶牛奶，弄破三粒酶果（爪哇）；剪断、打破或扔掉某个联系童年或单身成年的东西；解开头发；剪掉或刮头发或胡须；闭上眼睛；摘下首饰；向某神灵供奉某人的玩具、首饰或童年衣物；弄破处女膜及各种截肢；打破某种所谓的童贞联系；戴上腰套；改变饮食并暂时遵行某种饮食禁忌；向童年朋友赠送玩具、首饰等“纪念 186
品”；打或骂童年朋友，或被他们打或骂；给某人洗脚或被某人洗脚；自己洗澡或涂香；将本家族的某神灵圣物弄坏、毁掉或带走；抱拳、两臂交叉或用布盖住自己；将自己封闭在垃圾桶、滑竿或马车里；被推搡或虐待；呕吐；改变名字或特征；暂时或永久地受到本性别群体之禁忌约束。

此外，尚有两种分隔礼仪较为复杂。通过某物之礼仪无疑可从多种角度来阐释。此礼或是由所有参与者、新婚者或新郎新娘中一人来进行。观看者所理解的某种行为可能与参与者所理解的很不一样。此礼中，可能要跨过某障碍物，如果是女方实施，那便可能是生殖礼仪。也可能要跳过某障碍物，目的是从一世界跳到另一世界，或从一家跳到另一家。可能要触碰到障碍物，也可能不碰到。这种礼仪可能是过渡、生殖或圣化（保护）礼仪。如果参与者被抱过障碍物，如果门口的线或门坎上的东西被打破，或者如果 187
门被用力或以用力的姿势或祷告语所打开，那么此礼便可能是通

---

① 迪莫布利斯，《阿尔及利亚土著人的婚姻仪式》，1901，第71—76页。

过礼仪。总之，对此类礼仪尚无充分记录以便深入讨论。[①]

此外，由他人代替新娘或新郎之仪礼也因不同文化背景而有不同意义。[②] 在某些情况下，正如克劳利所信，替换是为了解除“引入新人”的危险。然而，透过有关记述细节，我认为，此礼更常表现出的是，通过排除或团结只是对自己群体最没有社会价值，特别是经济价值的个体（如女童、老妇或男童），以便避开对有关（年龄、性别、家庭等）群体的弱化。这一点可从模仿性替换，以及新娘新郎的亲朋的强烈反抗中看出。[③]

至此，我需探讨聚合礼仪。诸多观察者在其详细的结婚仪式
188 描述中指出，此礼最具意义，标志着整个交涉之完成。按常规，此礼或是在支付最后一笔彩礼或嫁妆后的一顿与经济状况无关的共餐，或是一次集体性宗教仪式。在各种聚合礼仪中，有可能将那些只对个体有意义的礼仪与那些将新人结合到一起的礼仪划分出来：赠送或交换自己穿戴的腰带、手镯、戒指[④]或衣物；用一根线将

① 有关与我的看法不同的记录，参考资料和理论，见哈特兰，《波索斯传说》，I，第173页；克劳利，《神秘玫瑰》，第337页；柯鲁克，《桥梁的吊起》，第226、244页；特郎布尔，《门坎之约》，第140—143页。

② 有关事实，见海伯丁（Hugo Hepding），《假新娘》（Die falsche Braut），《平民麻布》，V（1906），第161—164页；瑟斯顿，《印度南方民族志笔记》，第3、29页。需要指出，是新郎搬到新娘家住，替换也只是为了他的。

③ 凭记忆，我将禁忌和岳母与女婿、公公与儿媳等关系连在一起。泰勒视其为“切割”或分隔礼仪［见《论调查机制发展的方法——应用于婚姻与传承法》（On a Method of Investigating the Development of Institutions, Applied to Laws of Marriage and Desecent），《皇家人类学院学刊》，XVIII（1888），第245页注释］，而克劳利将其划入更广泛的禁忌类，与性别群体的团结有关。

④ 有关婚戒作为制约力量的传说主题，见诺瑞［E. Nourry，笔名山狄夫（P. Saintyves）］，《神的神圣继承者》（*Les Saints Successeurs des Dieux*）（Paris: E. Nourry, 1907），第255页。

一方系于另一方；将双方衣服某部位系在一起；以某种方式相互触摸对方；[①]使用属于对方的物品（牛奶、槟榔、烟叶、职业工具）；向对方敬献食品；共餐；用一件衣服或盖布裹住双方；坐一个座位；饮对方的血；用同一餐具吃饭；用同一个杯子喝东西；（用血或泥土）按摩、涂抹；为对方清洗；进入新居；等等。这些实质上都是聚合礼 189
仪。然而，有些聚合礼仪具有共同意义，或是为了将个体彼此结合到新的群体，或是结合两个或更多的群体。可包括在此类礼仪中的行为还有：礼物交换、[②]姊妹交换（如在澳大利亚、西非巴萨高莫等地）、参与集体仪式（如仪礼舞蹈、订婚和婚宴）、互访、多次互访、穿着成人或已婚男人或女人的服装——女人装作怀孕或分娩。有些礼仪既是个体的又是集体的；接受礼物不但是对接受者，也是对他所属群体赋予约束。此礼通常是订婚礼仪的第一步。

有一种被称为“与树结婚”的特殊聚合礼仪，常使理论家迷惑不解：其实，如果我们联系某些例子，那么，此礼便容易理解了，如孟加拉的科尔人（Kol），其结婚礼是向一图腾氏族的聚合，所以也是种加入礼仪。[③] 目前，在科尔人中，男孩的结婚年龄是十六至十 190
八岁，女孩是十四至十六岁。但过去年龄更小。需要注意以下事实：科尔人相信，亡者灵魂奔向一特殊地域，而孩子不具有灵魂，因

① 具体而言，包括拉手、交叉手指、接吻、拥抱、顶头、坐在对方身上或背对背坐，或躺在一起等。

② 拒收礼物是不接受联姻提议的一个信号，如果是在出生前或儿童早期订婚，退回礼物表明解除这份婚约。

③ 哈恩（F. Hahn），《科尔人地区的成人礼》（*Einführung in dos Gebiet der Kolsmission*）（Gütersloh，1907），第 74—82、87—88 页。科尔人构成曼达人（Munda）的一部分。

而便不能成为恶鬼。结婚前，孩子不受本氏族禁忌约束，可有性关系，而不考虑外婚制约束。正是通过结婚才使他获得灵魂，将他聚合入氏族。科尔氏族崇拜图腾。其主要图腾是芒果和玛桦树(mahua)。其结婚礼仪之一是通过男孩拥抱芒果、女孩抱玛桦而先将他们结合。藉此，我认为，这种“假”结婚不应被视为“为了使正式仪式不受影响或顺利完成”之性格转换，[①]而是为了将其聚合入图腾氏族的礼仪。此礼融合于结婚礼仪，从其整体而言，也是加入该氏族仪式之一部分。无论因何而被排除的某个氏族成员，可以借助其他村落代表及本村牧师祭献一头白羊或白牛得以重新加
191 入该氏族。礼仪上，该成员需喝下牺牲物之血或将其血洒在自家房顶上，献给太阳神，之后氏族代表共食祭肉。[②]

对所有这些聚合礼仪，需将其视为现实的，而非象征性的：捆系的绳、戒指、手镯，以及缠绕的花环都具有真实的强迫作用。从此角度观察通过门坎之礼仪尤为有意义。[③] 有些礼仪开始伴有暴力；有些则顺利地到达另一世界。例如，在巴勒斯坦，女孩头顶一罐水来到其未婚夫家，未婚夫则在她正跨门坎时将水罐弄洒。根据特郎布尔所见，此礼不是祭酒，而是通过一种浸礼从先前环境分隔出来，聚合到新环境之礼仪。在卡帕拖岛，将折断的木棍放在门口便具有同样意义。沙畹先生向我提到一个有趣的中国礼仪，其

① 克劳利，《神秘玫瑰》，第 340—344 页。有关与树结婚礼仪，见达尔顿(E. T. Dalton)的《孟加拉的描述民族志》(*Descriptive Ethnology of Bengal*)(Calcutta, 1872)，第 194 页；而瑞斯利(《印度人口统计》，1901)认为此礼仪已过时，可是哈恩似乎以目击者表明还有效，另见瑟斯顿，《印度南方民族志笔记》，第 44—47 页。

② 哈恩，《科尔人地区的成人礼》，第 159 页。

③ 特郎布尔，《门坎之约》，第 26—29 页。

中之地域过渡并非一次完成，而是经过若干阶段：[①]在（云南南部）
哈尼族（Ho-mi）某部落，[②]当新郎来娶新娘时，“岳丈拉着未过门女
婿经过第二和第三道门，越过阁楼。每过一道门，有专人大声宣告
所需施行的礼仪，女婿跪拜两次。其礼被称为‘拜门’。岳丈打开
门的行动格外重要，因为他将因此允许他的女儿被人看见，也因此 192
让女婿付出代价”。[③]

切雷米斯人（Cheremise）中，娶新娘之随行人在新娘家村口便被停下来。司仪（*sabous*）进入主人家，主人给他吃的喝的。司仪请求随行人进入他家的许可，新娘父亲问他是否丢失了东西。司仪回答：“是的。某某（新郎）衣服丢了一只袖子，我们来看看是否在贵府。”新娘父亲回答：“不在。”司仪退出。随后再入。直到第三次，才有肯定回答。然后，所有的门都打开，聚合礼仪随之开始。[④]

在此边缘期间，可能有也可能没有性关系。有些民族，订婚期
男女可有性关系，期间怀孕或生下的孩子被视为合法（比较先前所
引用之例）。其他地区，两人绝对分隔，违反此礼所生之孩子得不
到其家庭的或社会的应有地位。例如，“拉普兰人（Lapons）绝对 193
不许订婚男女在婚礼前同居。如果同居并怀孕，那个孩子就被视
为私生子，即使被证明是订婚后所怀孕生的。这个孩子，无论男

① 《通报：远东历史、语言、地理与民族志档案》（*T'oung-Pao: Ou archives concernant l'histoire, les langues, la géographie, et l'ethnographie de l'Asie orientale*），1905，第602—603页。

② 根据音译，不确定。——译者

③ 该中文记录的翻译者将此礼视为掠夺婚的遗留，这是极不正确的。

④ 亚考莱夫（G. Iakovlev），《切雷米斯人的宗教仪式》（*Religioznye obriady Cheremis*；“Religious Ceremonies of the Cheremiss”）（Kazan，1887），第55—56页。

女，总要受到蔑视，在其兄弟或姊妹间地位总是最低。如果在这个孩子长大期间，部落的驯鹿繁殖过快，这个孩子将被驱出家门”。[①]这最后一个细节很有趣，因为这表明那个孩子继承了它在不圣洁(禁忌)期间被坐胎时所具有的特质和缺欠。

(德属)东非的瓦查加人(Wadschagga)也有同样观点。其结婚礼仪有着独特步骤：1)年轻人(十六岁)选择一个女孩(十二岁以上)，向她示爱。2)如果她表示同意，男孩的父亲便去见本家族的头人，得到许可，作为他对订婚的认可，给儿子一头羊和四罐家酿酒。3)男孩带着这些去见女孩的父亲，请求他及其女儿的许可。4)男孩给女孩珍珠和手镯，男孩母亲请女孩吃饭，女孩在她的茅屋

194 过夜。这些求婚行为重复多次。5)女孩在其未来婆婆的茅屋度过订婚期的最后两个月。6)订婚期可能长达几年，期间，按照礼节男孩一点点向未来岳丈和女方亲戚支付彩礼。7)订婚期结束时举行杀牛等礼仪。一条牛后腿和前肘归女孩父亲，他还得到男孩送的一头羊——羊被身披绿叶牵到他的茅屋。在新婚男女和所有亲戚参加的婚宴上，这头羊便是酒宴的中心。8)婚宴后，大家都来到新郎的茅屋，新娘手放在新郎的肩膀上跟着他。女孩的亲戚哭喊着失去了一个女儿、姐姐等。由此构成了分隔礼仪。9)婚后的三个月，女孩不许做任何事。需做的由她母亲和婆婆做。她们教她如何做家务。男孩也同样得到他的父亲和岳父的指教。10)这段实习期

① 施弗尔(Johannes G. Scheffer)，《芬兰与瑞典的拉普兰人历史》(*Histoire de la Laponie*)，译自拉丁文(Paris: V. O. de Varennes, 1678)；见第395页对第275页的补充。

以一次被称为乌阿里(*uali*)的庆祝为结束,“其礼本身便具有婚礼效用”;此前所生孩子被视为私生子。此礼在男女共同生活两到五个月期间举行,具体日子要依庄稼收获期而定。庆祝会上,所有亲朋 195
好友都得到邀请,大家喝一种发酵酒(*wari*),一起唱歌跳舞。其歌舞多有性结合性质。新郎给新娘一个大铜手镯;她要将它戴在左手臂上。如果她已怀孕,庆祝会便只邀请老年男人。第三天,杀羊共餐,酒宴结束,新娘开始干活。[①] 显然,在庆祝会前,婚姻关系只得到两个个体和两个特定(性别和年龄)群体的关注,而酒宴则赋予其更广泛的社会性意义。

谢纳人(Siéna)“忠实地保持着他们的习俗。想要娶某个姑娘的小伙子要小心不让姑娘和她家知道他的意图。他得注视女孩父母的出入。如果看到女孩的母亲到树林里捡柴火,他就等在她回来的路上,然后必须抢下柴火,再头顶着送到她家。以后,他得帮女孩的父亲背蚁窝给母鸡吃。几天后,求婚者自己背一捆柴火送到所爱的人的家。之后,他给未来岳丈送来礼物:可可果、一只鸡,最后是玛瑙贝。然后岳丈召集全家人和一位村里的长老,向 196
大家说明某某人对他很效忠,他愿意将女儿嫁给他作为回报。与会的人表示同意,然后由长老通知年轻人这个好消息。但是,对未来丈夫的考验并未结束。当播种季节来临时,求婚者必须号召他的兄弟朋友一起来为他未来岳丈家耕地。之后他还要来耪地除草。他要买小米酒,招待女孩一家。这时才是订婚的开始。通常,

① 莫柯,《瓦查加人的地位与习俗》(*Rechtsverhätlnisse und Sitten der Wadschagga*)(Petermanns Mitteilungen, Suppl. No. 138[1902]),第 4—6 页。

女孩此时还不到结婚年龄。在她到结婚年龄前，一直住在父亲家。这期间，订婚男方必须不断在劳力和物质上提供帮助。到了可结婚时，父亲将女儿交给新郎。新郎要给岳丈一份礼物，五到十个玛瑙贝，再给岳母同样一份礼物。新人共住一个月后，新娘的父亲将她带回家住两三个月。待新郎支付十个玛瑙贝后，便可将新娘领回家。第二次共居也持续一个月。之后，新娘的父亲再将她领回
197 两三个月。随后，他还要支付十个玛瑙贝，她便从此永久地属于她的丈夫了。如果女孩在这准备期怀孕，她父亲必须在孩子出生时给她丈夫一块腰带布。据老人讲，这个习俗是为了给一对新人足够时间让他们各自珍惜对方，以防有不般配的结合”。[①]

从下例可见，订婚边缘期和成人边缘期相互融合，形成从成人期开始到完成已社会化的性结合的单一边缘期。

在利比亚的佤伊人(Vaï)中，两性分隔得到极度强化，有时是女孩在结婚前不得离开森林中的一个神圣居处，通常是女孩在十岁左右被带到那里，直到初潮后才被领出来。正如处于边缘期的男孩，她们被视为已经死去，犹如那些去训导她们如何做家务和性交活动的老妇。她们每年从森林出来的庆祝便是一次再生。当然，女孩父母常在此期间去看望她。这样，她不必每年出来参与庆
198 祝，只需在这个神圣居处一直等她的初潮到来。[②] 她一有初潮，便马上通知她的父母，他们再立即告知订婚男方，男方随即派人送来礼物。女孩身上被涂上香油、戴上首饰等，她的父母在神圣森林的

① 德拉弗斯，《谢纳人》(Le peuple Siéna ou Sénoufo)(系列文章)，《民族学与社会学研究评论》，1908，第457页。

② 在此，亦是成人仪式与青春期无关的证据。

入口处等着将她接出去。在一顿仪式性酒席后，女孩母亲将她带到订婚女婿的茅屋。当两家及其亲戚共餐时，男女的完婚性性交也在进行。之后，丈夫从茅屋出来，和大家一起共餐。如果是在女孩离开这个神圣居处后订婚的，其仪式亦如此。因此，在佤伊人中，订婚期与成人期合并，初潮对离开神圣森林的重要性只在女孩已订过婚的情况下才体现出来。对佤伊人，生理成熟期是合法婚姻的前提，如同许多其他民族。不仅如此，订婚双方之性分隔得到神圣森林的神圣保证。[①]

由上述例证便可明显看出，结婚阶段——特别是最主要的订婚——有着极大的经济意义。此外，每一婚姻也是一种社会振动，涉及的不仅是两个个体，而且还有若干规模不同的群体。婚姻限
定双方诸多关系因素，由此逐步打破平衡。这种现象在我们城市 199
生活中几乎无法观察到，但在偏远乡村，婚礼便意味着生产活动的停止、积蓄的支出，以及日常平淡生活的惊醒。在沙漠绿洲上的土库曼-蒙古部落和阿拉伯部落，以及生活在较小和高度内聚的群体的半文明民族中，这一点尤为明显。一个婚礼对一群体日常生活的冲击，在我看来，似乎恰当地例证了韦斯特马克与艾利斯所提出的生物学理论，即为什么婚礼是在春天、冬天和秋天，抑或在生产活动不多的时候举行。我不想走向极端，去否定古老习惯或天象周期的长期作用，其表现为植被的复苏和动物与人的发情周期。但这一影响无法解释为何秋天的结婚频率之高。反之，人们常说之所以选择此期是因为农活已完，粮仓已满，是单身人建立家庭度

① 布蒂克弗，《利比利亚游记》，II，第 304—313 页。

过冬天的好时候。有种影响相当广泛的、对同时有几对新人结婚的阐释认为，这或是古老习惯之延续，或是古代群婚之遗留。这种阐释无法让人接受，因为“原始乱交”实为幻想。

200 此外，我以为，一年中有一两次同时举行几个婚礼还需要与其他仪式共时性作比较，例如，同日、同月或同年生的人同时被当作王子来庆祝生日。另如，为同年生孩子的女人庆祝（如鲁杉的努甘特人）；定期对成人期的成员的回归或周年庆祝，特别是，或是每年或每两三年同时庆祝几个孩子一同成人；以及每年为亡者举行的纪念活动。[①] 简言之，因为这些行为都具有社会意义，而所论事例之普遍社会意义以极端形式表现出来。针对只在特定群体（如家庭、氏族等）所举行的仪式，其仪礼被制度化，包含了该社会的所有群体。诸如此类问题可从比阿纳利的有关奥格拉人（Ouargla）令人好奇的结婚仪式描述细节中看到。[②]

201 有些民族的边缘期和订婚仪式相当简单。在赫雷罗人（Herero）中，小伙子给姑娘一个铁环，姑娘将其系在自己的围裙上。他便离开，直到结婚时才可以再见她或进入她的住处。这个仪式通常是一次具有神圣意义的酒席，在新娘的同伴和族人中表现她对

---

① 有关巴各达附近的苏巴人向教堂的年度敬献，见苏菲，《苏巴人的宗教研究：教义与死亡》，第 120 页。

② 巴塞特（René Basset）先生热心地给我看了比阿纳利有关奥格拉的手稿。在那里，婚礼在每年的春节举行，有一系列严格的礼仪程序；最初只有有关的双方和他们的性别群体参与这些礼仪，之后，礼仪愈发变得社交性，双方家庭也加入进去。然后是绿洲的一小部分，后来扩大到整个绿洲。遗憾的是我不能在此提供哪怕是礼仪的简单进程，这些比阿纳利先生有着详细的描述，记录了人物、地点和巫术-宗教方法的每种变化等，见比阿纳利，《（阿尔及利亚）瓦戈拉方言研究》（*Étude sur le dialecte de Ouargla*）（Paris：Leroux，1909），附录，第 379—492 页。

此婚姻的认定。而小伙子和他的同伴则不在酒席现场，但当酒席结束时，他们出现，将她带到他们的住处。随后便是将新娘聚合到新家和新部落群体的神圣活动的礼仪。酒席后，亦即性结合之前（其行为在男方住处进行），新娘的母亲将她打扮一番，使她“帽子”和衣服体现出已婚妇人的样子。新郎象征性地将新娘的围裙送回给岳母。海拉罗人有备彩礼和嫁妆的习俗，并通过图腾氏族来组织。[①]

结婚仪式与收养仪式相似，以至于有些相同细节，这一事实似乎不难理解，只要我们回想到上面所分析的例子，即结婚是将一陌生人聚合入一群体。例如，阿依努人中，新娘可到新郎家住，新郎 202
也可到新娘家住，但无论如何，彼此都参加对方家庭的神圣活动。[②] 新郎或新娘加入新家庭明显与收养相同。不仅如此，结婚仪式常包括与加冕仪式相似的细节：国王或新娘蒙盖头；有头冠；订婚者有特定器物，犹如未来国王的王袍。在非洲北部和印度某些地区，这种相似尤为明显，新郎被称为“王”、“大王”或“王子”，新娘被称为“王后”、“大王后”或“公主”，或如在中国，新郎被称为“官人”。虽然视结婚为再生的例子少见，但视结婚为成人或授予神职礼仪的则不少见。所有这些相似和相同都在过渡礼仪中得到表达，且其基本出发点是共同的，即参与者的社会条件发生了变化。

与结婚仪式对应的离婚和鳏寡仪式也值得简单论述一下。

对多数民族而言，离婚礼仪是一种最简单的礼仪。通常，妻子

① 厄勒，《荷瑞罗人》，第105—109页。

② 巴切勒，《阿依努人》，第224—225页。

离开所嫁之家，回到父母家，或者丈夫将妻子从自己的房子赶出
203 去，这便足以构成离婚。然而，依我所见，如果在民族志记述中离婚仪式如此简单，只能有两种原因：或是观察者对此礼仪不感兴趣，或是他们尚未理解某些行为的意义，特别是因为他们只看到分居和离婚的法律和经济层面。一个体和集体精心建立起复杂的制约协定，不可能在一天或通过一个姿势就被解除。例如，我们知道，在罗马天主教会，离婚甚至是不被允许的，而只能得到对婚约的取消。不仅如此，取消婚约之前还有不包括任何巫术-宗教性质的行为调查。而犹太人进一步将离婚仪式复杂化，[①]由此成为许多人实现愿望的障碍。妻子要得到一封仪式化的信，必须写得尽可能完美和神圣。拉比将此信掷向空中，妻子的证人必须在信落地前接到；否则，整个程序要重新做一次。这是分隔礼仪最后一步。在尼日尔哈贝高原的訇龚人，依典型古代习俗，如果婚约是通过内部的神圣仪式而立，要离开的一方必须通过祭献牺牲来打破
204 他或她与家庭神祇的约束。[②] 爱斯基摩人的方式是，丈夫盯着妻子，之后一句话不说便离开。对楚瓦什人(Tchouvaches)而言，如果对妻子不满，想与她分开，丈夫便将她的头巾撕开。切雷米斯人、莫尔多瓦人(Mordvines)、沃加克人和沃古尔人(Vogoules)也有这种礼仪。[③] 在爪哇，“如果一个男人想离婚，神父在证人面前

---

① 容根德雷斯(Jungendres)，《犹太人仪式描述》(*Jüdisches Zeremoniell oder Beschreibung...*)(Nuremberg, 1726)；《犹太人百科全书》等。

② 迪斯普拉奈，《尼日利亚中部平原》，第 222 页。

③ 乔吉(J. G. Georgi)，《俄国各民族概述》(*Russland: Beschreibung aller Nationen des russischen Reiches...*)(Leipzig, 1783)，I，第 42 页。

将‘婚姻线’剪断，这个简单动作切断了婚姻约束”。[1] 在（埃塞俄比亚）南方盖拉人中，如果一个女人受到丈夫的不公对待，她的兄弟便可来将她接走，但若丈夫不许，她的兄弟则不可进入她的住处或村落，得等她自己出来，如在打水时，将她带走。以此方式离婚的女人不可再婚，其丈夫也无权再接回她，双方群体通过支付山羊或绵羊来协调此事。[2] 在扎拉莫人中，丈夫给妻子一种特别的苇草来表示他不再需要她了。在尼奥罗人（Unyoro）中，丈夫将一块皮子割成两片，自己一片，另一片送到岳父那里。[3] 伊斯兰的分隔礼仪是口头的：如果丈夫对妻子说三次，“你被离异了”或“我和你分开了”，便足够了，她便必须携带自己的东西离开。丈夫通常要 205
归还三分之一的嫁妆。但如果是女人想离婚，她得有卡迪（cadi，穆斯林中低级判官）的许可，其作用和法律判定在性质上是宗教的。最初的三次重复的话纯粹是巫术性的。在印度和斯瓦希里人（Suahéli）中有相同的特征。[4] 有时，需要经过部落长老们的许可，其决定是对一方从经济上作出有利的裁决。但是，如此涉及甚广的进程既不是仪式性的也不是礼仪性的，它只是将婚姻的一方送

① 克劳利，《神秘玫瑰》，第 323 页。

② 维克费尔德（E. S. Wakefield），《（埃塞俄比亚）南方卡拉斯人婚姻习俗》（Marriage Customs of the Southern Gallas），《民俗》，XVIII（1907），No. 4，第 323—324 页。

③ 普斯特，《非洲法律》，I，第 452 页。

④ 坦普（R. C. Temple），《旁遮普邦的民俗与传说》（The Folk-lore in the Legends of the Panjab），《民俗》，X（1899），第 409—410 页；有关斯瓦希里人的方式（“我不想再和你的裸体有任何关系，等”），见维尔顿（D. C. Velten），《斯瓦希里人的习俗与实践》（*Sitten und Gebräuche der Suaheli*）（Göttingen，1903），第 237—238 页。以书面信的方式离婚的还有摩洛哥、巴勒斯坦、土耳其信奉伊斯兰教的人、斯瓦希里人等。

走或送其离开。

离婚礼仪之简单与我所提出的过渡礼仪概念模式和社会学解释均不矛盾，因为结婚将男孩和女孩确定为社会意义上的男人和女人类属，什么也无法逆转此事实，此理亦适于鳏夫和寡妇。此外，两家的约定并不因婚姻双方的分离而破除，因为两家对分手的两人未来的安顿也将破解约定的威胁降低到最低程度。当然，也
206 有基于感情的例外情况。许多民族不许有了孩子的夫妇离婚，这种情况下，两群体的约定不受到破坏。总之，尽管我不声称在此所提出的模式和阐释体系一成不变或普遍适应，但我认为缺乏详细描述的离婚礼仪不能构成对此模式和阐释的反对。

相反，令人特别惊异的则是，可以通过离婚而被轻易解除的约定几乎不受死亡的影响，同样也不因寡妇自杀而被解除。我很清楚，吊丧期间包括很多种具有防御和保护性的礼仪。然而，失去配偶的一方所参加的丧葬仪式包括超出吊丧意味的礼仪，至少在理论上，我们也要辨别出其社会性质。[①] 例如，胡帕人(Hupa)中，寡妇只需行一个礼仪便可将自己从此婚姻中解脱出来：在亡夫的尸体被抬出屋之前，从其双腿之间通过。否则，她的余生都将受到此婚姻的约束，[②]且所有对丈夫不忠的行为都将为她带来噩运。

207 离婚和鳏寡之人的再婚仪式都极简单，其原因有待探讨。

---

① 正统犹太人所行的这个礼可视为过渡礼仪：如果一个男人死时没有孩子，而且他的寡妇不愿意与亡夫的兄弟结婚(转房婚)，她便脱下鞋，向地上吐唾沫，背诵一段特别的经文(《犹太人百科全书》，第 170 页；有关阐释可见第 174 页，但其内容本人并不同意)。这明显是与丈夫家庭分隔的礼仪，以确保她过渡到自由寡妇或再婚的女人。

② 戈达特(P. E. Goddard)，《胡帕印第安人的生活与文化》(*Life and Culture of the Hupa*) (Berkeley: University Press, 1903), Vol. I, No. 1。

对停经或长白发似乎都没有什么礼仪，尽管这些在半文明社会都是重要的进入新的人生阶段的标志。一般而言，或是老年妇女变得与老年男人同化，因此参与其仪式、政治活动等，或是她们在自己的性别群体获得特殊地位，特别是作为仪式的头人。对男人而言，老年带来的是更高的社会地位。

第八章　丧葬

分隔礼仪、边缘礼仪与聚合礼仪在丧葬仪式中之相对重要性；作为分隔礼仪与边缘礼仪之祭丧；丧葬的两阶段；此世至彼世之旅程；死亡过渡之地域障碍；向亡者社会之聚合；冥世构成；古埃及亡者之每日复生；冥世之众多；不符合冥世常规之死亡；再生礼仪与轮回礼仪；为亡者下葬、建坟或墓地之礼仪；分隔礼仪与聚合礼仪之列举

209　每当人们想到丧葬仪式，首先会考虑到分隔礼仪是整个仪式中最重要的组成部分，相比之下，边缘礼仪和聚合礼仪只是一带而过。然而，资料分析证明分隔礼仪在数量上很少，且很简单；而边缘礼仪之过程本身与其复杂程度，则足需专题讨论。不仅如此，那些将亡者聚合到亡者世界之丧葬礼仪不但极其繁复，也最具意义。

210　在此，我只提出一些简单想法。众所周知，丧葬礼仪在不同文化中差异甚大，因死者性别、年龄与社会地位也有很多变化。然而，从其极复杂的细节中，某些具有主导意义的礼仪特色仍可辨析出来。其中某些将在此作出分类。在某单一民族内，当几种相矛盾或不同的后世观念同时存在并产生互动时，其丧葬礼仪尤为复杂。人类甚至被视为由几种因素组成，因而死后命运并非一样。

例如,身体、生命力、呼吸灵魂、影随灵魂、侏儒灵魂、动物灵魂、血液灵魂、头灵魂等等。有的灵魂永远存在,有的暂时存在,有的死亡。以下所论则是从这些变异中的抽象化,因为它们影响到的只是过渡礼仪的复杂形式,而不是其内部结构。

有关吊丧礼(deuil),我先前只认为是禁忌与消极行为之集合,标志着亡者与社会,即物理世界,分离开,从不圣洁状态被置于 211
神圣世界。[①] 可是现在,我认为此礼是更复杂的现象。事实上,其过程对生者是一个边缘状态(état de marge),生者经分隔礼仪进入此阶段,从此再经聚合礼仪回到社会(解除吊丧礼仪)。在有些情况下,生者之边缘期与死者之边缘期相对应,[②]其结束期偶合,即生者回到正常社会与死者被聚合到亡灵世界在同一时间。所以,在尼日尔高原的哈贝人中,“寡妇之守寡期,据说与死者游魂之旅相呼应,直到亡魂聚合入神圣之祖灵,或轮回再生才结束”。[③]

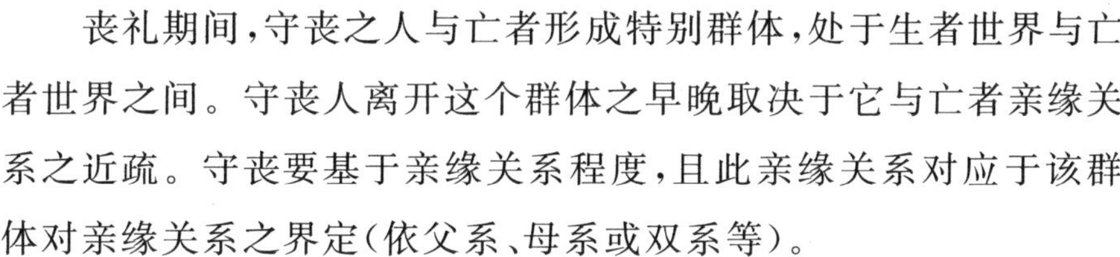

丧礼期间,守丧之人与亡者形成特别群体,处于生者世界与亡者世界之间。守丧人离开这个群体之早晚取决于它与亡者亲缘关系之近疏。守丧要基于亲缘关系程度,且此亲缘关系对应于该群体对亲缘关系之界定(依父系、母系或双系等)。

---

① 范热内普,《马达加斯加之禁忌与图腾》,第 40、58—77、100—103、338—339、342 页。

② 这正是威尔金在印度尼西亚所见到的(《论头发祭祀》(*Uber das Haaropfer*),1886 至 1887,见第 254 页);他追随的是赫茨(Robert Hertz)。赫茨概括了此观点(《死亡的集体表现研究》(Contribution à une etude sur la représentation collective de la mort),《社会学年鉴》,X[1905—1906],第 82—83、101、105、120 页)。事实上,祭奠期的长短常常基于以下所提到的两个因素。

③ 迪斯普拉奈,《尼日利亚中部平原》,第 221 页;有关对其他世界的信仰,见第 262—268 页。

212 将鳏寡之人视为应有最长守丧期似乎合情合理。他们只在通过特别礼仪之后，并在其身体关系（如孕期）不再可辨之时，才最后离开这边缘期。那些解除全部守丧期规矩（如特别服装）和禁忌的礼仪应被视为向整个社会或某群体生活之聚合礼仪，与新员之聚合礼仪有相同程序。丧礼期间，有关成员暂停一切社会生活，其时间长度因1）该成员与死者关系（如寡妇、亲戚），2）死者社会地位，而有所不同。如果是头人死亡，这种暂停会波及整个社会。例如，会有公众吊丧、节日确定以及当非洲某较小国王或酋长死后的“特许时期”，等礼仪。此时此刻在中国[1908年]，因皇帝和（慈禧）皇后之死，对政治、经济、行政之必要调整都是为了协调因此给社会带来的巨大影响。期间，中国百姓正常家庭生活在几个月里被暂停——这样的暂停在我们现在的社会将无疑是一场灾难。

丧葬礼仪中的边缘期最初的标志是尸体或棺椁在死者房间、
213 房前过道或其他地方或长或短之停留，即停灵。但这只是一整套系列礼仪之开始，其重要性与普遍性已被拉斐陶指出。他说，“在最原始民族中，尸体只是为了安全缘故而被保存于最初的岩石冢。经过一段时间后，对尸体有新的葬礼，然后再进行各种预定礼仪。”[①]进而，他如此描述加勒比人的有关礼仪：“他们相信，死者只有在失去身体上的血肉后才能进入灵魂世界。”此类边缘期的存在也引起过米哈依罗斯基的注意。[②] 这期间主要礼仪是围绕将肉体去除或等待其自然腐落。例如，马达加斯加的贝兹罗人（Betsiléo）

① 拉斐陶，《美洲野蛮人的死亡与人类早期的死亡比较》，II，第444页。

② 米哈依罗斯基（N.-M. Mikhaïlowski），《萨满教》（*Shamanstvo*）（Moscou，1892），第13页。

便基于此思想举行仪式。他们在等待尸体于停灵地（其净化因一场大火而加速）腐化期间有一系列仪式，然后是埋葬尸骨的第二系列礼仪。[①]

其他民族有时在此期间有更细划分的礼仪，其阈限后期的延
长期（一周、两周、一个月、四十天、一年等）之礼仪在形式上对称于 214
祭祀，实质上与婚礼周年纪念日、生日，有时甚至是成年礼仪相似。

有关印度尼西亚的丧葬阶段，已有了详细研究，[②]故在此采用其他民族的类似例子。托达人具有与印度尼西亚相近的礼仪，[③]包括火化、保存骨骸、埋葬骨灰、在墓地筑立圆形石碑。整个仪式延续若干月。死者去往一个地下世界，称作阿姆诺德（Amnodr），在那里，他们被称为阿玛托（Amatol）。其路程因不同民族而有别，且充满关隘。“不好的人”通过一个绳索来到一条河边，在那里住一段时间，与其他部落氏族人混在一起。水牛也来到阿姆诺德。阿玛托在那里要行走很长时间，当他们将腿磨到膝盖时，便能回到
人间。撒莱哈德的奥斯加克人[④]，要将房屋内所有东西搬出，只保 215

① 参见范热内普，《马达加斯加之禁忌与图腾》，第六章，第 277—278 页。

② 赫茨，《死亡的集体表现研究》，第 50—66 页；有关详细的描述坟墓以外的世界、通过的旅途等的文集，可参见科鲁基特，《阿契帕拉印第安人的泛灵论》，第 323—385 页，该书基于泰勒、威尔金与勒杜尔诺（Le Tourneau）的理论和观点。

③ 里弗斯，《托达人》，第 336—404 页；有关阿姆诺德（Amnodr）的描述，见第 397—400 页；有关礼仪描述，另见瑟斯顿，《印度南方民族志笔记》，第 145—146、172—184 页。

④ 我照用信息提供者给出的名字，尽管撒莱哈德的奥斯加克人是正宗的奥斯加克与 萨摩耶迪斯人（Samoïèdes）的混血；见范热内普，《奥斯加克人之名称的起源与演变》（Origine et fortune du nom de peuple Ostiak）《东方评论》（*Keleti Szmle*）（Budapest，1902），II，第 13—22 页。

留死者生前所用饭具，而死者在被着装后置于独木舟中。由一萨满向死者询问其死因何在，然后死者被带到其氏族墓地。独木舟放在结冰的地上，双脚朝北，身边摆上所有在另一个世界所需之物。死者被相信要与生者在此地进行最后一次共餐。之后，吊丧者全部离开墓地。女性亲戚做一个与死者相仿的布袋人，如果死者是男性，则需为布袋人着装、清洗、每日喂饭，直至两年半，如是女人则为两年。[①] 之后将此物置于坟墓上。

男人的祭丧期为五个月，女人为四个月。死者需向北经过艰险路段，来到黑暗寒冷的亡者世界。[②] 其路途之长似乎与布袋人被保留期对应一致。因此，在死者最后到达其归宿地时有一系列阈限前礼仪、边缘礼仪以及最终的丧葬礼仪。北方奥斯加克人将亡者世界划分在欧巴（Ob）河口以北，在北冰洋内，[③]只有月光照
216 亮。离这个世界不远处，有一个三岔路口，一条是给被暗杀、溺死或自杀之人；一条是给其他罪恶之人；一条是给正常死亡之人。对艾蒂什的奥斯加克人来说，另一个世界在天上。那是一个美好的

① 冈戴蒂（Gondatti），《西北亚土著人中的异教痕迹》（*Sledy iazychestva u inordtsev Severo-Zapadnoi Sibirii*）（Moscow，1888），第 43 页；他说布袋人要保留六个月。如果亡者是男人，寡妇要在其身边睡觉。依据帕特卡诺夫（《艾蒂什的奥斯加克人及其民谣》，第 146 页），在艾蒂什的奥斯加克人中，布袋人近来被死者的枕头和内衣所取代。

② 巴特奈夫（V. Bartenev），《撒莱哈德的奥斯加克人的丧葬礼仪》（Pogrebalnyia obychai Obdorskikh Ostiakov）（cles rites funeraires des Ostiak d'Obdorsk）《故事神》（*Shivaïa Starina*），V（1905），第 478—492 页；冈戴蒂，第 44 页。

③ 我不明白为什么帕特卡诺夫（《艾蒂什的奥斯加克人及其民谣》，第 146 页）追随冈戴蒂，后者认为那个水下世界是地下世界。似乎明显有基督教对沃古尔和奥斯加克的信仰的渗透（如恶魔、地狱和惩罚等观念）。

国度，要经过梯子才能攀到，每个梯子有一百到三百米高；或者爬一条索链。神熊，可能是图腾，[①]和死者有时经过这些途径回到地上——至少其古老史诗传说如此。[②] 简言之，我以为保留布袋人时期长短与所相信之旅途期之间一定有关系。

印度的科尔人所举行的丧葬仪式为所知的防御性礼仪与过渡礼仪之结合提供了一个极好例证。[③] 其礼仪程序如下：1）死后尸体立刻被置于地上，“这样就较容易找到死者之家”——其家在地下；2）尸体被清洗，然后涂成黄色，以便驱除可能在路途上阻挡的 217
邪恶鬼神；3）为了同样目的，亲戚邻居说些求情好话；4）尸体被放在灵台上，脚朝前，这样灵魂不能找到回家的路，并且下葬队伍因此而选择小道；5）下葬队伍不能包括男孩或女孩，女人哭丧，男人沉默；6）每个男人将一块干木头放在灵柩上；7）为此路途，稻米和与性别有关的工具放在一边，死者口中含有米糕和银币，因为灵魂是伴随尸体的影子；8）女人离场，点火烧灵柩，点火的火把也被烧掉，[④]以免死者返回；9）男人收回骨骸，放在瓮中，带回到死者的房子，挂在一根柱子上；10）一路上撒些稻米，门口放些食物，以防万一死者回到家时因饥饿而伤害生者；11）死者用过的食具都被拿到远处，因为它们都不洁净，而且死者可能在其中隐藏；12）通过供奉

---

① 见本人对卡罗辛（N. Kharouzine）的专著《奥斯加克人沃格尔人中的通过熊的发誓与熊崇拜》（*Le serment par l'ours et le culte de l'ours chez les Ostiak et les Vogoul*）的概括，《宗教历史评论》，Vol. XL（1899）。

② 帕特卡诺夫，《艾蒂什的奥斯加克人及其民谣》，第146页。

③ 哈恩，《科尔人地区的成人礼》，第82—88页。

④ 如果雨下得大，尸体依据特定礼仪埋葬，以便在秋收后可以起坟，再火化。在此例中，其仪式有三个阶段。

食物将房子净化；13）经过特定一段时间，举行“订婚”或“亡人与下
218 界结合”仪式。大家唱婚礼歌、跳舞，抱着瓮的妇女带着喜悦将盖子打开；14）结婚队伍在音乐等伴随下，走到死者及其祖先曾居住的村子；15）将盛骨骸的瓮放在一条小沟里，上面放上一块石头；16）回到家后，参加仪式者必须洗浴。那些被截肢、被虎伤害、因意外事故而死的人都被视为饿鬼，不能进入亡者世界。只有结过婚的人才能进入这个祖先居住的亡者世界。[①] 他们常常回到人世间。他们想回时，以再生的方式在生头胎时返回（特别是祖父和曾祖父的化身）。[②]

在此，因篇幅所限，无法对坟墓世界进行比较描述。[③] 最普遍
219 的观念是那个世界与我们的世界相似，但更美好，其社会组织也与我们的一样。因此，每个人重新回到曾经所属于的氏族部落、年龄群体或前世所从事的职业。依此逻辑，尚未被聚合入生者世界的孩子不能被列入亡者世界。因此，对于天主教徒，没经过浸礼的孩子永远处在边缘期，即“临跛”（les limbes）。同样，在半文明社会中，未经命名、行割礼或其他认可礼仪的婴儿尸体则不经过通常仪式便被埋葬、抛弃或火化——特别是在该族群认为该婴儿尚未获

① 有关该题目，参见上一章的讨论。

② 我提到此记录是因为它证明了前面（第五章）的讨论，即将新生儿置于地上，如同对待尸体一样（科尔人也有此礼；见哈恩，《科尔人地区的成人礼》，第72页），迪特里希（《大地母亲》，第25—29页）搜集到与后者对应的例子，并将其解释为“回到大地母亲的怀抱”；在此，这个理论至少可被视为不可接受。我需要补充说明，科尔人对死去的儿童实行土葬，而不是火葬，“因为他们没有灵魂”（科尔只有在婚礼上才获得灵魂），没有权力进入祖先的地域，而火葬是进入这一领地的方法。迪特里希的另外一个理论（《大地母亲》，第21—25页）在此也不攻自破。

③ 参见泰勒，《原始文化》，第十三章。

得灵魂时。

在通过另一个世界的路途及入口时，存在一系列过渡礼仪。其细节因那个世界之远近及结构而不同。在此，我想提到有关“亡人之岛”信仰的民族（如古埃及人[1]、雅利安-巴比伦人[2]、不同时代和地区的希腊人（参见《奥德赛》第十一章中的冥府）[3]、克尔特人[4]、玻利尼西亚人[5]、澳大利亚人[6]等等）。这些信仰无疑是他们 220
送给亡人船或桨的原因。还有些民族视另一世界如有围墙的城堡，如希伯来传统中亡人驻地有门闩的阴间（Schéol），[7]或巴比伦的阿拉鲁（Aralou），[8]或是间隔起来的不同区域[如埃及的杜阿特人（Douat）]，或是位于高山之上[如达雅克人（Dyakes）]，或是在山中间（如印度的印度教徒）。在这些事例中，对我们有意义的是，

① 有关（古埃及）哈卢（Aaru）的田野与岛屿，亡者的审判和旅途，见马斯佩罗（Gaston Maspéro），《古代东方民族历史》（*Histoire ancienne des peoples de l'Orient classique*）（Paris: Hachette, 1895），I，第 180 页注释，及参考书目。

② 同上书，第 544 页注释。

③ 参见罗德（Ervin Rohde），《心灵》（*Psyché*）（第二版；Tübingen: J. C. Mohr, 1898）；迪特里希，《冥世之行》（*Nekyia*）（Leipzig: B. C. Teubner, 1893）；雷纳克，《贝拉德与欧迪赛》（Victor Bérard et l'Odyssée），1904，第 189—193 页。

④ 梅耶尔（K. Myeyer），《布莱恩历险记》（*The Voyage of Bran*）（London, 1895）。

⑤ 詹瑞奇（Johannes Zemmrich），《地缘神话行程中的死亡岛与血缘关系》（*Toteninseln und verwandte geographische Mythen*），《国际民族志档案》（*Internationales archive für Ethnographie*），Vol. IV，1891。

⑥ 斯特莱罗夫（Carl Strehlow）与莱昂纳蒂（Leonhardi），《澳大利亚中部的阿兰达人与家族体系》（*Die Aranda und Luritja-Stämme in Zentral Australia*），1907—1908，I，第 15 页；II，第 6 页。

⑦ 施瓦利（Schwally），《托达人的生活》（*Das Leben nach dem Tode*）（Giessen, 1892）。

⑧ 马斯佩罗，《古代东方民族历史》，I，第 693 页注释。

因为亡者都必须经历一段路途，[①]相关的生者都小心地为他们准备一切路上所需物品（如衣物、食品、武器或工具），以及那些具有巫术-宗教意义的东西（护身符、咒附、符号等）。这一切都是为了保证亡者旅途安全，被顺利接受到新地方，如同生者旅行一样。因此，某些此类礼仪的特例与本书第三章（个体与群体）所论礼仪相同。例如，拉普兰人谨慎地在墓地杀掉一头鹿，以便亡者能骑上它完成艰难旅途。有人认为这旅途要持续三个星期，还有人认为是
221 三年。[②] 还可提到许多相似习俗。例如，古希腊的“冥府渡神过路费”礼仪便标志这类旅程。[③] 在法国也有这种礼仪，死者被给予最大的硬币，“这样他在另个世界可能被更好地接纳”。[④] 现代希腊仍有此礼。在斯拉夫民族中，这种钱用来支付死者旅途中的费用。在日本佛教徒中，这钱是给掌管“三洲”冥河渡口的老妇人。巴达嘎人（Badaga）用此钱来逾越死亡之线。只有纯洁或“善”的穆斯林才能越过刀刃之桥。信袄教经典《亚吠陀》的古波斯人相信有狗守卫吣哇桥（Cinvat），如同梨俱吠陀中的阎王的狗，有四只眼，守护

① 有关苏巴人对死后世界的信仰，见苏菲，《苏巴人的宗教研究：教义与死亡》（*Études sur la religion de Soubbas*）（Paris, 1880），第 156—158 页；有关通往该世界的路途，见第 126—129 页；有关对应的葬礼，见第 120、121、124—126 页。灵魂需要七十五天才能完成行程，而祭典只有六十天。共餐和纪念餐是绝对不可少的；“最后一口饭”之礼为亡者提供“比平常多的一份饭，因为平常总是不够吃的”。

② 卡鲁辛（N. Kharuzin），《俄国拉普人》（*Russkie Lopary*）（Moscow, 1890），第 157 页，有关更多同类的信息，见米哈依罗斯基，《萨满教》，第 19—24 页。

③ 昂德利，《冥币》（*Totenmünze*）（第二版；1889），第 24 页。另见《水神美鲁西尼》，多处。

④ 蒂尔斯（J. B. Thiers），《迷信之约》（*Traité des superstitions*）（Paris, 1667）；有关其他对应的法国例子，见塞比罗特，《法国门约民俗》，I，第 419 页，有关（从地球）跨过海洋来到地狱的信息。

通往印度徒坟墓的通道，其坟墓犹如一个驿站，“有房顶的封闭住处”，要经过黑暗的地下世界方可到达。[①]

有时，有特别力量者（巫师、恶灵或神祇）负责为亡者指路和引 222
路。在古希腊，这种力量叫“后世之灵魂向导”（psychopompes）。爱希斯和赫耳墨斯-墨丘利的这种角色已众所周知。在姆斯克瓦基人（Musquakie，通常被称为“狐狸”）中，当丧礼结束后，亡者被引到下界的草原上，这名向导是个年轻战士，他记下亡者名字，奔跑几里路，绕个圈，再回来。他从此就占用了这个名字，并被认为是亡者亲戚所收养的孩子。[②]

加利福尼亚的卢伊塞诺（Luisenio）印第安人举行一种直接行为的戏剧性仪式：1）将亡者精灵搬到地上；2）“附在”或捆系在某物上，目的是将其送到天的四个方向，特别是银河。[③]

因为在哈依达人的思想中，可以看到我们所熟悉的有关另外世界的观念的组合，所以我在此略作描述。[④] 通往后世之路一直连到一个像海湾的岸边，对岸便是灵魂国度。从那里，一条灵魂驱
使的小船划过来迎接亡者。当亡者到达对岸后，便开始寻找他的 223
妻子。这要花很多时间，因为相邻的村子很分散，就像哈依达地区

---

① 奥尔顿伯格，《吠陀宗教》，第 450—462 页；另外一个居住地是天空。奥尔顿伯格正确地相信这两个概念是各自独立的，虽然彼此呼应，但不是双元体系中的因素。这种在同一族群中有不同信仰共存的现象并不少见，当出现对某一亡者在一个世界，而其他亡者在其他世界中的地方化时，这常是基于社会性和巫术-宗教性，而不是某群体的民族性。

② 欧文，《北美姆斯夸基印第安人民俗》，第 83—86 页。

③ 杜布瓦，《加州南部鲁西斯尼奥印第安人的宗教》，第 83—86 页。

④ 斯文顿（J. R. Swanton），《哈依达民族学论集》（*Contributions to the Ethnology of the Haida*）（Leiden，1905），第 34—37 页。

的村落一样。而且，每个亡者只被指定一个妻子。一个男人临终时，他要暗示他想在哪个村子住，信使便将他引到目的地。给亡者的每件祭品都为他提供方便，丧葬歌是为他能高抬着头进到那个村子。亡者将财富再送给他的穷亲戚。在灵魂国度，有圣舞，每个人都为他娱乐。在这国度之外，住着一位国王，名叫“巨行云”，掌管三文鱼的丰产。亡者在灵魂国居住一段时间后，便被给予一只木舟。他带上自己拥有的一切，在同伴悲伤的告别中离开，奔向一个叫做“扎塔”(Xàda)的国度。这是他的第二次死亡。他还要经过第三次、第四次死亡。第五次死亡之后，他化作一只青蝇回到人间。有人认为四次死亡只在经过几次轮回后才会出现。对那些死于溺水或暴力，以及萨满等人，他们会到别的国度。

以下描述正常人的丧葬礼仪。[①] 亡者的脸被图画上颜色，戴
224 上各种头饰，以坐姿在灵台上停留四到六天。人们唱些有巫术性的特别歌。先由同性别的氏族成员，后是异性成员唱。各种食物、饮品以及烟叶被抛入“哭泣之火”。这些东西被大量地抛入，以便亡者带到另一个世界。亲戚都戴守丧标志(剃光头且脸上涂色)。棺椁从墙上的洞里抬出，然后运到只埋有本氏族成员的墓地。寡妇戒斋十天，以石代枕，每天洗浴，但不可洗脸。然后聚集亡夫氏族的一些孩子，招待一顿饭(哈依达人施行外婚制。)“这顿饭被称为‘让自己能结婚的饭’。其目的是，她下次能与仍有财产的人结婚，保佑她与她的新婚丈夫长寿和有福气。另一个知情人说，寡妇经历的礼仪规矩与生理成熟期的女孩所经的礼仪基本一样。”简言

① 见有关礼仪，同上书，第 52—54、34—35 页。

之，尽管礼仪目的是为亡者与其氏族成员结合在一起，为他提供旅途上和在墓地外停留时所需要的一切，但这些礼仪同时也是防御性和泛灵性（屋子墙上开洞、棺椁上留洞等，都是为了防止亡者返回），或是防御性和感染性（守丧、洗浴等等）的。

古埃及丧葬礼仪极恰当地注释了过渡礼仪模式，其目的是将
亡者聚合入亡者世界。在此，只需讨论奥西利斯（Osiris）仪礼。[①] 225
其核心意义是为了一方面将奥西利斯与亡者认同，另一方面也将亡者与太阳认同。我认为，最初一定有两个分开的仪礼，后来则将死亡与再生的主题结合在一起。作为奥西利斯，亡者先从人界分离，再被重新组合；他已死亡，但在亡者世界得到重生，因此有一系列再生礼仪。作为太阳（Ra），亡者在每个傍晚到达冥府时死去。他的木乃伊尸体被抛弃掉；但在黑夜里他经历一系列使他逐步复活的礼仪，当太阳出来时，他获得再生，重新开始每日在生者世界的旅程。在此，太阳的多重再生仪礼与亡者来到冥府的一次死亡结合起来，并依据奥西利斯仪礼，这种重新组合发生在每天每日。这种合并性礼仪的举行与此根本思想是一致的：神灵的、神圣的、巫术的以及纯洁的东西，如果不定期通过礼仪续新，就会失去。

以下的综合模式归纳于《冥府记》和《门记》两本书。[②] 有关冥府 226

① 马斯佩罗，《埃及神话与考古研究》（*Études de mythologie et d'archégologie égyptienne*），Vol. II（Paris：E. Leroux，1893），第 1—187 页；若克耶（G. Jequier），《冥府记》（*Le livre de ce qu'il y a dans l'Hadés*）（Paris：E. Bouillon，1894）；莫莱特，《埃及的每日神圣崇拜仪式》。

② 《门记》（*Livre des Portes*）基于太阳论；《冥府记》没有考虑到奥西利斯理论；有关概括，见马斯佩罗，《底比斯的贵族墓宫》（*Les hypogées royaux de Thébes*），第 163—179 页。

人的不同只存在于不同时代和地区，但是，通过融合与合并，底比斯(Thébains)的教士们发展出一整套礼仪。冥府“犹如一个巨大庙宇，且极长，分成许多屋子，以门相隔，两头各有一个大院，院门口有头大蟒蛇，院门将内外世界连起来”。[①] 在黑夜的第一个时辰，太阳死亡之时，亡者在其船上迎接“圣洁”的灵魂，即依照相应礼仪他被埋葬，随葬的有所需的符咒，墓门有狒狒守卫，所有精灵都在迎接他的到来。那些没乘太阳之舟的亡者，只能永久待在门口。[②] 根据《门记》，那些门与城堡的门一样，由一个以木乃伊为形的神在入口和出口守卫，在转弯处，有两条口喷火焰的毒蛇和九个木乃伊神把关，在经过咒语祈福后方可通过。[③] 其旅途细节在《他世导游》中
227 有描述。[④] 有兴趣的读者可细读所引著作，但我想强调提出，其中的每个房间之间都是由门连接，而每个门都需以仪礼方式确保平安。前三道门和最后一道门的名字无从知道。第四道门及此后的门被称为“隐藏过道之门”、“神柱之门”、“悬剑之门”、“奥西利斯之门”、“静立之门”、“守洪之门”、“万能之成型之门”及“容纳冥王哈达斯神之门”。在最后的出口有一条过道。

这些“门口”在日常崇拜仪礼中有对应的部分：在那奥斯(Naos)门口(位于墙内的庙宇部分)1)线被割断；2)启封；3)拉开

---

① 若克耶，《冥府记》，第 19 页。

② 若克耶，《冥府记》，第 20、39—41 页；马斯佩罗，《底比斯的贵族墓宫》，第 43—44 页；注意神与(古埃及)神狗(cynocephalus，即狒狒)关于“开门”的对话。

③ 同上，第 II 卷，第 166—168 页；有关审判处门的开启，见《亡者之书》(*Livre des morts*)，第 125 章 I. ll，第 52 页及以下及以下诸页。

④ 马斯佩罗，同上《埃及神话与考古研究》，Vol. I，第 384 页；《来世旅途指南》(*Guide du Voyayeur dans l'Autre Monde*)。

门闩。[1] 然后是与神的分离和重新组合，作为丧葬礼仪的一部分（打开嘴等[2]）。那奥斯的第二个门口进一步强调第一道门的意义。用水和香为神沐浴，系上神圣的布带，涂上颜色和香油，然后将神像放回到那奥斯内的像坐上，如同在丧葬仪礼上放置木乃伊和亡者塑像。此后的跨越那奥斯仪礼是从庙宇分开的主要礼仪。[3] 因此，神灵崇拜之目的是为了“太阳-奥西利斯”的每日复活，与丧葬礼仪无异：两者都将亡者复活，通过木乃伊和各种礼仪 228 将其神化，通过重新组合与夜间再生以防止其真实的和最后的死亡。[4] 所以，在丧葬礼仪、日常崇拜、神殿开光以及加冕等仪礼中有诸多平行对应成分。[5] “太阳”、奥西利斯、国王、神父以及每个“圣洁”亡者的同时间的死亡与再生都无疑是我所了解的最复杂和具有戏剧性的死亡与再生的例子。有必要强调，在此，来到人世本身就被视为一种再生。[6]

所有这些再生礼仪都是为了防止亡者每日都再次死亡。许多

---

① 莫莱特，《埃及的每日神圣崇拜仪式》，第 35 页及以下诸页。

② 同上书，第 73—83、87—89 页；马斯佩罗，《丧葬祭祀仪式》（*Le Rituel du sacrifice funéraire*），《埃及神话与考古研究》，第二卷，第 289—318 页。

③ 同上书，第 102—212 页与图例 III。

④ 莫莱特，《埃及的每日神圣崇拜仪式》，第 226 页，参见第 10—15 页及前文提到的页码。

⑤ 冥府的内部构成至少属于两个根本不同的体系。根据底比斯人的从尾到头的过渡仪式，即通过巨大蟒蛇的“诸神之生命”象征，依若克耶（《冥府记》，第 132—133 页）所说，其象征意义来自蟒蛇每年换皮的能力。由此，最后的再生在第十二小时得到保证。但是，这无法解释为什么要通过两个牛头（马斯佩罗，《底比斯的贵族墓宫》，第 169—171 页）；有关第十二小时的问题，见第 96—101 页。

⑥ 马斯佩罗，《底比斯的贵族墓宫》，I，第 23 页注释、第 29 页。需要说明，木乃伊的目的正是为了使再生，即坟墓之外的生命，成为可能。

民族都有此类信仰，有时合并了这种观念：亡者每次死亡都是从一地过渡到另一地。海达人（Haida）就有这样信仰。切雷米斯人的一些群体相信亡者只死亡一次。而有的群体，如沃提亚克的（Vi-
229 atka）切雷米斯人相信，一个男人可能死亡七次，从一个世界过渡到另一世界，最后变成一条鱼。[①] 切雷米斯人的礼仪包括首先为亡者喂食，然后通过“纪念日”定期供奉食品。有关后世的活动部分地说明了沃格斯人与奥斯加克人的有关食物与大量使用食物的礼仪。他们中有人认为亡者死后在海底或天上居住一段时间，[②] 然后一点一点变小，像虫子大小，或化作一只小虫子，最后完全消失。[③] 对天意的信仰在亚洲较普遍，存在于（波斯）太阳神教（Mithriacisme）中（其中存在七个天界，需连续通过加入仪式）。

正如那些未经浸礼、命名或成人礼的孩子，未经过葬礼的人被判为处于可怜的境地，永远也不能进入亡者世界，或被聚合入那里的社会。这些都是最危险的死亡。他们希望被重新聚合到生者世界，但又无法被聚合，所以他们表现得像充满敌意的陌生人。他们
230 缺少其他亡者在亡者世界所具有的物品，因此必须通过生者的代价获得那些物品。不仅如此，这些没有居住地或家的亡者有时具有强烈的报复欲望。丧葬礼因此有很多用途；帮助摆脱生者的永久敌人。不同民族对这些无家可归的亡者有不同界定范围。除上

① 斯米尔诺夫（Ivan N. Smirnov），《瓦尔卡与卡马盆地的芬兰人》（*Les populations finnoises des basins de la Volga et de la Kama*）（Paris: E. Leroux, 1898），I，第138页。

② 同上书，第150页，以及此页所引各资料。

③ 冈戴蒂，《西北亚土著人中的异教痕迹》，第39页。

述之外，这类亡者可包括那些失去家庭、自杀、死于异乡、被雷电所击、违反禁忌而死亡等人。以上只是概括而言，不同民族对其结果有不同看法。我在此重申，我并不声称过渡礼仪模式具有普遍性和绝对必要性。

至此，我想提到有关对自杀死亡者在另一个世界的命运的不同信仰。拉希列出了四个独立类别：1）自杀被视为正常行为，因自杀死亡之人的命运与正常死亡、重病死亡或被截肢死亡之人的命运相同；甚至认为自杀是保证灵魂处于良好状态，不被弱化或分解的好办法；2）自杀在另一个世界得到报偿，例如，斗士或寡妇之自杀等；3）自杀之人无法与其他亡者聚合，必须在亡者世界与生者世界之间游荡；4）自杀在另一个世界受到惩罚，亡者必须在两个世界之间停留一段时间，等于他正常生命可能延续的时间，或者他只被

接受到亡者世界的下层区域，或者受到拷打的惩罚等等，犹如在地 231
狱。[①] 显然，那些适合于防御、净化以及过渡礼仪的丧葬礼仪特征与上述四种均不一样。

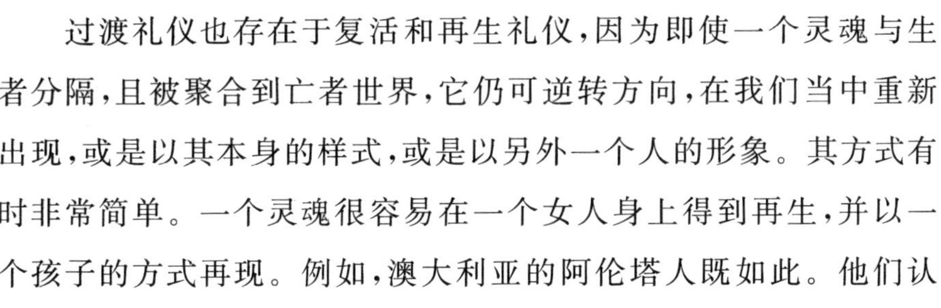

过渡礼仪也存在于复活和再生礼仪，因为即使一个灵魂与生者分隔，且被聚合到亡者世界，它仍可逆转方向，在我们当中重新出现，或是以其本身的样式，或是以另外一个人的形象。其方式有时非常简单。一个灵魂很容易在一个女人身上得到再生，并以一个孩子的方式再现。例如，澳大利亚的阿伦塔人既如此。他们认为灵魂在石头、树等物中等待，然后跳到年轻、丰满和有吸引力的

① 拉希，《有关鳏寡自杀后灵魂的去向》（Die Verbleibsorte der abgeschiedenen Seele der Selbstmörder），《全球杂志》（*Globus*），LXXVII（1900），第110—115页。

女人身上。有关随后重新回到生者世界的礼仪已在有关出生和命名的讨论中有所涉及。阿萨姆的卢谢人部落仪式恰到好处地证明了“永恒回归”的例子。[①] 亡者被穿上最好衣服，在竹台上系成坐姿，与他的性别有关的武器和工具被放在他的旁边。一头猪、一只
232 羊和一条狗被杀掉，然后所有亲戚、朋友和邻居将肉分配；亡者也得到一份吃的和喝的。夜幕降临，它被放进在房子边挖的墓穴里。最亲近的亲戚向他道别，让他为将和他相聚的别人准备好一切。灵魂在猪、羊和狗的陪伴下——否则就找不到道——穿着衣服走向亡者之地，那里的日子极艰难痛苦。但如果亡者曾猎杀过人或动物，或曾为全村人办过酒席，他就到对岸的快乐国度，享受佳肴。因为女人不能战斗、打猎或办酒席，她们就不能到那美好的国度，除非有丈夫带着她们。经过一段时间，灵魂离开先前所住的地方，以大黄蜂的身子回到人间。又经过一段时间，它化成水，借露珠蒸发。随后，如果露珠落在男人身上，那个人就会得到一个孩子，那孩子就是亡者的再生。[②] 孩子出生时，要杀两只鸡，母亲为自己和孩子洗澡。孩子的灵魂前七天犹如一只鸟落在衣服上或父母身上。为此，他们尽量不行动，并在此间向其家族的神灵供奉祭品。随后有多种仪式，其中之一是由最近的母系亲戚为孩子起名，从此，孩子被永久地聚合到该氏族。

233 有时，亡者的灵魂直接再生到动物或植物等身上，特别是图腾物上。在这种情况下，会有聚合礼仪将亡者与图腾类物品结合。

---

① 柯鲁克，《典型的等级制与部落》，第 225 页。

② 这是通过父亲转世的罕见例子。

并非在坟墓之外总有给亡者停留的特殊地方。他们的住所常
常是在房子附近、坟墓(沃加克人称其为“亡者之屋”)或墓地(美洲
印第安的曼丹人称其为“亡者之村”)。在这种情况下,埋葬就是将
亡者聚合到亡者世界的实际礼仪。在切雷米斯人中,这一点非常
明显。也许是塔塔尔人受穆斯林影响的结果,切雷米斯人也相信
来世,类似于奥斯加克人的天堂。那个地方要通过一根杆子或一
架梯子连到锅形的危险之地。莫尔多瓦人的亡者也是居住在坟墓
或墓地。[①] 在此情况下,他们与生者的联系,即边缘期,持续较长
时间,因为如上所述,生者需以共餐、来访或喂饭的方式(通过坟墓
或棺材的小洞,用竹片将食物送进去,等等)定期更续其关系。但 234
最终,其约束关系一点点被打破。最后一次纪念或上坟便完成与
亡者、社会之协调或某受约束的生者群体相关的分隔礼仪。

以下是一系列单独考虑的过渡礼仪。如同本书所举其他事例,我绝不认为所列出的就是完整的。

有关分隔礼仪,前面已有所论及,还有必要包括:将尸体运出房外的各种程序;烧掉亡者所拥有的工具、房子、首饰等物品;将亡者的妻子、奴隶或所喜爱的动物处死;各种清洗、涂油等净化礼仪;以及各种各样的禁忌。此外,还有一些有关地域的分隔程序:以仪礼方式修建或利用坟墓、棺椁、墓地、草席、树林、石堆,而盖棺或填墓穴常常是结束整个仪式的特别庄重的一步。有些定期举行的集体性礼仪其目的是为了将灵魂从房子、村庄和部落的领地驱除。在

① 斯米尔诺夫,《瓦尔卡与卡马盆地的芬兰人》,I,第133—144页,有关切雷米斯人,见第3页。

非洲，对尸体的处理有些是械斗性的，与抢新娘礼仪相对应。其本意似乎至今还没有被正确理解：即如果不是不得已，生者不想失去
235 他们的成员，因为失去一个成员就是减弱自己的社会力量。这种争斗因亡者的社会地位高低而在暴力程度上有所不同。[①] 至于对尸体本身的处理（火化、净化等），其目的是为了将其各个身体和灵魂的组成部分分解。亡者的遗骸（骨头、灰烬）只在极少有的情况下能在后世形成新的身体，尽管赫茨可能有不同思考。[②]

在聚合礼仪中，我首先应提到葬礼后的一系列筵席以及纪念日活动。其目的在于将群体内所有生者都团结起来，有时也是与亡者结合起来，犹如因一个成员消失而导致一条链子的一个环节断裂，随后需马上连接起来。有时在吊丧期结束后也有同样性质的酒席。对于有两个阶段（暂时和永久）的丧葬礼仪，通常在第一阶段结束后其亲属有一次共餐，并认为亡者也参与此宴。最后，如果部落、氏族或村庄也参与（伴随着鼓声、哭声等），聚会使共餐更具有集体仪礼特征。

236 至于与另外世界的聚合礼仪，他们等同于待客、加入氏族、收养等聚合礼仪。通常这些礼仪伴有传说，主题围绕冥王哈达斯的后代或通向亡者之地的旅途，且以禁忌的方式表现出来，例如：不能与亡者一同进餐，不能吃或喝来自亡者世界的东西，不能被亡者触摸或拥抱，不能接受他们的礼物等。而另一方面，与亡人共饮是与亡人及其世界的聚合行为，因而使他能在与众亡者旅行中不受伤

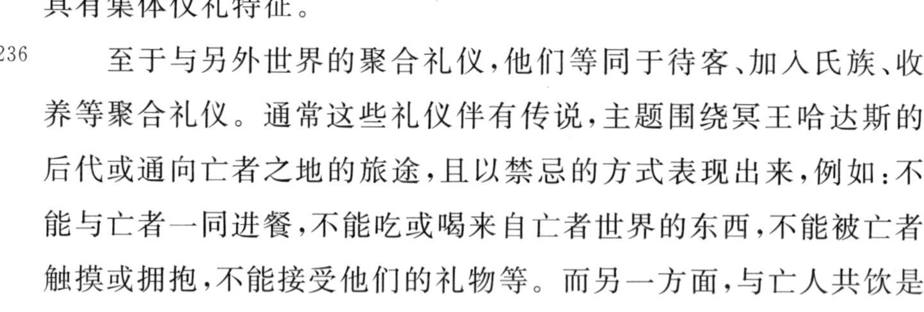

① 参见赫茨，《死亡的集体表现研究》，第128页注释2。

② 同上书，第78页。赫茨在此修正了克莱恩保尔(Kleinpaul)的理论，该理论过于绝对。

害，如同支付过路费（硬币等）。还有一些特别礼仪，如由亡人在新员头上抡棒子、[1]基督徒的涂油圣事，或将亡人放置在地上的习俗。最后，某些美洲印第安人、非洲的阿尼安伽人（Anyanja）、[2]秘密社会成员，以及其他特殊的巫术-宗教群体所表演的"亡人之舞"也许都应该列入这类礼仪。

① 哈登，《剑桥托雷斯海峡人类学报告》，V，第355页；同一礼仪也举行在结婚礼中（见此书第128页）。

② 沃纳，《英属中非的土著人》，第229页；拉特雷（R. S. Rattray），《阿尼安伽人的民俗、故事与歌谣》（*Some Folk-lore, Stories, and Songs in Chinyanja*）（London: S. P. C. K., 1907），第179页。

第九章　其他类型过渡礼仪

可单独考虑之若干过渡礼仪：1）头发；2）面罩；3）特别语言；4）性行为礼仪；5）鞭打；6）首次；年令仪式、季令仪式、月令仪式、日令仪式；死亡与再生；祭献、朝觐、发誓；各类边缘；古埃及对应之仪礼体系

237 至此，本应细论每一过渡礼仪行为，论证它该是分隔礼仪、边缘礼仪还是聚合礼仪。然而，如此将需若干章节，因为每一礼仪依其所发生的环境可有若干种阐释方法，例如，观察它是否在完整系统之内举行或独立举行，是一次性还是多次性。[①] 在此，将只列举一些上述已提及的类型的礼仪，[②]包括切割动作，以及尚未被讨论过的系捆动作的礼仪。我在其他处将割礼作为分隔礼仪作过解
238 释，也谈到其他物品的使用，如“神约”、“神线”、结扣以及类似之物，如带子、环、手镯，特别是在婚礼和加冕礼中的头冠，一种原始的发带形式。

---

① 有关这个联系，见蒙素尔（Eugène Monseur）在《近期使用的宗教放逐》（La proscription religieuse de l'usage recent）（《宗教历史评论》，LIII（1906），第 209—305 页）一文提到的礼仪。

② 同上书，第 20—22、38—42、53—54、67、74、77、88、185—186、188—189、191、234—236 页。

然而，我仍需说明为何将本章列举的某些礼仪包括在过渡礼仪中，并给出简单原因。

1)头发或毛发。涉及毛发的礼仪已在威尔金专著中有所论及，[①]其观点受到史密斯[②]和哈特兰等人的接受与称赞。实际上，所谓“毛发祭献”包括各具特色的两部分做法：剪切毛发，再将其呈献、祭献或供奉。剪切毛发是将自己与先前世界分隔；呈献毛发是将自己与神圣世界结合，特别是与某一确定其氏族关系之神灵结合。但这只是处理所剪毛发的方法之一。剪下的毛发、包皮或指甲，包含本人性格的一部分，但这种概念在很多人群中并不存在，以致剪毛发时没有任何特别行为。对有此概念之人，毛发便被埋 239 起来、烧掉、保留在特别小匣里，或由一亲属保存。剪发或削剪部分假发（如某些僧徒之礼）之礼仪在很多不同场合举行：小孩剃光头表明他进入一新阶段；女孩结婚时剪光头暗示她进入一新的年龄群体；寡妇剪发是为了解除先前婚姻所建之约，并将剪下之发置于坟墓以示强调；有时，剪剃亡者之毛发以达到同样目的。分隔礼仪与毛发相关是有其原因所在的。其形、色、长度及式样具有鲜明特征，可轻易区分个体间以及群体间之差异。“摩洛哥拉乎纳人(Rahūna)中，小女孩只留前面头发和头顶上一束发；进入青春期，便开始蓄发，遮挡前额，将后面头发卷起；结婚时，左右编两辫垂在背后；做母亲后，两辫放在胸前”。[③] 因此，对拉乎纳人来说，发式

① 威尔金，《论头发祭祀》；另见弗雷泽搜集的诸多事例，《金枝》，I，第368—389页。

② 史密斯，《闪米特人宗教研究讲座》，第324—325页。

③ 杜特，《马拉喀什》，I，第314—315页。

不仅用来标志人生阶段，而且也显示所处不同女性群体的身份。
240 此类事例不胜枚举，而我所希望指出的是，对头发的处理常常属于过渡礼仪的类型。[①]

2)面罩。普拉塔克质问，“为什么人们在崇拜神灵时要罩住头？”回答很简单：将自己与平凡世界分隔，正如在提到萨满时所指出的，因为视线本身也是一种接触；也为了只处于神圣世界中。在崇拜、祭献以及结婚等礼仪中，“戴面罩”是暂时的；但在其他场合，其分隔或聚合，或两者兼而有之，则是永久的。这种情况存在于突尼斯的穆斯林妇女和犹太妇女等群体中，她们既属于性别群体，又属于特定家庭群体，所以必须用面罩将自己与其他世界分隔开来。同理，天主教中从阈限阶段（成为道士或修女）进入与该集体之永久聚合阶段，被称为“戴面罩”。加入基督教圣餐礼的聚合也如此。同样的解释适于两种情况：有些民族，寡妇戴面罩，或是在祭吊期间，或是永久的，以将自己与亡夫或已婚男女分隔开。苏格拉底在喝过毒酒后将自己用头巾罩起来，由此将自己与生者世界分隔，与死者和神灵世界聚合。但他让克力同（Crito）以公鸡祭献艾斯库
241 累普医神（Esculape）后，即期望再次像个活人一样行动，他拿掉罩巾，但马上又再罩上。[②] 与此相似，当罗马人“敬献”诸神时，他们

① 史密斯（《闪米特人宗教研究讲座》，第 327—328 页）明确指出切割或藏头发是普通的成人礼仪，但他视其为一种神圣化仪式。也许可以更准确地说，同样的礼仪在过渡礼仪和神圣化礼仪中都有。

② 在此似乎没有必要介绍雷纳克有关“供品的遮盖”的思想（《崇拜、神话与宗教》，I，第 299 页），即“看见尸体会是对天界光明的污染”。不仅如此（第 309 页），他还提出一种类似于我的观点的解释，但并没有贯穿于他的论点中：“净化、忏悔以及哀悼之间的关系”，以及对新员的遮盖与罗马教和基督教婚礼中的正常遮盖之间的关系，这些应该向他表明所论及的礼仪的意义，即它们都是分隔礼仪，同时也是聚合礼仪。

通过罩上某些特定牺牲者，有意将这些人与此世分隔，以便聚合入另一神圣世界。

3)特别语言。在上述诸多仪式中，特别是处于边缘期时，人们常使用一种特殊语言，有时包括整个社会不知或极少使用之语汇，有时纯粹是为了避免使用普通交际语中某些词语。对女人、新员(新成人)、石匠、神父(经文用语)等等，都存在特定语言。应将此现象视为极正常的区分过程，无异于改变服装、断肢、忌食等等。我曾对此有过详细论述，[①]故不在此赘述。

4)性行为礼仪。在多数仪式中，不应分开考虑对性行为的禁 242
止，不应超出对其特定语言等行为的研究。对于将性交既不视为不洁，也不以为具有巫术-宗教性危险的民族，不存在禁忌问题。但对有此意义存在之族群，存在有相关禁忌则是很自然的，因为那些希望进入神圣世界，并已进入，且欲从中有所作为之个体必须将自己置于“洁净”状态，以便保持其地位。另一方面，如在第一章论述之神圣性转换形式，即使不洁，但因性交具有“强大力量”(puissant)，如此，它有时被用做一种创造极效之礼仪。很显然，与已圣化之神娼交媾便只是与神灵聚合或认同方式之一，与圣餐有本质性相似。[②] 其行为之身体冲击和插入动作应引起特别注意。其他礼仪，如密利塔(Mylitta，每个女孩必须有一次与陌生人性交，并获得一枚他所给予的硬币)，需要更复杂的解释。韦斯特马克所作之阐

① 范热内普，《简论有关特殊语言的理论》(Essai d'une théorie des langues spéciales)，《民族学与社会学研究评论》，1908，第 327—337 页。

② 我相信讨论克劳利与弗雷泽等人的早期的理论是没有意义的。很难找到更好的表达亲密和密切结合的过程；共餐本身在与交媾比较时就似乎已经极复杂了。

释最为可嘉。他认为，因为陌生人具有神圣力量，所以那是一种保
243 证女孩具有生育力之方法。[1] 在严格意义上，她并非妓女；其行为是在神圣场所进行，很可能其行为包括将陌生人聚合入某神灵或该城市之目的。我将成人（加入）礼仪最后之性交行为解释为一种聚合礼仪。在澳大利亚即如此，其目的有时是为了将信使聚合入本部落，有时是为了确保仪式进程顺利进行，[2]还有时是作为友谊行为（借或换妻、妹等）。

至于成人仪式后之“性行为许可”，例如在俄罗斯某教派所实行之男女依意欲或场合而结合，在我看来，绝非“原始乱交”（promiscuité primitive）之遗留，而完全是这种聚合思想之表达，在各方面等同于某群体内全体成员参与共餐。能否因此从人类普遍存在之共餐中推论出一种观点，以支持视此为更早期之食品共有制之继续？
244 在此类情况下，个人财产权亦不在考虑之内，例如，在一次简单野餐中，每人都吃别人所带食物。所有人都被团结为一整体，由此群体成员建立起完整和深层的结合，这可能是基于图腾或异教，抑或其他信仰。严格地说，影响到性器官之断肢式身体切割并没有性交含义，就此我已多次提及。这一解释同样正确地适用于在婚前通过性交穿破处女膜的做法。

以上关于异性性行为诸方面的讨论亦完全适于同性性行为。但由于有关后者的探讨相当模糊，且文献有限，故有必要引用几例。在上文（见本书边码第 119 页注释①）提到过的在加入特定的

① 韦斯特马克，《伦理观点的起源与发展》，II，第 445—446 页；有关澳大利亚，见第 47—48 页。

② 范热内普，《澳大利亚之神话与传说》，第 lvi—lvii 页。

印杰特群体的仪式上，一年长成员脱光衣服，从头到脚涂上石灰。他握住编制的苇席一头，让新入会成员拿住另一头。他们来回拉扯，直到长者被拉倒在新员身上，然后开始性交行为。每一新员必须依次如此，因为这些美拉尼西亚人并不视鸡奸为罪，而是娱乐行为。[1] 不仅如此，已知历史表明同性性交在古希腊新成年的青年中是正常行为，而且现在在阿尔巴尼亚人中仍是一种建立友谊盟约的行为。在有“公共房”，男女青年不同居之民族中也有此实 245
践。[2] 此时，第一次同性性行为是友情之礼仪。雷纳克的观点变得没必要；他认为，如此行为构成“将强健斗士之男性力量传给新员，后者依附于前者以接受军事和平民教育”。[3] 古代犹太人中的献身上帝、顺服和被动地做同性性交的男人（kedèshim，或男祭司）与神娼（kedèshôth，或女祭司）相对应；同样，此行为是聚合礼仪。穿着异性服装现象无需在此讨论，尽管科斯人（Cos）所实践的礼仪值得提及。那里，海格力斯（Hercules）神父穿女性服装，迎接新娘之新郎着女装。[4] 两种行为之相似，如果接受此观点则很容易

---

① 帕金森，《南海三十年记》，第 611 页；在新几内亚，肛交可能是一种成人礼仪，见查莫尔斯牧师（Rev. James Chalmers），《英属新几内亚的布基莱人札记》（Notes on the Bugilai, British New Guinea），《皇家人类学院学刊》，XXXIII（1903），第 108—110 页。

② 有关事实和参考书目，见艾利斯，《性别心理研究》，Vol. II；韦斯特马克，《伦理观点的起源与发展》，II，第 456—489 页；以及克洛斯（Freidrich S. Krauss）的期刊文章，《有关性道德进化史的民俗搜集与研究年鉴》（*Jahrbüher für folklorische Erhebung und Forschungen zur Entwicklungs Geschichte des geschlechtlicher Moral*）（Leipzig），Vols. I（1904），II（1905），III（1906）。

③ 雷纳克，《雅各与摩西对耶和华的战斗与割礼的起源》，第 356 页注释 5。

④ 弗雷泽，《阿多尼斯、阿蒂斯、奥西利斯》，第 433 页。

解释:1)神父是海格力斯之妻,因此,与此神之聚合构成同性性行为;2)新郎行为如同萨满夫妻(koryak),即丈夫为妻子;妻子为丈夫。[1] 所提及问题之对应实属偶然,除非假设结婚礼仪影响到神
246 殿礼仪。倘若如此,无论装扮新郎之理由如何,神殿礼仪绝对是与神之聚合礼仪。[2] 仪礼性同性性交在巴布洛印第安人中也存在。[3] 他们有意将某些男青年(*mujerados*)女性化,在各种仪式中利用他们,[4]这无疑与阿伦塔人的做法具有同样目的,后者仪礼性地与女性性交。在此两种情况下,其行为可称为"巫术催化剂"。

与此相近,几件事实足以说明与动物性交在某些情况下属聚合礼仪。在马达加斯加,此礼仪极其分明。在安塔莫罗人(Antaimoro)
247 中,一男人必须在与小母牛交媾后方可与女人性交。母牛经过精选照料,并被敬献鲜花和花环。安塔莫罗人的绰号是"追牛人",其礼

① 依奥钦森(Waldemer Iochelson),《萨满夫妻》(*The Koryak*),《美国自然历史博物馆回忆录》(Leiden: E. J. Brill, New York: G. E. Stechert, 1908),第 52—54 页。

② 祭司和巫师穿女性衣服的习俗非常普遍,以致我们必须要作出更深层的解释,见依奥钦森的有趣注释,《萨满夫妻》,第 53 页;德伯特,《法属基隆迪事典》,第 107 页;弗雷泽,《阿多尼斯、阿蒂斯、奥西利斯》,附录,第 428—435 页。祭司穿女人衣服的根本原因可能是他相信自己被一个女性精灵或女神所拥有,他也因此想与她认同。弗雷泽(第 434 页)以此礼为一种结婚礼仪而引用,并认为这是为了保证能生男孩。这种阐释让人无法接受。如果真是如此,新郎便会只生男孩或只生女孩。在我看来,这是新郎向新娘家聚合,或新娘向新郎家聚合的问题,或更可能的是两个体之间的简单的结合礼仪,如同交换戒指、食物等。

③ 尽管在巴布洛仪式中男人的确装扮成女人,但无民族志资料证明所述习俗——英译注。

④ 喀施(F. Karsch),《初民中的男性同性恋与女性同性恋》(Uranismus oder Päderastie und Tribadie bei den Naturvölkern),《性研究年鉴》,1901,III,第 171—175 页。

仪可能与图腾有关。在英属新几内亚某些部落中，与动物性交[1]是成人（加入）仪式之一部分。[2] 与动物性交之戏剧性表现，即使不是真实行为本身，至少在一些民族中扮演重要角色，如澳大利亚土著人和美洲印第安人，以及卡拉哈里沙漠中之丛林人。后者表演公牛与母牛舞、火鸡舞或豪猪舞，极其精确地模仿这些动物性交。[3] 与动物性交之巫术效应可见以下米佐怀茨（Mitrovics）关于达马蒂人（Dalmatie）的描述。为了不被吃掉，一男人应与母鸡或鸭性交；为摆脱淋病，一边与母鸡性交，一边将鸡喉咙割开；为成为巫师，与母牛性交；为好运，与母鸡；为学会动物语言，与母蛇；为不让恶仙（Vilas） 248
伤害动物，与母马；为偷物不被抓获，与猫；为房下有财富，与山羊性交，且搜集精液，涂在门上。[4] 无疑，在安南（越南），与母鸡、鸭等动物性交之习俗相当普遍，以致产生如此说法：欧洲人如果不是亲眼看到它们被杀，绝对不可吃这些禽肉。

5）鞭打行为可用几种方法阐释，即使其行为只是仪礼性表演。其性心理意义之重要已为人所知：这是最有力的性欲刺激方式之一。但即使依此背景，如礼仪中鞭打的出现，其角色亦应当被置于拷打的更大类别考虑，无论一次还是多次重复，这些拷打行为都应

---

① 范热内普，《马达加斯加之禁忌与图腾》，第249—251、280—281、343页。

② 查莫尔斯，《英属新几内亚的布基莱人札记》，第109页。

③ 巴萨奇（Seigfried Passarge），《卡拉哈里丛林人》（*Die Buschmanner der Kalahari*）（Berlin：D. Reimer，1907），第101—104页。

④ 克洛斯与莱斯克尔（R. Reiskel），《生殖信仰：人类习俗与实践活动》（*Die Zeugung in Glauben：Sitten und Bräucher der Völker*）（Leipzig：Deutsche Verlagsaktie Gesselschaft，1909），翻译与补充杜劳雷，《神圣的生命之源：古今男性生殖崇拜》（*Des divinités génératrices：Ou du culte de phallus chez less anciens et les modernes*）（Paris：Dertu，1805）。

被视为一种虐待形式。仪礼性鞭打或拷打有时会产生性反应。倘非如此,则有必要补充解释其礼仪只是为驱除邪恶精灵或不洁之物。雷纳克搜集古代有关仪礼式鞭打之记述,并对曼哈德的理论做出解释——在路波卡利亚人(Lupercales)中,鞭打可驱赶邪灵。[①]
249 弗雷泽视鞭打为净化礼仪。[②] 汤普森认为鞭打意味着将树(榛子树)或动物(公山羊或母山羊)的力量与生命力转移到病人的身体中,因为鞭子一部分由此物做成。雷纳克接受此理论,将此礼视为一种"圣餐礼仪",而我称其为聚合礼仪。此理论亦应适于路波卡利亚人,以及在阿尔特弥斯祭坛(Arthémis Orthia)上之鞭打。鞭打是许多成人(加入)仪式(如所提及之祖尼人做法[③])中重要礼仪,等同于新几内亚人用木棒击打头部之礼仪,该礼仪是为了将此人聚合入自己的图腾氏族、家庭或亡者世界。[④] 然而,必须指出,执行鞭打或棒打在某些情况下(如在利比里亚和刚果)具有与先前世界从地域上分隔之礼仪目的;击打具有与切割或捣毁相同之目的。最后,仍需提到击打器物之礼仪相当普遍,且存在一种依附礼仪(rites d'appropriation),其表现为"击打地面"或"击打边界"。[⑤]

① 雷纳克,《鞭打仪式》(A flagellation rituelle),《崇拜、神话与宗教》,I,第173—183页。

② 弗雷泽,《金枝》,II,第149页注释。

③ 见前文第112页(边码),有关另外的一个典型事例见韦伯斯特《原始秘密社会》第113页。

④ 见前文第236页(边码)。

⑤ 布兰德(J. Brand),《有关民众风俗之思考:习俗、仪式与迷信之起源》(*Observations of Popular Antiquities: Origins of Our Customs, Ceremonies, and Superstitions*)(London: Chatto, 1900),第35章;弗勒,《罗马共和国期间的节日》,第319页等。

6)第一次。有一句俗话，“只有第一次的才算数”。有趣的是这一思想的确具有普遍性，且在各地程度不等地表现于特别礼仪。250
人们从中可看出的事实是：过渡礼仪不以完整形式体现，没被过分强调，或只存在于社会阶层或场景的首次过渡中。因此，为避免使已含太多细节之本书过于冗长，我在此仅提出这一类型的各个礼仪：所有奠基礼仪和就职或启用礼仪（如房屋、殿堂、村落或城市），它们包括与普通或平凡世界之分隔仪式，以及依附或圣化仪式。这些仪式包含个体的预防礼仪与赎罪礼仪等，但其礼仪组织是遵照过渡礼仪之基本模式，这在首次入会礼仪中尤为明显。对于陌生人，在其首次加入时也有礼仪；此后他便可自由离开并再加入。第一次怀孕和第一次分娩在礼仪上是最重要的，尽管因卫生和医疗之缘故，第一次与以后之差异被削弱。第一个孩子诞生，特别是第一个儿子，比此后分娩都重要，这种思想表现在法律上之诞生权与长子继承制。第一次剪发、第一次出牙、第一次进硬食、第一次走步、第一次月经，都是举行仪式之时刻，虽形式多样，但根本思想贯穿过渡礼仪模式。第一次订婚比以后订婚重要得多；我们都知 251
道一个已订婚女孩被解除婚约会陷入极度羞耻中。女人第一次性交具有仪礼性特征，引发一系列有关失去贞节之礼仪。第一次结婚最重要，但其根本不只是因为失去贞节，因为在许多民族中，新娘或是已与新郎在阈限前期有过性交（如菲律宾之共居房），或新娘在被交给新郎前已被破贞。离婚之人或寡妇再婚时之结婚仪式简化很多（抑或相仿）。就此联系，我想引用比阿纳利在奥格拉所观察之记述，因为它具有普遍真实性：

“奥格拉的四种婚姻需要作出区分：1)两个年轻人之间的

婚姻,两者均为第一次结婚;结婚礼前或同时的婚宴与仪式上[该仪式总称为**伊斯拉恩**(*islan*)],新郎被称为**阿斯利**(*asli*),新娘被称为**塔斯利**(*taslet* 或 *taselt*);2)一个鳏夫、离婚或已有一个或多个妻子的男人与一个童贞女;这样的新郎叫做**邦玛**
252 **姆德**(*boumaoud*),新娘叫做**塔斯利**;3)一个从未结过婚的男人**阿斯利**与一个寡妇或离婚的女人**塔姆托**(*tamet'out*);4)两个都曾结过婚的人之间的婚姻。

婚礼庆祝与婚宴的规模与重要性在以上四类中依次减弱。第一类可被称为完整婚姻,第四类则被视为只对当事人有意义的平淡礼节。"①

我还要提到在实行多妻制民族中,第一个妻子具有比其他妻子更大之优先权。在多夫制的托达人中,②第一个丈夫具有管制其他丈夫之权力。在多妻制的萨卡拉瓦人(Sakalava)中,丈夫需进行特别礼仪确保他是第一个孩子之父,以便他成为此后孩子之父。③ 第一个孩子诞生常常是结婚仪式之转折点,或如喀麦隆人,此礼使新妇加入完全成熟之妇女群体。④

成人礼仪,正如该词所指,最为重要,因为此礼可保证个体具
253 有永久权力加入或参与男人盟会或圣餐仪式。第一次看见圣物是

① 比阿纳利,《(阿尔及利亚)瓦戈拉方言研究》,附录。

② 里弗斯,《托达人》,第 322、517 页。

③ 维林(A. Walen),《萨卡拉瓦人》(The Sakalava),《(马达加斯加)安塔那那利佛年鉴》,1884,第 53—54 页。

④ 女孩和妇女在生第一个孩子前是不穿衣服的;哈特,《喀麦隆北部盆地的游记与研究》,第 421 页。

具有普遍性的重要行动；巫术圈被第一次打破，而且，对该个体，永远也不会再连接上。一个婆罗门第一次祭献、天主教神父第一次弥撒，其特性表现在一系列特别礼仪中。一家中的第一次葬礼比第二次复杂得多。家中第一个孩子之葬礼有时具有特殊复杂性或意义。最后，最好的祭品是那些第一次生下之物和第一次所结之果。

基于以上简述，“第一次礼仪”之阐释应具有普遍性，但舒尔茨研究成人礼仪时几乎没注意到。[1] 他认为礼仪之简化应归因于如此事实：随着文明程度提高，1）神秘性不再成为必要，2）礼仪是由较高等级成员在“幕后操纵”。此阐释显然不适于以上所列举的各种情况。这些礼仪只是从一范畴或境地到另一范畴或境地之过
渡。很自然，一旦进入新范畴或境地，第一次行动之重要性相应减 254
弱。不仅如此，从心理学意义看，第二次行动不具有任何新意，只是标志习惯的开始。

*　　　*　　　*

那些伴随或带来年、季、月变化的仪式也该归类于过渡性仪式。此类循环已有很多人研究，特别是曼哈德和弗雷泽，但他们都基于某特别出发点，似乎并没能将此类仪式之根本意义与群体过渡礼仪相联系。

岁末年首之仪式人们已甚熟悉，无需强调。[2] 在北京，除夕之

---

① 舒尔茨，《年龄段与兄弟会》，第 354—355 页。

② 另见弗勒，《罗马共和国期间的节日》，第 35—43、48—50 页。

年夜饭将家庭全体成员聚合到一起,包括平常因差异被分隔之成员。“宽恕”礼仪之重要性次之,属预备性礼仪,其目的是将整个群体更加紧密团结起来。全体成员辞别旧岁,在祖先面前磕头,依辈
255 分年龄由长者开始,女儿除外,因为她们已进入其他家庭。由长子到亲戚家拜年或辞行等等。[1]

过年的边缘期的长度因族群而异,可能是整夜,或是从午夜至凌晨一点钟,或只是在时光变化的几分钟内。在北京,蒙古人与汉人居住区之间的城门关闭半小时,红纸或类似物系于门或柜橱上。随后举行迎新年礼仪,包括祭拜祖先、神灵,以及共享一顿由所有亲戚参加的团圆饭。其边缘期可能是一天、一周或整月之节庆或假期。其中一例是整个正月里中国行政机构都关门——称为官员之“封印”。[2] 在许多民族中,新年是日常生活被打破之时。在印度支那,其中断的程度体现在即使是死者也离开坟墓来品尝人间佳肴。[3] 十二天或十二夜之时段(圣诞节与显现节之间)也是边缘期。以过渡礼仪角度研究其意义,极具启发性。

256 与常规模式一致之过渡礼仪也体现在季节转换的仪式中,常常处于夏至和冬至(后者在欧洲被合并入岁末仪式中),以及春分与秋分时刻。通常,冬去春来是分隔礼仪;夏季到来形成聚合礼仪;或是在其他情况下,冬天为死亡,夏天或春天为再生。[4]

季节变化对人类没有特别意义,只是多少对工业社会的冬季

---

① 格鲁伯,《北京民俗》,第 93、97—98 页。

② 杜利特尔,《中国人的社会生活》,II,第 38—40 页,格鲁伯,《北京民俗》,第 98—99 页。

③ 有关更多事例,见弗雷泽,《阿多尼斯、阿蒂斯、奥西利斯》,第 306 页注释。

④ 弗雷泽,《金枝》,III,第 70 页注释;I,第 208 页;II,第 91 页注释。

生活造成经济影响，以及春夏对农牧业的生活有影响。与纯季节之过渡礼仪完全对应的例子可见于那些为确保在过渡期冬眠后的植被能够再生的礼仪中。这些礼仪也确认动物的性生活恢复正常，以保证牲畜之繁衍。所有这些仪式都包括：1）过渡礼仪；2）直接或间接、主动或被动的为了生殖、繁衍和成长的感应礼仪。有趣的是，只有后一类的感应礼仪吸引了曼哈德和弗雷泽及其追随者（如霍夫曼-克莱耶[1]）的注意力。但是，因为学者们对仪式的描述已相当详细，所以，人们可以很容易从中辨认出过渡礼仪模式与感 257
应类礼仪是共存于以上仪式中的。此模式中最显要的成分，特别是当季节与经济力量被人格化时（如奥西利斯、阿多尼斯等），是其对死亡、期望以及再生等思想的戏剧化。[2] 阿多尼斯被给予庄严葬礼，人们穿丧服，停止一切社会活动；他获得再生，与社会重新建立约束，社会活动重新开始。最后，我想提及布查特与莫斯所强调的一个事实：[3]爱斯基摩人之社会生活因冬夏而有所不同，季节性生活方式之过渡明确表现出过渡礼仪的特征。

① 霍夫曼-克莱耶（Hoffmann-Krayer），《瑞士民俗中的生育礼仪》（Die Fruchtbarkeitsriten im schweizerischen Volksbrauch），第 239—268 页。

② 弗雷泽，《金枝》，第二卷大部分和第三卷，138—200；《阿多尼斯、阿蒂斯、奥西利斯》，第 187—193、219—230、254—259、299—345 页；库蒙特，《罗马异教中的东方宗教》，第 300、310 页；雷纳克，《崇拜、神话与宗教》，多处。

③ 莫斯与布查特（Marcd Mauss and M. H. Beuchat），《论爱斯基摩社会的季节变化：社会形态研究》（Essai sur les variations saisonnières des sociétés Eskimos: Étude de morphologie sociale），《社会学年鉴》，IX（1905），第 39—132 页。该作者并没专门研究有关迁居（拆迁、游行以及各种赎罪行动等）的实践，但仍可从其资料中发现有关描写。这与从谷地到山上的迁居可作比较（例如在瑞士的萨瓦伊、蒂罗尔、卡皮萨亚山区度夏等）。在出发和返回时总是涉及共餐、村里的庆祝、集体行进和敬献等。我们可将这些相近的礼仪都归划入这个类别。例如，在俄国有这样的习俗：在每个冬天结束第一次让动物离开仓房时，迫使动物越过安放在门坎上的一个栏杆（特郎布尔，《门坎之约》，第 17 页）；这个行为显然是将它们从室内的封闭处分隔出来，并聚合到室外的世界。

258 由于过渡礼仪模式此前没能被正确理解，因而还有整个一类型礼仪没能被完整阐释，即与月亮周期有关的仪式。弗雷泽搜集描述过相当多此类例子，但只看出其成分之一，即感应礼仪。[①] 月亮周期与植物生长和凋谢、动物及人类生死之呼应是人类最古老的信仰之一。事实上，月亮周期本身是宏大宇宙节奏之组成部分之一，无论是天体运动或是血液循环，万物无不遵从此节奏。在此意义上，这些信仰表现出与现实之极大对应。[②] 但我需指出，当无月亮时，不但是个人实际生活，而且包括较大社会或特定群体之生活便出现一种暂停，因此构成边缘期。[③] 于是，所论及仪式之目的恰恰是为了终止此暂停时段，以保证所期望的完整生命力的到来，从而使月亏之衰弱为暂时，而非永久性。这正解释出为何从此类仪式中产生出重续、周期性死亡和再生的思想，为何与月亮各阶段，或只是满月时刻有关的礼仪具有分隔礼仪、进入礼仪，边缘礼仪以及有关出发礼仪之特性。

259 因为星期不过是月之细分，所以没有过渡礼仪来标示，除了可能与集市日有关外(特别是在非洲)。但过渡礼仪举行有时与每日之过渡有联系。古埃及[④]许多仪式是为了保证太阳每日之行程顺利，因而适于过渡礼仪模式。

---

① 弗雷泽，《金枝》，I，第 156—160 页；《阿多尼斯、阿蒂斯、奥西利斯》，第 369—377 页。有关原罪，雅利安-巴比伦月亮神，见孔伯(Étienne Combe)，《巴比伦与雅利安的原罪崇拜历史》(*Histoire du culte de Sin en Babylonie et en Assyrie*)(Paris: Geuthner, 1908)。

② 艾利斯，《性别心理研究》，第 85—160 页。

③ 参见有关杜科杜科人(Duk-duk)在月亏的最后七天里从森林出发的记录，见韦伯斯特，《原始秘密社会》，第 114 页。

④ 见本书边码第 225、267—268 页。

凡为繁衍动植物、遵行洪泛周期、大地生殖周期、庄稼和水果生长与成熟周期等礼仪均为确保预期经济状况之手段。同样，捕鱼与狩猎、图腾繁衍（如澳大利亚中部的崇拜动植物的图腾仪式），以及某种程度上之战争与婚姻仪式，亦如此。但此处不讨论某些仪式圈（cycles cérémoniels）之经济层面，或某些过渡之外在特征，因为它们不涉及巫术-宗教性成分。

边缘（marge）现象在许多人类活动中出现，也体现在一般生 260
物活动与物理能量之应用，以及宇宙节奏之中。两种相反方向之运动有必要以一惯力点分隔开。在机械运动上，该力被外力减至最小值，不再存在于圆周运动中。但是，尽管一物体能在空中以恒速度做圆周运动，可生物或社会活动并非如此。其能量会被损耗，必须较频繁地再生能量。过渡礼仪在最根本上与此实质需要相对应，有时如此接近，以致采用死亡和再生之礼仪形式。

就在几页前，我提到季节仪式中最突出成分之一是戏剧性再现月亮、季节、年岁、植被的死亡与再生，以及主宰和规划植被之神灵的死亡与再生。但这一成分在许多仪式圈中可见到，其平行毋需以感染论或借用其他仪式圈来解释。这观点在以下仪式中有所体现或戏剧化：季节仪式、怀孕与分娩礼仪[①]、有轮回再
生信仰民族的诞生礼仪[②]、收养礼仪[③]、生理成熟期礼仪[④]、成人 261

① 在马达加斯加，怀孕妇女被视为“死了”，只是在生产后才被祝贺得到“再生”，见范热内普，《马达加斯加之禁忌与图腾》，第 165 页。

② 见本书边码第 75 页。

③ 见本书边码第 54 页。

④ 见本书边码第 96 页，以及另一被弗雷泽所引用的明显例子，《金枝》，III，第 210 页。

礼仪[①]、结婚礼仪[②]、加冕礼仪[③]、神职授任礼仪[④]、祭献礼仪[⑤]，以及有个体生存或轮回再生信仰之民族的丧葬礼仪[⑥]。在朝觐誓言中
262 也可看到。在这些平行对应背后的“逻辑想法”，有些得到舒尔茨注意，但他没能发现，甚至否认其存在，[⑦]认为从一种状态到另一种状态之过渡简直就等于放弃旧生命，再“长出新叶子”。然而，很难决定死亡与再生观念是礼仪之起源还是结果。在成人礼仪和神职授任仪式中似乎是结果，其成分包括迷幻、外表化，[⑧]或如许多美洲印第安人，做梦或单纯睡觉。如在“狐狸人”中，成人礼仪（持续九天）的最后一晚，新员躺在跳舞房内地上入睡，醒来后

① 见本书边码第130—131页。在弗雷泽的《金枝》(III，第422—466页)中，对有关死亡与再生被用在成人仪式有详尽的搜集。然而，弗雷泽所给的解释是无法令人接受的。他认为，在这个礼仪中，灵魂被外在化，因此可能与图腾相同。这个理论不但不能用于我所提到的诸多事例中，而且无法证明与图腾的结合或认同具有实质性的泛灵论基础。例如，这可能直接来自仪式性吃图腾的礼仪（史密斯的图腾结合论），如在澳大利亚。有关成人礼仪中的死亡与再生主题，见库利什尔(M. Kulischer)，《原始文化对儿童与青年的对待》(Die Behandlung der Kinder und der Jugend auf der primitiven Kulturstufen)，《民族学刊》，XV(1883)，第194页及以下诸页；韦伯斯特，《原始秘密社会》，第38页及以下诸页；阿尔维拉，《有关伊鲁西斯的几个问题》；哈里森，《希腊宗教研究之宣言》，第590页《俄耳浦斯研究》；法内尔，《宗教的进化》，第57页以及注释；迪特里希，《密特拉斯神秘礼仪》，第157—158页；舒尔茨，《年龄段与兄弟会》，第98、99—108页的概论及诸多细节记录；他没能看出戏剧性死亡和再生的礼仪与其他成人礼仪具有同类属性和进程。

② 见本书边码第197、202页。

③ 见本书边码第159页。

④ 见本书边码第153—155页。

⑤ 见休伯特与莫斯，《论祭祀的本质与功用》，第48、49、71、101页，特刊，(Paris: Alcan, 1899)。

⑥ 前文各处，以及赫茨，《死亡的集体表现研究》，第126页。

⑦ 舒尔茨，《年龄段与兄弟会》，第355—356页。

⑧ 斯多尔(O. Stoll)，《大众心理学中的暗示与催眠术》(*Suggestion und Hypnotismus in der Völkerpsychologie*)(Leipzig: Veit & Co., 1903)，第289页及以下诸页。

成为成人。[①] 死亡与再生观念在季节仪式中的出现也是一种结果，此时“大自然入睡”并“醒来”；但在习惯上奥西利斯、阿多尼斯与阿蒂斯之崇拜中，则是特别戏剧性仪礼之原因，并在基督教中有其自身之存在（救世主之死亡与复活成为阐释新员的象征性死亡与再生之出发点）。这种思想不仅存在于成人礼仪中。从此事实所得出的结论应是：这不是催眠状态、昏厥、暂时性记忆缺失以及 263
其他病理现象。总之，如果接受以下观点，所论问题就很简单和正常：从一状态到另一状态之过渡是庄严一步，如果不特别谨慎，就无法完成。[②] 有时，仪礼性死亡和再生是因为将人生某阶段与月亮周期联系在一起，因为极多民族[③]将死亡之根源或介入归因于月亮。

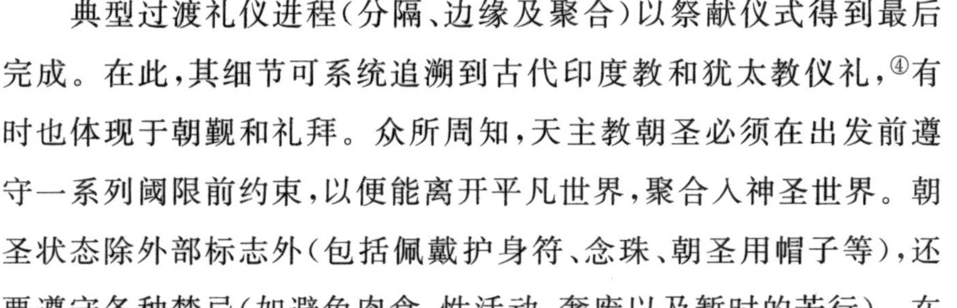

典型过渡礼仪进程（分隔、边缘及聚合）以祭献仪式得到最后完成。在此，其细节可系统追溯到古代印度教和犹太教仪礼，[④]有时也体现于朝觐和礼拜。众所周知，天主教朝圣必须在出发前遵守一系列阈限前约束，以便能离开平凡世界，聚合入神圣世界。朝 264
圣状态除外部标志外（包括佩戴护身符、念珠、朝圣用帽子等），还要遵守各种禁忌（如避免肉食、性活动、奢废以及暂时的苦行）。在

---

① 欧文，《北美姆斯夸基印第安人民俗》。

② 有些以坐姿下葬的例子可能表示的是希望在地下世界再生的想法，但是，这种礼仪并不是在各地都有同样意义，也不是一种根本的行为，这一点明确的表述在昂德利（Richard Andree）的文章中[《有关粪便掩埋的民族学解释》（Ethnologische Betrachtungen über Hockerbestattung），《人类学档案》（*Archiv für Anthropologie*），N. S. IV（1907），第282—307页]，并且对立于迪特里希和许多其他理论家的观点。

③ 另见范热内普，《澳大利亚之神话与传说》，第183—184页；霍利斯，《马塞人：语言与民俗》，第271页等。

④ 休伯特与莫斯，《论祭祀的本质与功用》。

穆斯林中，[①]发誓去麦加朝圣者进入一种特别状态，从进入神圣地域界线（麦加和麦地那）那一刻起被称为伊赫拉姆（*iḥrām*）。然而，按照古俗，每个朝圣者离家时，便被赋予神圣的朝圣服（或约法），所以，从步出家门到返回，他处于正常生活之外，处于边缘状态。在佛教中亦如此。在出发时，当然是分隔礼仪，到达圣地时，举行特别朝圣礼仪，包括向神性聚合礼仪（触摸黑石头，可能最初为掷石头礼仪），然后是与圣殿之分隔礼仪、返回社会和家庭生活的礼仪。献身，其本身被视为祭献，或是正常祭献之特别形式，具有同样行动方式。重要的是，其动力性与成人礼仪的动力性相关。[②]

265 本书作为首次探讨有关过渡礼仪的论著，无意列举全部含有过渡礼仪模式成分的场合，但是我必须指出某些事例，其边缘具有其自身的独立性，并作为次要体系插入一完整仪式中。例如，抬或抱，以及被抬或被抱，具有极大普遍性，可见于人生必经的各种仪式中。仪式主体在一定时间内绝不可触地。他被人抱起或抬在担架上，被置于马背、牛背或马车上；或是被放在可抬走或捆系的席垫上、临时搭起的台架上、升高的座位上或是（帝王、教皇之）王位上。此礼在实质上不同于骑跨某物或被运过某物，尽管两种礼仪有时合并一起。其目的是将该人举高或抬高到某物之上。与一般所接受的观点相反，此礼并非为防止神圣之物或地母之大地被不

---

① 另见史密斯（《闪米特人宗教研究讲座》），他的有关阐释必须在此作出补充；有关正统穆斯林的情况，见希茨威斯基，《南斯拉夫的表面的亲缘关系》，第4页。

② 德伦伯格与萨格利奥，《文本与纪念碑所载希腊与罗马古俗事典》；胡弗林（P. Huvelin），《罗马公民权与巫术书写》（*Les tablettes magiques et le droit romain*）（Mâcon，1901）。

洁生灵触摸，受到污染，因为此礼出现在诞生、青春期开始、成人、结婚、加冕、神职授予、丧葬，以及神圣人物（如国王或神父）的旅行中。很有必要为其作出概括性解释。我认为，最简单做法是将其视为边缘礼仪。因为，其目的是要表明该个体既不处于神圣世界，也不处于平凡世界；或者说，如果他不属于其中之一，则应恰当地 266
聚合入另一者。由此，他被隔离开，保持居中位置，处于两地域之间、天地之间，正如亡者之灵柩或临时棺材被悬置于生命与真正死亡之间。

复仇有时是种极复杂的仪礼。启程复仇之群体，在途中和返程中，必须遵守特别戒规，其中体现出过渡礼仪模式，包括圣化、边缘以及解除圣化。这些事实有必要另做研究，并与庇护权有关。在此只需提到在澳大利亚和阿拉伯，该过渡礼仪模式表现得非常明显。

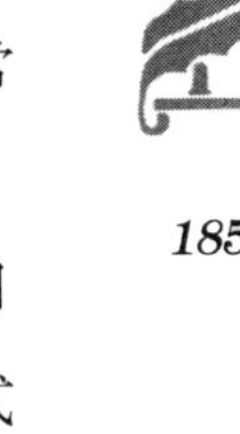

各种依附礼仪，包括施行和解除禁忌等，其目的是将某人从日常生活范畴排除，以便将他聚合入特定范畴，也包括过渡礼仪模式之根本成分。例如，在阿拉伯，对某新开垦地域（被某神灵等）举行神圣依附礼仪后，都随之进入边缘期，只有在此时期过后，才可以耕作。[①] 无疑，这一事实在澳大利亚和非洲也存在。

遗物之转移也包括从最初发掘地到永久保护地之间一段的边 267
缘期。在天主教教堂，每逢这种时刻，都有特别仪礼，因为边缘期将所有参与人置于特殊的神圣地位。当神像或圣人塑像被移动时，或国王-神父-神开始旅程时，所做之抬起行为属边缘礼仪。

① 史密斯，《闪米特人宗教研究讲座》，第 124 页及注释。

过渡礼仪模式不仅体现为完整仪式之基础，伴随、辅助或影响人生阶段或社会地位之过渡，也是若干自主体系之根本。这些体系用来为整个社会、特定群体或个体谋求利益。这些体系的平行相似之处不但存在于部分形式之上，亦存在于其结构之中。事实上，埃及人在保持其系统化的过程中有意识地发展了对应体系。在(古埃及)德哈(Thébaine)时代，同样最根本的仪礼成分被用于：1)法老登基加冕；[①]2)法老以神父身份进行敬神活动；[②]以及 3)为
268 将亡者与冥世和神灵聚合而举行的仪式中。[③] 在每一情况下，均有与太阳神的认同，依先前所定之步骤，如同在其他仪礼体系中，可确定奥西利斯过渡礼仪进程：1)为崇神行为服务；[④]2)在冥世与亡者聚合；[⑤]3)与其他天体运动有关之仪礼，例如，请求太阳每日早晨升起，沿常规路途，不发生日食，落到西方，再经过亡者之地回到东方。[⑥] 这两体系的根本差异显然没被莫莱特看出，无疑是因为两者的基本主题很相似：[⑦]一是“与太阳神之脱离”，一是“与奥西利斯之脱离”。[⑧] 两者均涉及从一状态过渡到另一状态，其中有

① 见前文第 157—158 页(边码)的描述。

② 参见莫莱特，《法老贵族的宗教特色》，第 209—233 页。

③ 马莱特(Moret)，《日常神圣崇拜仪式》(*Rituel du culte divin journalier*)(Paris, 1902)，第 95—100、228—229 页。

④ 同上书，第 150—167、176—183、232—233 页。

⑤ 同上书，第 225—228 页。

⑥ 有关细节，见莫莱特，《法老贵族的宗教特色》，第 209—233、150—156、176—183、98 页；以及《埃及的每日神圣崇拜仪式》，第 95、100、228—229 页。

⑦ 我不知道这个区分是否已经被埃及学家们提出过，我无法给出该聚会的具体日期。

⑧ 第三个仪礼是有关太阳(Ra)的。

关个体的礼仪正是我们不断论述之过渡礼仪——圣洁化、哺乳、命名、“进入圣殿”、经过某屋或某地、获得特别服装和徽章，以及共进圣餐等。

最后，还有一种情况毫无例外地证明过渡礼仪的整个体系适于人生各阶段，只是被在相当短时间内走完，即当一个被认为已死 269
亡之人又回到家里，要求被聚合入先前之境地。此时，他被要求经过所有适于诞生、童年以及青春期的礼仪，必须重经成人礼仪，必须重新与自己妻子结婚(如在希腊和印度)。我们需要民族志学家亲临如此快速进行这一系列仪式的现场，极详尽地描述每一阶段。其记述将提供最直接的证据表明我们在此对礼仪的体系化并非只是依逻辑之构建；它是基于事实、潜在之倾向以及社会必需的礼仪而客观存在的。

第十章　结论

271 以上仅就个体在人生最重大转折时刻所渡过之仪式圈作出简单验证，无非是对一幅宏大画卷之粗描，其中每一细节均值得深究。

从中可见，每一个体总是共时性或历时性地被置于其社会之多个群体。为从一群体过渡到另一群体以便与其他个体结合，该个体必须从生至死，始终参与各种仪式。尽管仪式形式多有差异，但其功能则相近。有时，个体独处一地，隔离于所有群体；有时，作为某群体的成员，与其他群体成员分隔开。一切社会的分隔均有两大特点，且不拘时空所限：男女之性别区分；世俗与神圣之巫术-
272 宗教性区分。然而，有些特别群体只存在于某些特别社会，如宗教社团、图腾氏族、部落分支、(社会或宗教)等级制之阶层，以及职业团体。每一社会内亦存在年龄群体、家庭、特定行政与地域单元(乐团、村庄、城镇)之别。在复杂的生者世界之外，还存在着前世与后世。这些均为社会生活之常量。此外亦存在特殊与暂时事件，如怀孕、疾病、危险、旅行等。毫无疑问，共同目的导致相同行动方式。无论对个体或群体，生命本身意味着分隔与重合、改变形式与条件、死亡以及再生。其过程是发出动作、停止行动、等待、歇息、再重新以不同方式发出行动。其间，要不断逾越新阈限：季节、年月或昼夜之交；诞生、青春期、成熟期及老年之变；死亡与再生

（对有此信仰者而言）之转换。

此处所论仪式成分之相似并非首创，有关思想早已吸引过一
些学者。他们对整个礼仪之相似，以及个别细节之类同均有关注。273
例如，哈特兰观察到某些成人礼仪与结婚礼仪之相似；[①]弗雷泽察
觉到某些青春期礼仪与丧葬礼仪之相近；[②]希茨威斯基则注意到
某些浸礼、交友、收养以及结婚礼仪间之近似。[③] 代尔斯[④]，以及其
后之迪特里希[⑤]与赫茨[⑥]均指出某些诞生、结婚及丧葬仪式之共
性。而且赫茨将新家开门之礼仪（但未提供证据）与祭祀礼仪列入
上类。阿尔维拉指出浸礼与成人礼仪之共同；[⑦]韦伯斯特则发现
加入秘密社会与萨满授任礼仪之近似。[⑧]

赫茨感兴趣的是丧葬礼仪之进程，[⑨]并进一步提出他所称为
“过渡性阶段”（l'état transitoire）之理论，即从结婚到第一个孩子
诞生，这一时段与印度尼西亚（特别是婆罗洲）的亡者“过渡性阶
段”有对应关系。除赫茨以外，其他学者，包括克劳利，[⑩]都只看到 274

① 哈特兰，《波索斯传说》，II，第 335—399 页。

② 弗雷泽，《金枝》，第 204—207、209、210、418 页等。

③ 希茨威斯基，《南斯拉夫的表面的亲缘关系》，第 1—4、31、36、53、54、107—111、114 页等。

④ 代尔斯（H. Diels），《神秘的树叶》（*Sibyllinische Blätter*），第 48 页。

⑤ 迪特里希，《大地母亲》，第 56—57 页。

⑥ 赫茨，《死亡的集体表现研究》，第 104、117、126—127 页。

⑦ 阿尔维拉，《有关伊鲁西斯的几个问题》，第 340 页。

⑧ 韦伯斯特，《原始秘密社会》，第 176 页。

⑨ 赫茨，《死亡的集体表现研究》，第 130 页注释 5。

⑩ 克劳利（《神秘玫瑰》）准确地指出了结婚礼仪与丧葬礼仪（第 369 页）、结婚礼仪与成人礼仪的相似（第 326 页）；有关后者，另见雷纳克，《崇拜、神话与宗教》，I，第 309 页。

个别礼仪之相近。例如，哈特兰以若干章节探讨圣餐（史密斯之“共餐祭祀”）、歃血为盟以及诸多聚合联系之礼仪。弗雷泽与克劳利发现某些分隔礼仪，如暂时隔离和饮食与性行为禁忌，反复出现于众多仪式圈中。代尔斯与迪特里希，以及其他研究古典宗教的学者都从其了解的宗教中指出所谓净化礼仪（如涂油、驱邪等）的重要。当然，当某一礼仪，如血之交换，在某专著中被单独分析，并人为地附加场景时，相似之处必然出现。

许多民族志学者与民俗学家已证明，在多数民族的所有仪式中，相同礼仪只为相同目的而举行，因此，首先是巴斯蒂安，之后是泰勒，再后是昂德利，其一相情愿的单向理论已经逐个被击破。但时至今日，这些理论导向仍具意义，因为，以发展的眼光看，它们有助于勾画出文化圈与文明阶段发展之模式。

275 而本书之目的则与此相反。本书所关注的不是特定礼仪，而是礼仪于仪式整体中之根本意义与相关位置，即礼仪之进程。为此，书中包括一些详细描述，以便展示阈限前或永久分隔礼仪、边缘礼仪与聚合礼仪为达到某种目的如何安排这些礼仪之相关顺序。礼仪于仪式中的地位可能发生变化，这取决于该场合是诞生或死亡、成人或结婚，但差异只存在于细节中，其深层组合始终如一。在形式的多样性之下，无论是有意表达或只是暗示，仪式总是重复着一个典型的进程顺序：**过渡礼仪模式**（*le schéma des rites de passage*）。

其次，本书要指出的是各类**边缘**（*marges*）的存在，其存在有时需要某些独立性：如修道见习与订婚礼仪。如此阐释先前无人提出，即正是这个边缘概念对理解为结婚而作准备之阈限前礼仪进程的复杂性提供了导向。

最后，我认为重要的是从一个到另一个社会地位之过渡对等于**地域过渡**（*passage matériel*），如进入一村庄或房子、从一房间进入另一房间，或穿过街道或广场。这正说明为何从一年龄到另 276 一年龄、从一阶层到另一阶层等的过渡常常仪礼性地以通过门框[①]或“敞开之门”来表示。这些话语和事件几乎不被视为“象征”，因为半文明人认为精神过渡实际上就是地域过渡。事实上，在半文明人中，伴随着所有社会组织，存在着特定群体之间的地域分隔。儿童随妇女生活到一定年龄；男孩女孩与已婚者分开生活，有时住在特定房间、房子或有栅栏的院子里；结婚时，双方或一方改变住处；斗士不与铁匠相伴，有时各职业阶层有其特定住所。中世纪时，犹太人聚居在自己特定的区域，犹如基督徒在世纪初一样，住在与其他民族分隔的偏远地区。氏族之间的地域分隔也可能是很明确的，[②]如澳大利亚每个部族在远征时都在特定地点安营。[③] 总之，在一社会中所处地位之变化涉及住所之改变，而这一事实在过渡礼仪的各种形式中得到了充分表现。

我已多次诚实申明，我不坚持认为所有诞生、成人等礼仪都只 277 属于过渡礼仪，或者每个民族都发展出同样的诞生、成人等过渡礼

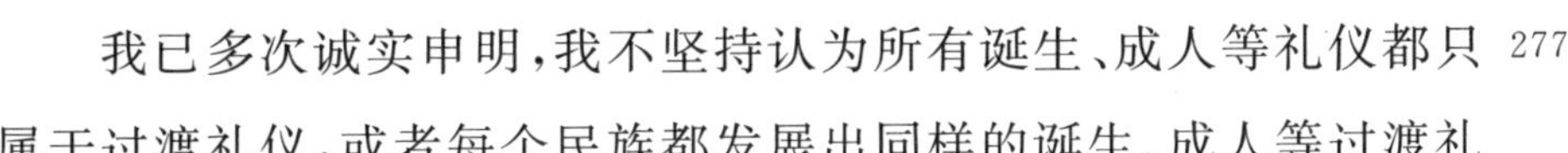

① 特郎布尔甚至在中国人、希腊人、希伯来人中注意到女人与门的认同（《门坎之约》，第 252—257 页）。

② 见有关巴布洛村落的分隔礼仪的描述，另见明德勒弗（Cosmos Mindeleff），《图桑亚印度安氏族的地方化》（*Localization of Tusayan Clans*）［美国民族学部第十九年度报告［1897—1898］，第二部分（Washington，D. C.：Government Printing Office，1900）］，第 635—653 页。

③ 另见豪伊特，《澳大利亚东南部土著部落》，第 773—777 页（有关露营规则）。

仪特征。丧葬仪式尤为如此，因为涉及当地对死后命运之信仰，可能主要包含对死者灵魂之防御性进程，以及对死亡污染之预防规则。这种情况下，可能只体现出通常模式之少许特征。无论如何，如此结论还需谨慎接受；该模式也许不体现在对某一民族丧葬仪式之概括描述，尽管在细节描写中会非常明显。同理，有些民族不视孕妇为不洁，并允许任何人在分娩现场。对此民族，分娩只是普通行为，疼痛但正常。但在此类情况中，过渡礼仪模式会被转换入童年礼仪，或被包括在订婚和结婚礼仪中。

在某些民族，仪式化人生的组成部分有时与我们所处社会以及多数其他社会之盛行部分不同，亦与本书所论有异。例如在已

278 被指出的印度托达人中，从父母之青春期至第一个孩子诞生，只贯穿一套仪式，因此，如将这套仪式划分出阈限前青春期礼仪，以便适于青春期、结婚、怀孕、分娩、诞生以及童年之礼仪则完全是主观臆断。这种合并也在其他民族中出现；但在最终分析中，此类合并不影响本书对礼仪的体系化。尽管在这类例子中过渡礼仪模式表现出不同形式，但毕竟存在，且已得到详细说明。

另一个总体观察似乎也并非不当。上述分析表明社会内各部门中存在仪式之多样性，亦说明诸多不同部门之相互关系，以及部门彼此间之差异程度，但其实际差距或是一条简单假想线，或是一片宽阔中立区。因此，我们有可能为每一民族画出一条曲线，其顶点可代表可识别之阶段，谷低代表调停期。顶点有时是陡峰，有时是不同长度的水平直线。有些民族实际上没有订婚礼仪，只在阈限前双方同意时有一顿共餐，随后便是结婚仪式。相反，在其他民

族中，从订婚（在较小年龄）到新婚夫妇回到正常生活，包含整个一系列阶段，而且每阶段都有相对独立性。

无论过渡礼仪模式如何复杂，从诞生到死亡，此模式最常见的 279
是直线形。然而，某些民族，如阿萨姆的鲁杉人，则表现出圆周形，其中的每一个体都经过同样无尽系列的过渡阶段，从生至死，由死复生。这种极端的循环模式在佛教中获得伦理与哲学意义范畴，而对尼采的“永恒回归”（Retour Éternel）理论而言，则具有心理学意义。

最后，人类过渡进程系列彼此相连，如在某些民族中，与星球运转和月亮周期等天体过渡有关。将人类生命阶段与动植物生命之存在相联，以一种类似前科学预示之方式，再将它们与宇宙之伟大节奏联系起来，这无疑是个划时代的观念。

索引

（索引所标页码为原书页码，即本书边码）

A

E

F

G

H

N

O

P

R

S

T

V

附录：部分术语译名对照表

中文	法文	英文
礼仪	Rite	Rites; Ritual
仪礼；仪式	Rituel; rituelle	Ritual
仪式	Cérémonie	Ceremony
仪式圈	Cycles cérémoniels	Ceremonial cycles
仪式进程	Séquences rituelles	Ritual sequences
过渡	Transition; passage	Transition
过渡；通过	Passage	Passage; transition
过渡礼仪	Les rites de passage	The rites of passage
过渡礼仪模式	Le schéma des rites de passage	The model of the rites of passage
分隔礼仪	Rites de séparation	Rites of separation
边缘礼仪	Rites de marge	Rites of margin [Transition rites]*
聚合礼仪	Rites d'agrégation	Rites of incorporation
边缘	Marge	Margin [transition]*
边缘期	Période de marge	Marginal period
阈限	Liminaire	Liminary; threshold
阈限前礼仪（分隔礼仪）	Rites preliminaries	Pre-liminal rites
阈限后礼仪（聚合礼仪）	Rites postiliminaires	Post-liminal rites
阈限礼仪（边缘礼仪）	Rites liminaires	Liminal rites
成人礼仪；加入礼仪；入会礼仪	Rites d'initiation (cérémonies d'initiation)	Rites(ceremonies)of initiation

订婚仪式	Cérémonies des fiançailles	Ceremonies of engagement
结婚仪式	Cérémonies du mariage	Ceremonies of marriage
生(繁)殖礼仪	Rites de multiplication	Rites of reproduction
生殖礼仪	Rites de fécondation	Rites of fertilization
离婚礼仪	Rites de divorce	Rites of divorce
依附礼仪	Rites d'appropriation	Rites of appropriation
保护礼仪	Rites de protection	Rites of protection
净化礼仪	Rites de purification	Rites of purification
出发礼仪	Rites de départ	Rites of departure
分别礼仪	Rites de sortie	Rites of farewell
结合礼仪	Rites d'union	Rites of reunion
进入礼仪	Rites d'entrée	Rites of entering
重合礼仪	Rites de réintégration	Rites of reintegration
交换礼仪	Rites d'échanges	Rites of exchange
战争礼仪	Rites de guerre(lutte)	Rites of war(battle)
掠夺(俘虏)礼仪	Rites d'enlèvement	Rites of capture
收养礼仪	Rites d'adoption	Rites of adoption
旅行礼仪	Rites de voyage	Rites of voyage
回归礼仪	Rites de retour	Rites of return
复仇仪式	Cérémonies de vengeances	Ceremonies of vengeance
第一次礼仪	Rite de première fois	Rite of the first time
仪式性旅行	Voyage rituel	Ritual voyage
言语礼仪	Rite verbal	Verbal rite
预示礼仪	Rites de prédiction	Rites of prediction
直接礼仪	Rite direct	Direct rite
间接礼仪	Rite indirect	Indirect rite
被动礼仪	Rite négatif	Negative rite
主动礼仪	Rite positif	Positive rite
感应礼仪	Rites sympathique	Sympathetic rites
感染礼仪	Rites contagionnistes	Contagious rites

巫术	Magie	Magic
黑巫术	Magie noire	Black magic
巫术圈	Cercles magiques	Magic circles
巫术-宗教性(性的)	Magico-religieuse	Magic-religious
类感性巫术	homéopathique	homeopathic
感受性巫术	éanantheropathique	enantheropathic
对抗性巫术	alleopathique	alleopathic
感应巫术	Magie sympathique	Sympathetic magic
感染巫术	Magie contagioniste	Contagious magic
世俗	Le profane	The profane
神圣	Le sacré	The sacred
泛灵论(万物有灵论)	Animisme	Animism
动力论	Dynamisme	Dynamism
禁忌	Tabous	Taboos
解释	Explication	Explanation
阐释	Interprétation	Interpretation
鞭打	Flagellation	Flagellation
马纳	Mana	Mana
生理青春(成熟期)	Puberté physiologique	Physiological puberty
社会青春(成熟期)	Puberté sociale	Social puberty
生理成熟	Maturité physique	Physical maturity
社会成熟	Maturité sociale	Social maturity
生理亲缘关系	Parenté physique	Physical kinship (consanguinity)
社会亲缘关系	Parenté sociale	Social kinship

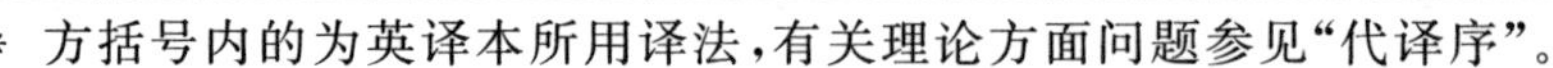
* 方括号内的为英译本所用译法,有关理论方面问题参见“代译序”。

译 后 记

能将范热内普的《过渡礼仪》译成中文，可谓是圆了一场梦。从二十多年前开始接触民俗学时所了解的“过渡礼仪”概念到今天所理解的这个理论模式，走过一条曲曲弯弯的路，但真实体现了我对民俗学的探求。也许是“缘分”，我的博士论文很大程度上依据了《过渡礼仪》。几年前，我开了一门课，“华人社会中的过渡礼仪”，英文译本的《过渡礼仪》自然是首选课本。后计划依此题写本有点民俗学味道的书。然而，在罗列不少资料，又加入海外华人散居民的礼仪生活后，再试图以“过渡礼仪”模式作些分析时，才忽然发现英文译本中的 transition（过渡）竟然失去了法文中 marge（边缘）的意思。惊叹自己多年的误解之余，追溯起人类学与民俗学以及社会学和心理学对此理论模式的反应。令人遗憾的是在整个学界，无论中外，对“过渡礼仪模式”的理解几乎都是基于英文译本，且对其中失去的“边缘”意义几乎无人重视。

2005 年夏，我有幸与国内一些民俗学界同仁交流，谈到此问题。2006 年春，承蒙中国民俗学会主席刘魁立与秘书长高丙中之邀，我在中国民俗学第六届代表大会上与同仁就“过渡礼仪”与“边缘礼仪”做了些探讨。期间，与高丙中不谋而合，决定将《过渡礼仪》译成中文，列入他正主编的由商务印书馆出版的“汉译人类学名著丛书”。随后我在本校又组织了“中国人日常生活礼仪活动”会议，来自国内外的有关学者对“边缘”问题表现出了极大兴趣。愿这个中译本能为国内的有关学者提供一个有利当前学科理论建设的思考途径。

翻译此书，如果没有来自多方面的鼓励与帮助，是不可能的。十多年来我对中文生疏得不堪落笔，加上法文已成“哑巴”。但似乎此时“有”胜过“无”。恳切希望同仁对错误之处不吝指正。我要感谢高丙中，是他的决定才使我有决心和信心来圆这场梦。也感谢我所在的崴涞大学为此工作提供了奖励基金（Atkinson Award）。我的同事法文教授 Amadou Fofana 在一些法文词的理解和翻译上提供了很大帮助；Ning Leung 帮助校对注释，我在此一并表示感谢。特别感谢李霞编辑字斟句酌的编辑和尽心尽力的协助。当然，给我以最大支持的是我的夫人和孩子，我对她们的感激是无法言表的。

张举文

2009 年 11 月于美国崴涞大学

（Willamette University Salem，Oregon）

图书在版编目(CIP)数据

过渡礼仪/(法)阿诺尔德·范热内普著;张举文译.—北京:商务印书馆,2017
(汉译世界学术名著丛书:120年纪念版:珍藏本)
ISBN 978-7-100-14788-0

Ⅰ.①过… Ⅱ.①阿… ②张… Ⅲ.①礼仪—研究—世界 Ⅳ.①K891.26

中国版本图书馆CIP数据核字(2017)第160901号

汉译世界学术名著丛书
(120年纪念版·珍藏本)

过 渡 礼 仪

门与门坎、待客、收养、怀孕与分娩、诞生、童年、青春期、成人、圣职受任、加冕、订婚与结婚、丧葬、岁时等礼仪之系统研究

〔法〕阿诺尔德·范热内普 著
张举文 译

商 务 印 书 馆 出 版
(北京王府井大街36号 邮政编码100710)
商 务 印 书 馆 发 行
北京新华印刷有限公司印刷
ISBN 978-7-100-14788-0

2017年12月第1版 开本710×1000 1/16
2017年12月北京第1次印刷 印张14¼

定价:72.00元